ISSN 0171-7537

Bielefelder Studien zur Entwicklungssoziologie
Bielefeld Studies on the Sociology of Development

Herausgegeben für den
Forschungsschwerpunkt Entwicklungssoziologie,
Fakultät für Soziologie, Universität Bielefeld

Edited on behalf of the
Sociology of Development Research Centre,
Faculty of Sociology, University Bielefeld

von / by
Prof. Dr. Hans-Dieter Evers, Prof. Dr. Georg Elwert,
Dr. Georg Stauth, Dr. Claudia von Werlhof,
Dr. Johannes Augel (Redaktion)

Roland Weiß

»Wir haben mehr Geld – aber es geht uns schlechter«

Über die Folgen der Entwicklungshilfe am Beispiel Burkina Faso

Band 32

Bielefelder Studien zur Entwicklungssoziologie
Bielefeld Studies on the Sociology of Development

Herausgegeben von / Edited by

Prof. Dr. Hans-Dieter Evers, Prof. Dr. Georg Elwert, Dr. Georg Stauth, Dr. Claudia von Werlhof, Dr. Johannes Augel (Redaktion)

Verlag **breitenbach** Publishers
Saarbrücken · Fort Lauderdale 1986

CIP-Kurztitelaufnahme der Deutschen Bibliothek

Weiss, Roland:
»Wir haben mehr Geld – aber es geht uns schlechter«: über d. Folgen d. Entwicklungshilfe am Beispiel Burkina Faso / Roland Weiss. – Saarbrücken; Fort Lauderdale: Breitenbach, 1986.
(Bielefelder Studien zur Entwicklungssoziologie; Bd. 32)
ISBN 3-88156-341-5
NE: GT

ISBN 3-88156-341-5

Gestaltung des Umschlags: Franz Walter, Saarbrücken
Gesamtherstellung: **arco**-Druck GmbH, Hallstadt

V o r w o r t

Die vorliegende Arbeit entstand im Rahmen einer Lehrforschung des Praxisschwerpunktes Entwicklungsplanung und Entwicklungspolitik der Universität Bielefeld über soziostrukturelle Langzeiteffekte von Entwicklungsprojekten im ländlichen Schwarzafrika. Der Autor nimmt das aktuelle Problem der zunehmend sichtbar werdenden Diskrepanz zwischen Anspruch und Wirklichkeit der Entwicklungspolitik als Ausgangspunkt seiner Feldstudie über die sozio-ökonomischen Effekte der Entwicklungsbemühungen der Kolonial- und Entwicklungsexperten in Burkina Faso (Obervolta). Der exemplarischen Untersuchung von zwei laufenden großen ländlichen Entwicklungsprojekten im Südosten Burkina Fasos (ORD und AVV) im letzten Drittel der Arbeit ist eine detaillierte und sorgfältige Analyse des Wandels der bäuerlichen Produktionsweisen in vorkolonialer und kolonialer Zeit vorangestellt. Letzteres mag manchem Leser zunächst als eine unnötige Ausschweifung erscheinen. Bei näherem Hinsehen wird aber deutlich, daß wir die positive oder negative Haltung der Bauern gegenüber den Entwicklungsprojekten nur verstehen können, wenn wir sie vor dem Hintergrund der gesamten, über Generationen hinweg akkumulierten, bäuerlichen Lebenserfahrungen in der Auseinandersetzung mit ihrer mehr oder weniger feindlichen Umwelt sehen.

Die Einleitung beleuchtet das obengenannte Problem von verschiedenen Seiten, etwa der mangelnden Einbeziehung der Zielgruppen in die Entwicklungsplanung, anhand plastischer eigener Fallbeispiele aus der Untersuchungsregion. Die sich anschließende gründliche Darstellung und Kritik des Modernisierungs- und Abhängigkeits- sowie des Produktionsweisen-Ansatzes, der dieser Studie als Leitfaden dient, zeugt von der Belesenheit des Autors und der Vertrautheit im Umgang mit diesem theoretischen Rüstzeug. Gleiches gilt für die Ableitung der Arbeitshypothesen und die Klärung von Methodenfragen unter besonderer Berücksichtigung der afrikanischen Verhältnisse.

Im zweiten Teil der Arbeit analysiert der Autor die sozio-ökonomischen Strukturen der Mossi und Bissa seiner Untersuchungsregion im Entwicklungsprozeß. Einer kurzen Beschreibung der Untersuchungsdörfer folgt eine Analyse der Verflechtung der Produktionsweisen in der vorkolonialen Phase. Auf der Grundlage der Studien der neueren französischen Wirtschaftsanthropologie (Meillassoux, Rey, Terray etc.). beschreibt der

Autor das Verwandtschaftssystem als Organisationsprinzip von Produktion und Reproduktion, das aber insbesondere in den Mossigebieten überlagert wird durch die Produktionsweise der Sklavenräuber. Die Eingriffe der Kolonialmacht in diese Produktionsweisenstruktur mittels Kopfsteuer, Zwang zur Integration in das Geldsystem, Zwangsarbeit etc., folgen dem bereits hinlänglich aus anderen afrikanischen Ländern bekannten Muster: Ausnutzung der vorkolonialen Produktionsweisen und der zwischen ihnen bestehenden sozialen Widersprüche zur Subvention der Lohnarbeit und Warenproduktion, hier insbesondere von Baumwolle für den Export. Vergessen wir nicht den ideologischen Anspruch der Kolonialherren, daß ihre Politik (Straßen- und Eisenbahnbau etc.) auch nur zum Besten der Entwicklung der Schwarzen von der "primitiven" Stufe der Stammesgesellschaft hin zu einer "fortgeschrittenen" Zivilisation europäischen Musters sei. "Entwicklungsplanung" setzt also schon mit Beginn des Kolonialzeitalters ein.

Der dritte Teil der vorliegenden Arbeit gibt einen Überblick über die nationale Entwicklungsplanung in Burkina Faso nach der Unabhängigkeit. Er liefert den Rahmen für die Fallstudien über sozio-ökonomische Auswirkungen von ländlichen Entwicklungsprojekten im letzten, dem Hauptteil der Studie. Am Beispiel des ORD Centre-Est und des AVV, beides integrierte ländliche Entwicklungsprojekte zur Steigerung der landwirtschaftlichen Produktion und des Einkommens der Bauern, wird deutlich: Der fiktive "Durchschnittsbauer" mag zwar durch die Projekte mehr verdienen, d. h. ein größeres Geldeinkommen haben; aber die sozialen Veränderungen, die der Wandel seiner Produktionsweise mit sich brachte, inklusive der Gefährdung der Subsistenzproduktion der ärmeren Schichten der Landbevölkerung und zunehmender ökonomischer und sozialer Abhängigkeit sowohl der Frauen von ihren Männern als auch der Bauern von den neuen Technologien/Inputs der Projekte, bewirken, daß es der Masse der Dorfbewohner schlechter geht als vorher, zumindest nach deren eigenem subjektiven Eindruck, aber wahrscheinlich auch gemessen an ihrer objektiven ökonomischen Lage.

Insgesamt hat der Autor eine überzeugende problemorientierte empirische Studie vorgelegt, die unter hohem persönlichen Einsatz angefertigt wurde. Es wäre zu wünschen, daß das Werk über den kleinen Kreis des Fachpublikums hinaus einen weiten Interessentenkreis findet.

Bielefeld, im Januar 1986 Dirk Kohnert

Vorbemerkung des Autors

Diese Arbeit beruht im wesentlichen auf eigenen Feldforschungen in Burkina Faso. Der erste Aufenthalt von Juli bis Oktober 1982 wurde finanziell unterstützt durch die Fakultät für Soziologie der Universität Bielefeld und den Ausschuß für entwicklungsbezogene Bildungsarbeit und Publizistik (ABP) der AGKED. Für die zweite Feldforschung von Juli bis November 1983 erhielt ich einen Zuschuß des DAAD. Ohne diese Unterstützung wäre die Forschungsarbeit kaum möglich gewesen. Ich bin daher den genannten Institutionen zu Dank verpflichtet.

Was die zahllosen Gesprächspartner in Burkina betrifft, die meine Anwesenheit und meine vielen Fragen so geduldig ertrugen und damit erst die Grundlage für dieses Buch schufen, so hoffe ich, daß sich meine Interpretationen des Gesehenen und Gehörten ihrer Gastfreundschaft würdig erweisen.

Schließlich möchte ich mich bei Dr. D. Kohnert und Prof. Dr. G. Elwert für die kritischen Anmerkungen bei der Abfassung des Manuskripts und bei Astrid Arfmann für die Erstellung einer druckfertigen Vorlage bedanken.

Alle Zitate aus fremdsprachigen Quellen wurden von mir übersetzt.

Inhaltsverzeichnis

Seite

Verzeichnis der Tabellen, Karten und Schaubilder

Karten im Text:

Seite

Karten im Anhang:

Schaubilder im Text:

Schaubilder im Anhang:

Verzeichnis der Abbildungen:

Abkürzungsverzeichnis

ABP	Ausschuß für entwicklungsbezogene Bildungsarbeit und Publizistik
AGKED	Arbeitsgemeinschaft kirchlicher Entwicklungsdienste
AKE	Standardisierte Arbeitskrafteinheiten
AMIRA	L'Amélioration des Méthodes d'Investigation en Milieu Rural Africain
AVV	Autorité des Aménagements des Vallées des Volta
CCCE	Caisse Centrale de Coopération Economique (Frankreich)
CCDR	Comité de Coordination du Développement Rural (Burkina Faso)
CDR	Comité de Defense de la Révolution
CE	Centre-Est
CFDT	Compagnie Française pour le Développement des Fibres Textiles
CFJA	Centre de Formation des Jeunes Agriculteurs
CIDR	Compagnie Internationale pour le Développement Rural (Frankreich)
CIS	Comité d'Information Sahel
CNCA	Caisse Nationale de Crédit Agricole
CNRST	Centre National de la Recherche Scientifique et Technique
CSP	Conseil du Salut du Peuple
DAAD	Deutscher Akademischer Austauschdienst
EAC	Expert Advisory Committee
FAC	Fonds d'Aide et de Coopération
FAO	Food and Agriculture Organization of the United Nations
FCFA	Franc de la Communauté Financière Africaine Mittelkurs 1982/83: 100 FCFA ≙ 0,70 DM
FDR	Fonds de Développement Rural
FED	Fonds Européen de Développement
FOVODES	Fonds Voltaique de Développement et de la Solidarité
IBRD	International Bank for Reconstruction and Development (Weltbank)
IDA	International Development Association
IMF	International Monetary Fund
INADES	Institut Africain pour le Développement Economique et Social

INSED	Institut National de la Statistique et de la Demographie (Burkina Faso)
IPD-AOS	Institut Panafricain pour le Développement - Afrique de l'Ouest/Sahel
IRAT	Institut de Recherches Agronomiques Tropicales et de Cultures Vivrières
JCC	Joint Coordinating Committee (Onchozerkose-Programm)
LLDC	Least Developed Countries
NPK	Natrium-Phosphat-Kalium-Dünger
OFNACER	Office National des Céréales (Burkina Faso)
ORD	Organisme Régional de Développement (Burkina Faso)
ORSTOM	Office de la Recherche Scientifique et Technique d'Outre-Mer (Frankreich/Burkina Faso)
PAM	Programme Alimentaire Mondiale
PAT	Potentiel Annuel de Transmission
SAED	Société Africaine d'Etudes et de Développement
SATEC	Société d'Aide Technique et de Coopération (Frankreich)
SOFITEX	Société Voltaique des Fibres Textiles
STABEX	System zur Stabilisierung von Exporterlösen
SVK	Standardisierter Variationskoeffizient
ULV	Ultra Low Volume
UNDP	United Nations Development Programme
V1	Village 1
VWD	Vereinigte Wirtschaftsdienste

Karte 1: Burkina Faso und die Untersuchungsregion im Südosten des Landes

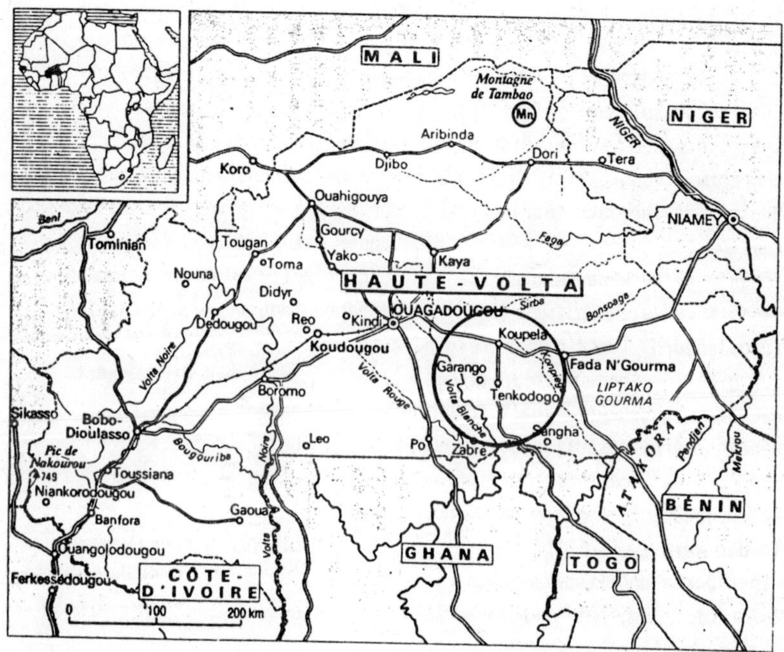

Quelle: Bourges/Wauthier (1979:431)

I. Einleitung

1. Wesentliche Probleme von Kleinbauern im Südosten Burkina Fasos

Wie viele andere Felder sozialwissenschaftlicher Praxis ist auch die Entwicklungsplanung in den letzten Jahren zunehmender Kritik ausgesetzt, die sich an der Diskrepanz zwischen Anspruch und Wirklichkeit der Entwicklungspolitik entzündet. Während in den Industriestaaten das Bruttosozialprodukt (BSP) pro Kopf der Bevölkerung von 1950 bis 1980 real um 152 % anstieg, konnten die Länder mit niedrigem Einkommen (zu denen auch Burkina Faso zählt) im gleichen Zeitraum nur eine Zunahme um 49 % verzeichnen, was die Kluft zwischen Industrie- und Entwicklungsländern[1] immer größer werden läßt (Weltbank 1980:44). Was sich auf globaler Ebene noch in einem lediglich geringeren Wirtschaftswachstum ausdrückt, erhält schon auf subregionaler Ebene ein anderes Gesicht: Afrika südlich der Sahara hatte am Ende der zweiten "Entwicklungsdekade" immer noch die höchste Analphabetenquote, die geringste Lebenserwartung der Menschen und die höchste Kindersterblichkeitsrate in der Welt (World Bank 1982:3). Die verschleiernde Wirkung statistischer Durchschnittsdaten enthüllt sich mit zunehmender Differenzierung auf regionalem, nationalem und lokalem Niveau sowie nach unterschiedlichen Bevölkerungsgruppen.[2]

Mit plakativen Wortspielen wie "Entwicklung der Unterentwicklung" (Frank 1969a) oder "Hunger durch Überfluß?" (Brot für die Welt 1981) wurde versucht, auf gesellschaftliche Widersprüche aufmerksam zu machen, die eine Entwicklung (im Sinne von verbesserten Möglichkeiten aller Menschen zur Erfüllung ihrer grundlegenden Bedürfnisse) verhindern.

Diese Einsicht ist jedoch nicht auf die intellektuellen Eliten beschränkt. Denn in erster Linie sind es ja die Betroffenen selbst, die spüren, daß Veränderungen vor sich gehen, auf die sie kaum Einfluß haben; daß "ihre" Probleme gelöst werden sollen[3], nach denen sie jedoch oft gar nicht gefragt wurden!

Welche Sorgen die Menschen tatsächlich bewegen, scheint viele sogenannte "Entwicklungsexperten" kaum zu interessieren, denn sie meinen ja meist, diese bereits zu kennen. Diese voreingenommene Haltung der Planer ist aber schon eines der konkreten Probleme, mit denen vor allem Kleinbauern konfrontiert werden, die immer noch die Masse der in Armut lebenden Menschen in der "Dritten Welt" bilden. Da sich die vorliegende Arbeit auf eigene Feldforschungen im ländlichen Raum Südost-Burkinas stützt, mögen deshalb einige wesentliche Probleme der dort lebenden Bauern und ihrer Familien exemplarisch als Ausgangspunkt der Untersuchung dienen.

Im Dorf Nakaba (Subpräfektur Koupéla) gaben 85 % der befragten Bauern an, daß man ihnen keine Gelegenheit gegeben hatte, ihre Probleme oder Wünsche zu äußern, bevor die regionale Entwicklungsbehörde (ORD = Organisme Régional de Développement) mit der Durchführung von Projekten begann (vgl. Tab. 1).

Tab. 1: Befragung der Bauern in Nakaba nach Problemen/Wünschen durch die Projektplaner vor Projektbeginn (eigene Erhebung)

Antwortkategorien	N	%
Groupement villageois - Versammlung wurde befragt	2	9,5
Nur Dorfautoritäten wurden befragt	3	14,3
Ich wurde vorher nicht befragt/ nicht informiert	16	71,4
Keine Angabe	1	4,8
Gesamt	22	100,0

Nur zwei Bauern erinnerten sich an eine Versammlung der dörflichen Vorgenossenschaft (groupement villageois), auf der sie, lange nach Einsetzen der ersten Projekte, nach ihren Problemen gefragt worden waren. Die Mehrzahl der Anwesenden habe dabei den Wunsch nach einer Krankenstation oder einem kleinen Staudamm vorgebracht. Dabei ist interessant, daß die Bauern vor allem materielle Hilfe in Form von Baumaßnahmen forderten und damit die ihnen bekannten Lösungsvorstellungen der Entwicklungsexperten antizipierten. Eine Erklärung könnte darin liegen, daß es ihnen nicht gelang, die Planer in die vielfältigen Rollenbeziehungen ihrer Gemeinschaft einzubinden, da diese nur in einem ganz beschränkten Bereich mit den Bauern interagieren wollten. Damit erhielt die Interaktion für die Bauern aber den Status eines reinen Geschäfts mit "Fremden", aus dem man so viel wie möglich herausziehen muß, um nicht selbst betrogen zu werden (vgl. Bailey 1971:304 ff.). Das Ergebnis kommentierte ein Bauer dann so: "Wir wurden zwar gefragt, was wir benötigen - aber nichts davon wurde dann gemacht." Als die gleichen Bauern dann selbst aktiv wurden und von ihrem eigenen Geld Baumaterial für eine Krankenstation kauften, erhielten sie keine Unterstützung und fühlten sich im Stich gelassen. Die Bausteine liegen immer noch unbenutzt da. Ähnlich erging es den Bewohnern von Lengha-Dierma, die eine Grundschule bauen wollten.

Wie in vielen anderen Entwicklungsprojekten in Westafrika (vgl. Ay 1980, Wallace 1981) zeigt sich auch hier, daß die Probleme der Bauern von den Planern definiert und danach Lösungsvorschläge ausgearbeitet werden, die dann oft an den Bedürfnissen der Bevölkerung vorbeigehen. Die im Titel der Arbeit zitierte Aussage eines Bauern, der im Entwicklungsprojekt für die Besiedlung der Volta-Täler (AVV = Aménagement des Valleés des Volta) den umfangreichen Vorschriften der Planer folgte, drückt diese Problematik besser aus als alle Statistiken. In den "Erfolgs"-Bilanzen der AVV zeigte sich zwar ein deutlicher Anstieg der landwirtschaftlichen Produktion und des Einkommens der Siedler aus dem Baumwollanbau. Die Frage, ob diese Angaben aber tatsächlich zutreffen und für alle Bauern gleichermaßen gelten, wird noch zu prüfen sein. Hier geht es zunächst um das eher negative Resümee des Entwicklungserfolgs aus der Sicht der Bauern: "Wir haben mehr Geld, aber es geht uns schlechter". Es weist darauf hin, daß die tatsächlichen Probleme der Bevölkerung von den Planern in ihren Büros entweder nicht erfaßt oder aber mit den falschen Mitteln zu lösen versucht wurden. Deshalb erscheint es mir gerechtfertigt, in dieser Arbeit von den Bedürfnissen der Bauern und nicht von den Planzielen der Entwicklungsinstitutionen auszugehen.[4]

Die größte Sorge der Bauern (wie sie in den vielen Alltagsgesprächen und den Interviews immer wieder zum Ausdruck kam) besteht nämlich in erster Linie in der Sicherung ihrer Existenz und nicht so sehr darin, ein möglichst hohes monetäres Einkommen zu erzielen.[5] Sie beklagen sich über einen über die Jahre hinweg beobachtbaren Rückgang der Niederschläge sowie eine Verschlechterung der Bodenqualität und dementsprechend geringere Erträge. Ein alter Mann in Nakaba gab an, daß sich die Regenfälle etwa seit 1960 vermindert hätten. Diese Aussage mag eher intuitiv als durch konkrete Messungen belegt sein; oder die Bauern schließen einfach aus den meßbar geringeren Erträgen, daß auch die Regenmenge abgenommen haben muß. Aber auch die Analyse meteorologischer Daten bestätigt diesen Eindruck (zumindest für die letzten zehn Jahre). Trotz der natürlichen jährlichen Schwankungen der Regenmenge zeigt sich für den Zeitraum von 1971 bis 1982 eine abnehmende Tendenz im Departement Centre-Est[6], in dessen Gebiet ich meine Untersuchungen durchführte (vgl. Anhang B, Tab. 1). Im Sektor Koupéla lag die Niederschlagsmenge 1980, 1981 und 1982 signifikant unterhalb des langjährigen Mittelwerts von 778 mm (vgl. Schaubild 1 und Anhang B, Tab. 2).

Schaubild 1: Niederschläge im Sektor Koupéla 1971 - 1982

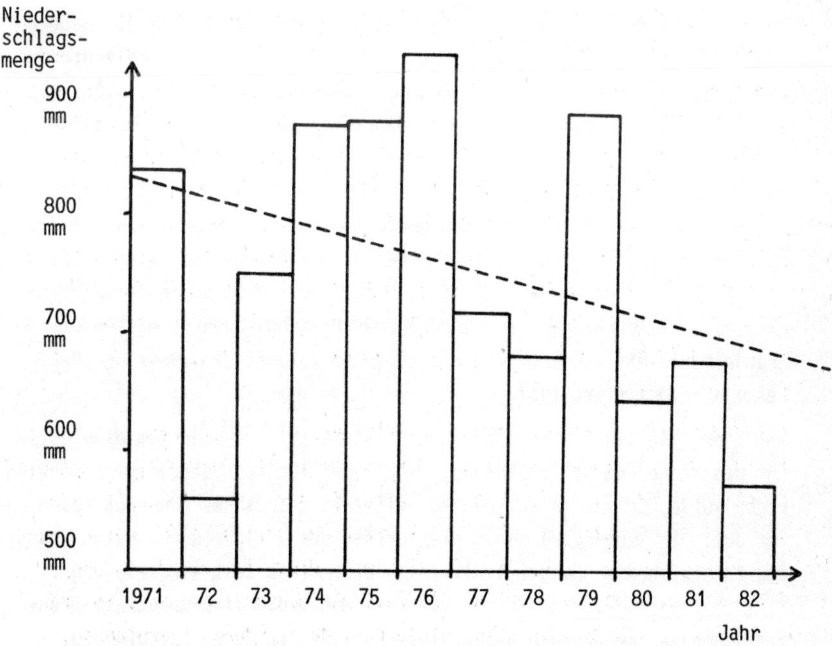

Zur geringen Höhe und den jährlichen Schwankungen der Niederschläge kommt noch hinzu, daß die Regenzeit nicht immer "pünktlich" beginnt und die Bauern sehr viel Saatgut beim wiederholten Aussäen verlieren. Sie kann auch durch eine kleine Trockenperiode unterbrochen sein, oder es fallen noch Niederschläge, wenn die Anbaufrüchte zur endgültigen Reife Trockenheit benötigen. Dies kann zu Ernteeinbußen führen.

Aber auch Krankheiten der Hauptnahrungspflanzen Hirse und Sorghum können verheerende Folgen haben. Beispielsweise konnten die Bauern schon im Oktober 1982 absehen, daß die Ernte schlecht ausfallen würde und damit die bis zur nächsten Ernte anlegbaren Vorräte zu knapp sein würden. Einer sagte: "Es regnet zu wenig, außerdem ist das Rote Sorghum von einer Krankheit befallen. Es wird nichts abwerfen. Nächstes Jahr werden wir wieder hungern." Daß dies fast im ganzen Departement Centre-Est so war, erfuhr ich 1983, als der Produktionsrückgang auch in den Statistiken nachzulesen war. Auch wenn Rotes Sorghum in dieser Gegend weniger zur Herstellung des traditionellen tô (Hirsebrei) verwendet wird als zur Bierherstellung (dolo), so bedeutet dies doch auch den Verlust eines stärke- und eiweißhaltigen Nahrungsmittels.

Zu den schwierigen ökologischen Bedingungen, mit denen sich die Bauern auseinandersetzen müssen, gehört auch die sich ständig verschlechternde Bodenqualität, deren Ursachen auch im Zusammenhang mit den langfristigen ökologischen Auswirkungen der kolonialen Zwangsmaßnahmen gesehen werden müssen (vgl. Kapitel II.3.4). Die fortschreitende Bodenerosion steht zudem in einem engen Wirkungszusammenhang mit der unkontrollierten Abholzung von Bäumen und dem gestörten Wasserhaushalt, was für die Landbevölkerung weitere Probleme schafft: Der Grundwasserspiegel ist teilweise so niedrig, daß selbst 15 Meter tiefe Brunnen in der Trockenzeit manchmal versiegen. Zur Deckung des Brennholzbedarfs müssen die Frauen heute oft Strecken von bis zu 10 km zurücklegen, weil der Baumbestand so dezimiert ist.

All diese von den Bauern genannten Probleme spielen wiederum eine Rolle für die Sicherung der Ernährung, die in den letzten Jahren immer schwieriger wurde. Gerade in der Hauptarbeitszeit des Jahres (Unkraut jäten von Juli bis September) gehen die Vorräte des Vorjahres zur Neige und der "schleichende" Hunger stellt sich ein. Diese Zeit wird von den Bissa "no balé domenen" (d. h. die Zeit des Hungers) genannt. Im französischen Sprachgebrauch heißt diese Periode "soudure" (Verbindung, Schweißnaht). Diese Situation, in der es bei schwerer Arbeit nur wenig Nahrung gibt, wird durch künstlich geschaffene Verknappung von Getreide durch Preisspekulationen auf den Märkten noch verschärft, so daß auch der Zukauf von Nahrungsmitteln aufgrund der hohen Preise erschwert wird. Die Ernährungslage verschlechtert sich dadurch kontinuierlich in Quantität und Qualität.

Besonders die Kinder sind von ernährungsbedingten Mangelerscheinungen betroffen. Bei monatlichen Besuchen von Schwestern der katholischen Missionsstation in der Nähe von Nakaba, die das Körpergewicht der Kleinkinder messen und anschließend Milchpulver, Öl und Mehl verteilen, offenbart sich der versteckte Hunger (vgl. Schaubild 2): Nur 3,5 % der Kinder wiesen das altersgemäße Normalgewicht auf!

Schaubild 2: Körpergewicht von 1 - 3 Jahre alten Kindern in Nakaba (1982): Nach Daten der Missionsstation Gounghin

Körpergewicht
in % des
Normalgewichts

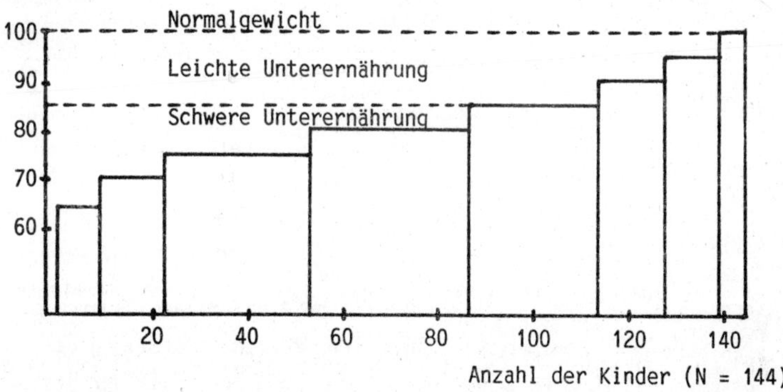

Eine Untersuchung des ORD-Est in den Jahren 1977 bis 1979 unterstreicht das Ausmaß der Nahrungsdefizite nicht nur bei Kindern. Sie ergab eine durchschnittlich konsumierte Menge Getreide von 131 kg pro Kopf pro Jahr. Zusammen mit anderen Nahrungsbestandteilen wie Gemüse und Fleisch war damit der Bedarf eines Menschen an Kalorien (2370 kcal nach FAO-Standard dieser Region) nur zu ca. 65 %, an Proteinen zu 88 % und an Fetten zu 34 % gedeckt (Ministère de Développement Rural 1981:60). Für eine ausreichende Ernährung wären, bei gleichbleibender Menge anderer Nahrungsbestandteile, 214 kg Getreide pro Kopf erforderlich (ibid.:61).

Die Bevölkerung in Burkina mag je nach Region oder Schichtzugehörigkeit unterschiedlich vom Hunger betroffen sein. Dennoch führen Krankheit und Hunger im statistischen Durchschnitt zu einer äußerst niedrigen Lebenserwartung von nur 43 Jahren und einer Kindersterblichkeitsquote von 31 ‰ (World Bank 1982:143, 177). Letzteres ist ein besonders gravierendes Problem für die Existenzsicherung der Bauernfamilien, denn Kinder werden nicht nur als Arbeitskräfte für die Bearbeitung der Felder benötigt, sondern sie sichern auch die Altersversorgung ihrer Eltern. Doch immer mehr Jugendliche verlassen ihr Heimatdorf als saisonale oder permanente Migranten, um Arbeit in den Städten oder in den Plantagen und Fabriken der Küstenstaaten Elfenbeinküste und Ghana zu finden. Zum Teil sind die Familienoberhäupter auf Geldüberweisungen ihrer Kinder oder Verwandten angewiesen, um den immer größer werdenden Bedarf an monetären Mitteln für Konsumgüter, Medikamente, Schulausbildung, Steuern, Kleidung, aber auch "Luxusgüter", wie Radio, Armbanduhr oder Mofa decken zu können.[7] Durch die immer häufiger vorkommende endgültige Abwanderung gerade der besten Arbeitskräfte wird jedoch auf Dauer das Überleben der "Daheimgebliebenen" immer stärker bedroht (vgl. Kapitel II.4.3).

2. Theoretischer und methodischer Rahmen

2.1 Zielsetzung und Aufbau der Arbeit

In der Einleitung wurden einige wesentliche Probleme von Bauern im Südosten Burkinas angesprochen. Nach einer kurzen Darstellung der methodischen und theoretischen Grundlagen der Arbeit soll der historische und gesellschaftliche Kontext analysiert werden, in dem diese Defizite in der Erfüllung grundlegender Bedürfnisse gesehen werden müssen (Kapitel II). Unter Einbeziehung der historischen Perspektive wird eine Analyse der Ursachen angestrebt, die auf verschiedenen Ebenen (lokal, national und international) wirksam sind. Dazu ist auch eine kurze Betrachtung der Wirtschaftsstruktur Burkinas, ihrer Verflechtung mit dem Weltmarkt und der Rolle der Entwicklungshilfe notwendig (Kapitel III).

Da nun die Entwicklungspolitik in Burkina - oft in Zusammenarbeit mit ausländischen Entwicklungshilfeorganisationen - die ökonomische und soziale Entwicklung gestaltend zu beeinflussen versucht, stellt sich die Frage nach der Wirkung einer solchen planerischen und praktischen "Hilfe": Trägt sie zur Lösung der genannten Probleme bei, bleibt sie wirkungslos oder schadet sie sogar? Die kritische Betrachtung von zwei bedeutenden ländlichen Entwicklungsprogrammen in der Südost-Region (Kapitel IV) soll die Schwierigkeiten aufzeigen, aber auch Hinweise auf mögliche Alternativen ergeben.

2.2 Der theoretische Rahmen

Für die beabsichtigte Problematisierung der "Entwicklungshilfe" für die Bauern der Südost-Region Burkinas werden in dieser Arbeit vor allem Daten verwendet, die im Laufe von zwei Feldforschungsaufenthalten gesammelt wurden. Dadurch soll ein von der Realität zu stark abgehobenes Theoretisieren über Entwicklungsmodelle und -strategien vermieden werden. Schließlich gibt es in der Entwicklungsländerforschung inzwischen eine Fülle unterschiedlicher Ansätze zur Erklärung des Phänomens "Unterentwicklung", ohne daß sich bis jetzt ein Modell allgemein durchsetzen konnte. Angesichts der Vielfalt der Erscheinungsformen und der Komplexität des Problems und seiner Ursachen ist die Konstruktion einer alles erklärenden Theorie der Unterentwicklung zumeist problematisch, wenn nicht gar unmöglich (Bernstein 1979:93).

Doch auch bei der Beschränkung der Analyse auf eine bestimmte Region und Bevölkerungsgruppe wäre eine Feldforschung in einem fremden Kulturkreis, die lediglich nach Maßgabe einer mitgebrachten, bereits völlig ausgearbeiteten Theorie Daten sammelt, höchst fragwürdig. Das gleiche gilt für ein theorieloses, scheinbar jeder neuen Erkenntnis gegenüber offenes Forschen, das nicht unbedingt vorurteilsfreier ist, denn implizit sind doch Annahmen vorhanden, die z. B. die Wahrnehmung strukturieren.

In der Darlegung des empirischen Materials möchte ich deshalb dem realen Forschungs- und Erkenntnisprozeß folgen, in dem sich Theorie und Empirie wechselseitig beeinflussen. Da das Ziel der Arbeit nicht in der Überprüfung eines theoretischen Modells liegt, möchte ich auf eine ausführliche theoriegeschichtliche Ableitung und Theoriediskussion an dieser Stelle jedoch verzichten und auf die inzwischen hinreichend vorhandene, wenn nicht gar erschöpfende Literatur zu dieser Thematik verweisen (vgl. etwa Frank 1969b, Evers/Wogau 1973, Hauck 1975, Bernstein 1979). Ich werde mich vielmehr auf die wesentlichen Argumentationslinien der theoretischen Konzepte, die der Arbeit zugrunde liegen, beschränken und sie bei der Darlegung des empirischen Materials auf den konkreten

Fall bezogen weiter vertiefen, was dem Verlauf der Forschung am ehesten entspricht.

Sowohl das Paradigma des peripheren Kapitalismus als auch der Produktionsweisenansatz entstanden wesentlich aus der Kritik an den in den 50er und 60er Jahren in der Entwicklungsplanung vorherrschenden Wachstums- und Modernisierungstheorien.

Anknüpfend an die Kritik an der Modernisierungstheorie wurde vor allem in Lateinamerika der dependencia-Ansatz[8] entwickelt. Dieser stellte - im Gegensatz zu den klassischen Imperialismustheorien - weniger die Motivstruktur imperialistischen Handelns der Metropolen, als vielmehr die Auswirkungen auf die davon betroffenen Länder in den Mittelpunkt der Analyse (vgl. Boeckh 1982:133). Unterentwicklung wird nicht mehr als intern bedingtes "Noch-nicht-Entwickeltsein" aufgrund mangelnder Marktintegration oder politischer, sozialer und psychologischer Defizite verstanden. Man betrachtet sie gerade umgekehrt als Ergebnis eines historischen Prozesses (Kolonialismus) der Einbindung der Entwicklungsländer (Peripherie) in den, von den kapitalistischen Industrieländern (Zentren) beherrschten Weltmarkt und einer daraus resultierenden strukturellen Abhängigkeit (vgl. hierzu Frank 1969a).

Galtung stellt in seiner "strukturellen Theorie des Imperialismus" (1972:29 ff.) die Interaktionsbeziehungen in einem präzisen Zentrum-Peripherie-Modell dar, das auch innerhalb der Staaten zwischen Zentren und Peripherien differenziert. Er postuliert eine prinzipielle Interessenharmonie zwischen den Zentren in den Metropolen und ihren "Brückenköpfen" (den Peripheriezentren) in den Peripherien, was zur Aufrechterhaltung der strukturellen Abhängigkeit beiträgt: Denn die Zentren in den Peripherienationen können ihrerseits die Peripherie ausbeuten (innerer Kolonialismus) bzw. eine regionale Vorrangstellung gegenüber anderen Peripherienationen erreichen (Gantzel 1972:113 ff.).

Inwiefern begründen nun Abhängigkeitsbeziehungen gleichzeitig eine "Unterentwicklung"? Amin (1970, 1975) und Senghaas (1974), die den dependencia-Ansatz zum Konzept des peripheren Kapitalismus weiterentwickelten, weisen hierzu auf die strukturelle Verflechtung der Produktion in den Entwicklungsländern und den Industrieländern hin: Im Verlauf der Einbindung der Peripherie in das "kapitalistische Weltsystem" (Wallerstein 1974) wurden die in den nicht-kapitalistischen Gesellschaftsformationen vorherrschenden Produktionsweisen zerstört bzw. deformiert und auf die Bedürfnisse der Metropolen hin funktionalisiert. So ist die heutige Ökonomie der Entwicklungsländer durch "strukturelle Heterogenität"[9] gekennzeichnet, in der mehrere Produktionsweisen in hierarchischer Anordnung existieren und mit einer dominanten Produktionsweise (dem Kapitalismus) verflochten sind (Senghaas 1977:37 ff.). In den Entwicklungsländern hat sich eine spezifische Akkumulationsstruktur herausgebildet, die sich fundamental von der des metropolitanen Kapitalismus unterscheidet.

Im Gegensatz zum kapitalistischen System in den Metropolen, das prinzipiell in der Lage ist, sich selbst zu reproduzieren, hat sich nach Amin (1974:71 ff.) in der Peripherie eine Struktur der "abhängigen Reproduktion" herausgebildet (vgl. Schaubild 3).

Schaubild 3: Die Sektoren der Wirtschaft und die Grundverbindungen autonomer und abhängiger Reproduktion nach Amin (1974)

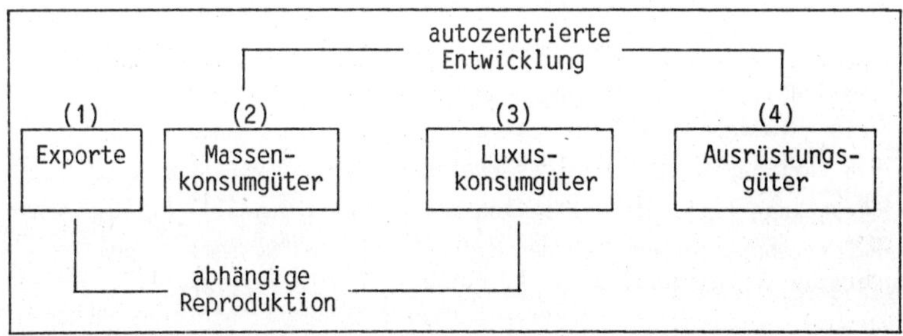

In der Peripherie besteht keine objektive Beziehung zwischen Arbeitslohn und Entwicklungsgrad der Produktivkräfte:

> "Der Lohn erscheint nicht gleichzeitig als Kostenfaktor und als Einkommen, das eine für das Modell wesentliche Nachfrage erzeugt, sondern im Gegenteil ausschließlich als Kostenfaktor, während die Nachfrage einen anderen Ursprung hat: Entweder im Ausland oder im Einkommen der sozial privilegierten Schichten" (Amin 1974:80).

Diese fragen vor allem Luxuskonsumgüter nach, die meist importiert und deshalb mit Devisen aus dem Export bezahlt werden müssen. Der innere Markt bleibt begrenzt, während die Masse der Bevölkerung in die Marginalität[10] gedrängt wird; denn diese Menschen sind weder als Produzenten noch als Konsumenten für die Reproduktion des Systems notwendig.

Es kommt also nicht zu einer kapitalistischen Klassendifferenzierung (Proletarisierung von Kleinbauern). Die Marginalisierung erlaubt wiederum, den Arbeitslohn extrem niedrig zu halten. Selbst rudimentäre Ansätze für eine Produktion von Produktionsmitteln sind auf die Sektoren (1) und (3) (vgl. Schaubild 3) ausgerichtet.

Das Konzept des peripheren Kapitalismus kann zwar besser als das Dualismusmodell das gleichzeitige Bestehen von wirtschaftlichem Wachstum und zunehmender Marginalisierung erklären; aber es wird dort fragwürdig, wo aus der konstatierten Abhängigkeit eine prinzipielle Unmöglichkeit zur Weiterentwicklung der Ökonomie in eine autonome Reproduktion postuliert wird (vgl. Amin 1974:81). Der Anspruch allgemeiner Gültigkeit der "Theorie" wird aber bereits durch die heute in einigen Entwicklungsländern feststellbare kapitalistische Differenzierung und durch einen sich herausbildenden inneren Markt widerlegt.[11] Mit der Orientierung an einem "Modellkapitalismus" spricht man der Peripherie die Fähigkeit einer eigenständigen kapitalistischen Entwicklung ab. Der einzige Ausweg besteht darin, den Kapitalismus zu "überholen", sich vom Weltmarkt "abzukoppeln" und sofort den Übergang zum Sozialismus zu vollziehen (Amin 1974:85). Ähnlich wie die Modernisierungstheorie das Ziel der Entwicklung im voraus definiert, wird hier umgekehrt behauptet, daß sich die Peripherie innerhalb des kapitalistischen Systems niemals entwickeln kann (vgl. die Kritik von Bernstein 1979:93).[12] Die tatsächlichen Entstehungsbedingungen des kapitalistischen Systems in den Industrieländern werden dabei aber nur unzureichend reflektiert.[13]

Die Anhänger dieses Konzepts verwickeln sich in einen grundlegenden Widerspruch: Einerseits behaupten sie, daß das Zentrum auf die Peripherie angewiesen ist, um den Fall der Profitrate in den Metropolen auszugleichen. Andererseits postulieren sie aber einen sich autonom reproduzierenden Kapitalismus. Schließlich bleiben auch die Begriffe, etwa zur Definition der kapitalistischen Produktionsweise, an der Oberfläche, ohne das soziale Verhältnis der Ausbeutung der direkten Produzenten (Lohnarbeiter) durch die Aneignung von Mehrwert durch die Nicht-Produzenten (Kapitalbesitzer) zu erfassen.

Trotz der Unterschiedlichkeit der Erklärungsansätze, die die peripheren Gesellschaften als Vorstufe, als Teil oder als besondere Variante des Kapitalismus betrachten, haben sie jedoch alle gemeinsam, daß sie auf der Ebene der Zirkulationssphäre argumentieren (Schweers 1980:21).

> "Die externe Abhängigkeit artikuliert sich aber im Innern der abhängigen Gesellschaften - je nach den historischen Bedingungen modifiziert - in spezifischen ökonomischen und Klassenstrukturen, die intern die externen Abhängigkeitsbeziehungen ökonomisch und politisch durchsetzen und stabilisieren" (Hurtienne 1974:254).

Darum ist eine Analyse notwendig, die sowohl die Produktions- und Reproduktionsstrukturen der sogenannten "primitiven" Gesellschaften mit ihren Widersprüchen als auch die historische Entwicklung der Beziehungen zum vordringenden Kapitalismus umfaßt.

Nach einer jahrzehntelangen Debatte unter historischen Materialisten um die richtige Charakterisierung vorkapitalistischer Produktionsweisen[14], die an Marx' "Grundrisse" anknüpfte, versuchten französische Anthropologen zu Beginn der 60er Jahre unabhängig von der Dependenzdiskussion erneut die Kategorien des historischen Materialismus für die Analyse peripherer Gesellschaften nutzbar zu machen.[15]

Die sogenannte strukturale Marx-Interpretation, wie sie etwa von Althusser und Balibar vertreten wird, sieht in der Produktionsweise die zentrale Kategorie zur Analyse einer Gesellschaft. Arbeiter, Produktionsmittel und Nicht-Arbeiter sind dabei die drei invarianten Elemente jeder Produktionsweise (Balibar 1972:268, 283 ff.). Diese Elemente sind nun in unterschiedlicher Weise miteinander verbunden, wobei zwei Beziehungen von grundlegender Art sind:

1. das Verhältnis des Menschen zur Natur, das sich in den Produktivkräften ausdrückt, d. h. in der Aneignung der Produktionsmittel durch den Produzenten im Arbeitsprozeß (primäre Aneignung);
2. das Verhältnis von Mensch zu Mensch, das sich in den Produktionsverhältnissen ausdrückt, d. h. in der Aneignung von Mehrarbeit durch die Nicht-Arbeiter (sekundäre Aneignung) (Balibar 1972:287).

Eine spezifische Kombination beider Aneignungsformen wird als Produktionsweise bezeichnet. In Anlehnung an Marx (1961:8) versteht Terray (1974a:97) darunter "ein aus drei Instanzen bestehendes System mit einer ökonomischen Basis, einem politisch-juristischen Überbau und einem ideologischen Überbau". Die ökonomische Basis ist dabei das entscheidende Element einer Produktionsweise[16]; sie setzt sich zusammen aus einem System von Produktivkräften (Rohstoffe, Werkzeuge, Maschinen etc.) und einem System von Produktionsverhältnissen (den Beziehungen zwischen den Produzenten im gesellschaftlichen Arbeitsprozeß). Die Produktionsverhältnisse bestimmen die Verteilung der Produktionsmittel und damit auch die Verteilung des gesellschaftlichen Produkts (ibid.:97 f.).

In der kapitalistischen Produktionsweise, die auf der Trennung der Produzenten von ihren Arbeitsprodukten und von den Produktionsmitteln beruht, fallen beide (primäre und sekundäre) Aneignungsverhältnisse zusammen, d. h. Arbeits- und Verwertungsprozeß bilden eine Einheit (Marx 1977:201). Die herrschende Klasse kann sich das erzeugte Mehrprodukt unmittelbar durch ökonomische Mechanismen aneignen.

In nicht-kapitalistischen Gesellschaften ist die oben beschriebene Einheit nicht gegeben. Nach Ansicht marxistischer Theoretiker spielen hier außerökonomische Beziehungen zwischen Produzenten, Produktionsmitteln und gegebenenfalls Nicht-Produzenten eine weitaus wichtigere Rolle (vgl. Terray 1974a:151).[17]

Meillassoux (1972:93) vertritt nun die Auffassung, daß in nicht-kapitalistischen Gesellschaftsformationen nicht die Kontrolle über die Produktionsmittel, sondern die über die <u>Reproduktionsmittel</u> (Nahrungsmittel und Frauen[18]) entscheidende Grundlage der Produktionsverhältnisse ist. Es müssen also vorrangig die Reproduktionsverhältnisse analysiert werden. Die Verwandtschaft wird als das zentrale Organisationsprinzip der Produktion und Reproduktion in der von Meillassoux (1983) so benannten "häuslichen Produktionsweise" angesehen.

Dagegen warnt Terray (1974b:340 f., 1977:139) davor, Ansichten bürgerlicher Ökonomen zu übernehmen, indem man die Grundlage für Ausbeutungsverhältnisse in der Zirkulationssphäre (in der Kontrolle über die zwischen den Gemeinschaften zirkulierenden Frauen und Prestigegüter) sieht. Er betont dagegen das Primat der Analyse der Produktionssphäre.[19] Dort bilden sich Klassen, und aufgrund ihrer dominierenden Stellung in der Produktionssphäre ist es der herrschenden Klasse möglich, die Bedingungen für die Reproduktion des gesellschaftlichen Systems (der Produktions- und Klassenverhältnisse) zu kontrollieren.[20] Das Konzept der Produktionsweisen und insbesondere deren <u>Verflechtung</u> miteinander in einzelnen historischen Phasen wird in Kapitel II am Beispiel der Mossi- und der Bissa-Gesellschaft konkretisiert werden. Die in der Einleitung angesprochenen aktuellen Probleme der Bauern und die von den Entwicklungsplanern eingeleiteten Maßnahmen sollen in den darauf folgenden

Kapiteln vor dem Hintergrund der skizzierten Theorien analysiert werden. Dabei wird vor allem der Produktionsweisenansatz zur Interpretation herangezogen, aber auch die modernisierungstheoretisch orientierte Entwicklungsstrategie und die Abhängigkeitsbeziehungen Burkinas diskutiert.

2.3 Hypothesen

Vor dem Hintergrund der im vorigen Kapitel angesprochenen entwicklungstheoretischen Diskussionen und der spezifisch auf Westafrika bezogenen Untersuchung der Entwicklungsproblematik in einem Lehrforschungsprojekt an der Universität Bielefeld (vgl. Lobüscher et al. 1983) wurden vor Beginn der Forschung einige erkenntnisleitende Hypothesen formuliert. Die Untersuchung sollte aber möglichst offen für neu auftauchende Fragen bleiben.

Besonders die von französischen Anthropologen neu thematisierte und z. B. von Meillassoux (1964) in seiner bereits klassischen Feldstudie über die Gouro konkret aufgezeigte Verflechtung von Produktionsweisen, richtete das Augenmerk auf solche möglicherweise vorhandenen Verknüpfungen: Hat die "natürlich" fortschreitende Ausbreitung des Kapitalismus in dem Produktions- und Reproduktionssystem der Ethnien Burkinas ähnliche Veränderungen und Verflechtungen bewirkt? Welche Konsequenzen ergeben sich daraus für die in Burkina noch immer bedeutende Subsistenzproduktion der Bauern? Es sollte geprüft werden, welchen Einfluß die zwei hauptsächlichen Formen der Verflechtung der Subsistenzproduktion mit dem kapitalistischen System - die Migration (vgl. Habermeier 1977, Schulz 1979) und die einfache Warenproduktion sogenannter Mischproduzenten (Elwert/Wong 1979) - auf die Überlebensfähigkeit der Bauern haben. Doch welche Rolle spielt nun dabei die geplante Entwicklungspolitik? Da sie in Burkina zu einem großen Teil durch Institutionen der kapitalistischen Industriestaaten und internationalen Organisationen finanziert wird (Reuke 1982), ist anzunehmen, daß diese auch Interessen an der weiteren "Durchkapitalisierung" zum Tragen bringen.

Durch die extrem hohe Zahl unterschiedlicher einheimischer und ausländischer Institutionen und Organisationen, die auf diesem Gebiet tätig sind (und evtl. sogar gegeneinander konkurrieren), war zu vermuten, daß eine nationalkonsistente Entwicklungsplanung praktisch nicht vorhanden ist, sondern eher auf die unterschiedlichen Impulse der Geberländer und -institutionen reagiert wird.[21]

Ausgehend von der These, daß Entwicklungshilfeprojekte oft dort ansetzen, wo (aus der Sicht der Planer) die größte Chance des Erfolgs besteht und nicht dort, wo sie am nötigsten wären, sollte geprüft werden, ob ein regionaler, sektoraler und schichtspezifischer "bias" tatsächlich feststellbar ist, der die Disparitäten eher noch vergrößert. Dies war einerseits zu vermuten aufgrund der von Entwicklungsplanern oft nicht berücksichtigten sozialen Ungleichheiten innerhalb der scheinbar "amorphen Bauernschaft" (zur Kritik vgl. Hill 1968) und andererseits wegen der Erfahrungen bei vorrangig an Produktionssteigerungen orientierten ländlichen Entwicklungsprogrammen; dabei wurden z. B. im Rahmen der sogenannten "Grünen Revolution" reichere Bauern oder städtische Funktionäre, die sich Land aneigneten, einseitig bevorzugt. Goody und Wallace beschrieben diesen Prozeß sehr anschaulich anhand von Projekten in Ghana und Nigeria und wiesen auf den sich unter den Bauern verstärkenden Widerstand gegen diese Art von "Hilfe" hin, die die soziale Ungleichheit noch akzentuierte, statt sie zu reduzieren (Goody 1980, Wallace 1981, vgl. auch Kohnert 1982). Da ähnliches auch über ein Projekt in Burkina berichtet wurde (Conti 1979), waren die beiden im IV. Kapitel beschriebenen Entwicklungsprogramme unter diesem Aspekt kritisch zu betrachten.

Außer diesen vermuteten sozio-ökonomischen Effekten der Entwicklungspolitik sollten auch die positiven und negativen Veränderungen der sozialen Beziehungen (z. B. zwischen Alten und Jungen, Mann und Frau etc.; vgl. Fett/Heller 1978) durch den planerischen Eingriff untersucht werden, da sie oft weit über die antizipierten Folgen hinausgehen. Die den Bauern zugewiesene Rolle als "Betroffene" und nicht als "Beteiligte" am Planungsprozeß, wie es sich bei anderen Projekten in Westafrika gezeigt hatte (Ay 1980, Adams 1977), sollte ebenfalls Gegenstand kritischer Analyse sein.

Neben diesen auf den konkreten lokalen Bereich bezogenen Forschungsfragen wollte ich auch die Einbindung Burkinas in die Weltwirtschaft und ihre Folgen für die nationale Ökonomie und den bäuerlichen Einzelbetrieb untersuchen, um so die These einer Entwicklungsblockierung, wie sie von Amin (1971) vertreten wird, zu prüfen.

Schließlich möchte ich noch zwei Aspekte erwähnen, die erst während des Feldaufenthaltes stärker in das Blickfeld gerieten, nämlich erstens die

These, daß die Projektplaner mögliche ökologische Folgewirkungen nicht genügend in ihre Überlegungen einbeziehen; zweitens wollte ich prüfen, ob nicht die zunehmende Marktintegration der Bauern neue Zwänge an die Stelle der in der Kolonialzeit direkt ausgeübten setzt.

2.4. Zur Methodik der Feldforschung

Es entspricht dem Selbstverständnis empirischer Sozialforschung, nicht nur die gewonnenen Ergebnisse, sondern auch die Umstände und Methoden der Datenerhebung offenzulegen und zu reflektieren. Ich möchte deshalb an dieser Stelle, vor Darlegung und Interpretation der empirischen Daten, die wichtigsten Aspekte der Auswahl der Dörfer und Projekte, der Stichprobenziehung, der angewandten Erhebungsmethoden und der Erhebungssituation ansprechen. Eine kurze Diskussion der Datenqualität soll eine realistische Einschätzung ermöglichen.

Für das Ziel der Arbeit, die Problemlage von Kleinbauern in ihrem sozio-ökonomischen und politisch-kulturellen Kontext zu analysieren und Veränderungen durch die Entwicklungsplanung kritisch zu betrachten, erschien mir eine Feldforschung am geeignetsten.[22] Sie hat den Vorteil, auch auf der Ebene einzelner Bauern oder Produktionseinheiten Daten erheben zu können und so Zusammenhänge aufzudecken, die in statistischen Durchschnittswerten verschleiert werden. Ohnehin sind Statistiken in Entwicklungsländern nur sehr bedingt brauchbar (vgl. dazu Statistisches Bundesamt 1984:7 und World Bank 1982:142 sowie Hippel 1980:203). Die statistischen Dienste sind oft unzureichend ausgestattet, die Bevölkerung ist nur mangelhaft administrativ erfaßt; Daten über Feldgrößen und Erträge werden oft nur geschätzt, gehen aber dann als gesicherte Zahlen in weitergehende Berechnungen ein. Deshalb habe ich in dieser Arbeit zur Ergänzung selbsterhobener Daten weniger auf regierungsamtliche Zahlen als auf Fallstudien zurückgegriffen, die für die Untersuchungsregion relevant sind. Deren Qualität ist zumindest besser einschätzbar, wenn das methodische Vorgehen erläutert wurde.

Bei der ersten Feldforschung (Juli - Oktober 1982) wählte ich nach Kontakten mit verschiedenen Organisationen die regionale Entwicklungsbehörde (ORD) im Departement Centre-Est als Untersuchungsobjekt, weil das Büro des Weltkirchenrates in Ouagadougou dort Projekte finanziert und bereit war, den Kontakt herzustellen. Das ORD als nationales Entwicklungsprogramm erschien mir besonders interessant, da ich so Einblick in die nationale Entwicklungsstrategie und -politik gewinnen konnte. Während einer intensiven Phase des Kennenlernens der ORD-Strukturen und -Aufgaben hatte ich auch Gelegenheit, zusammen mit den ORD-Beamten ein geeignetes Dorf auszuwählen. Ich entschied mich für das Mossi-Dorf Nakaba, weil das ORD dort seit mehreren Jahren tätig ist; daher waren am ehesten Veränderungen durch den Einfluß von Projekten zu erwarten. Da Nakaba ein sehr großes Streudorf ist, mußte ich mich auf die Untersuchung einzelner Viertel ("Quartiers") beschränken. Ich wählte dazu das Zentrum (mit dem Wohnsitz des Naba (Dorfchef) und den meisten Infrastruktureinrichtungen) und das weiter östlich gelegene, schwer zugängliche Viertel Birguin[23] aus. Die anderen Viertel und Dörfer der Umgebung dienten mir als zusätzliche Informationsquelle.

Die zweite Feldforschung (Juli - November 1983) hatte ein anderes nationales Entwicklungsprogramm, die Besiedlung der Volta-Täler (AVV), zum Ziel. Da ich diesmal über eine andere Ethnie, die der Bissa, in ihrem traditionellen Lebensumfeld und in den neuen Projektdörfern eine vergleichende Studie anfertigen wollte, suchte ich die AVV-Projektorte mit dem höchsten Anteil an Bissa-Siedlern aus: Bané[24] und Kaibo-Sud. Nach einer ersten Erhebungsphase im letztgenannten Dorf hielt ich mich mehrere Wochen in den Bissa-Dörfern Lengha und Dierma (beide im Kanton Lengha, Departement Centre-Est) auf, um die sozio-ökonomischen Strukturen der Bissa-Gesellschaft analysieren zu können. Lengha wählte ich aus, weil die meisten Bissa-Siedler in Kaibo-Sud aus diesem Dorf stammten. Zwei Bauern mit ihren Familien waren bereits wieder aus dem AVV-Projekt dorthin zurückgekehrt. Da Lengha ursprünglich von Mossi gegründet worden war - die später fast völlig die Kultur der Bissa übernahmen - und sehr stark von der Verwandtschaftslinie des Kantonhäuptlings dominiert wird, führte ich auch Interviews in dem etwas abseits gelegeneren Dierma durch.[25]

Damit ergab sich ein Untersuchungsdesign, wie es im Schaubild 4 dargestellt ist. Aufgrund der begrenzten Zeit konnte ich dieses Raster jedoch nicht vollständig mit selbst erhobenen Daten ausfüllen. Vor allem für das Dorf Kaibo-Sud mußte ich auch externe Fallstudien und Unterlagen der AVV hinzuziehen. Ich versuchte aber, die Informationen aus solchen Untersuchungen soweit wie möglich durch eigene Nachfragen und Stichproben auf ihre Plausibilität hin zu überprüfen.

Schaubild 4: Untersuchungsdesign

Entwicklungsprojekt / Ethnie	ORD Centre-Est	AVV
Mossi	Nakaba	Kaibo-Sud
Bissa	Lengha - Dierma	Kaibo-Sud

2.4.1 Erhebungssituation

Die Methoden der empirischen Sozialforschung, die im europäischen und US-amerikanischen Kontext entwickelt wurden, lassen sich nur bedingt bei Feldforschungen in Entwicklungsländern anwenden.[26] Insbesondere Interviews mit standardisierten Fragen weisen erhebliche Nachteile auf, die nicht allein in den Sprach- und Übersetzungsproblemen liegen. Die Methode an sich, des direkten Fragens nach bestimmten Tatsachen und der Wunsch nach möglichst genauen Zahlenangaben, ist den Bauern im ländlichen Afrika nicht nur weitgehend unbekannt, sondern stellt auch eine kulturfremde Interaktionsform dar, der mit Ablehnung und Mißtrauen begegnet wird. Hinzu kommt, daß ein Forscher, zumal ein "Weißer", ebenso wie z. B. ein Entwicklungsexperte, aus der Sicht der Bauern zunächst einmal außerhalb ihrer moralischen Gemeinschaft steht (vgl. Baily 1971:302 ff.). Dies erschwert eine Kommunikation auf gleicher Ebene. Schließlich sind die Menschen durch ihre geschichtlichen Erfahrungen mit den "Weißen" geprägt und entsprechend vorsichtig mit allen Äußerungen. Die Erhebungssituation kann deshalb erhebliche Bedeutung für die Datenqualität haben. Dies betrifft nicht nur die Umgebung und die Umstände unter denen die Daten erhoben werden, sondern auch die Interaktionsbeziehungen zwischen Feldforscher und Befragten (vgl. Berger 1974:31 ff.). Die Stellung des Forschers wird dabei sowohl von seiner Vorgehensweise als auch von der Legitimationsgrundlage seines Auftretens wesentlich bestimmt.

Die Dorfbewohner mußten sich meine Anwesenheit als "Fremdkörper" im Dorf irgendwie erklären und mir eine Rolle zuschreiben, was für die Datenerhebung eine mehr oder weniger starke Beschränkung bedeuten kann. Die Ankunft im Dorf und der Umgang mit bestimmten Personen spielen dabei eine besondere Rolle.

In Nakaba wurde ich von einem ORD-Beamten zunächst dem Landwirtschaftsberater und dem Naba vorgestellt. In den Bissa-Dörfern dagegen wies ich nur auf meine offizielle Erlaubnis hin, in einem Dorf wohnen zu dürfen. Ich stellte mich dann selbst vor, um zu fragen, ob es mir erlaubt sei, mich gerade in diesem Dorf niederzulassen. Natürlich mußte hierfür zuerst der Weg zum Dorfoberhaupt gemacht werden.

Ich versuchte im Nachhinein herauszufinden, welche Rolle mir von den Dorfbewohnern zugeschrieben wurde. In Nakaba galt ich als ausländischer Schüler, der eine Art Praktikum als Landwirtschaftsberater macht. In Gesprächen der Bauern hörte ich z. B. manchmal, daß man mich als Koob Naba (ein Titel für den Landwirtschaftsberater) bezeichnete. In den Bissa-Dörfern war diese Verbindung praktisch nicht gegeben, weil ich allein dorthin kam. Da ich auch ausführlich von meinem ersten Aufenthalt bei den Mossi erzählte, vermuteten einige, daß ich wohl ein Lehrer sei (oder werden würde), der Schüler in Europa über fremde Länder unterrichten solle.

Was Unterkunft und Verpflegung während der Feldforschung anbelangt, so wohnte ich in Nakaba ausschließlich in einer zentral gelegenen Hütte, die in der Nähe des Dorfplatzes stand. Sie war ursprünglich gebaut worden, um dort später eine Bar einzurichten. Dinge des täglichen Gebrauchs, die ich nicht mitgebracht hatte (wie z. B. Wassereimer, Petroleumlampe), liehen mir die Dorfbewohner. Die Frau des nicht weit entfernt wohnenden Landwirtschaftsberaters hatte sich spontan bereiterklärt, für mich mitzukochen. Außerdem wurde ich manchmal von Bauern bei Besuchen zum Essen eingeladen. So lernte ich das kennen, was man unter Mangelernährung versteht. Es gab nur Hirsebrei (tô) mit verschiedenen Saucen und manchmal Reis (was sich der Landwirtschaftsberater auch nur aufgrund seines Einkommens leisten konnte). Außer in der Sauce gab es kein Fleisch und auch kein Gemüse, ebensowenig Früchte. Als Gegenleistung kaufte ich Dinge für die Familie auf dem Markt in Koupéla ein (Salz, Reis, Zucker, Batterien etc.).

In den Bissa-Dörfern lebte ich dagegen innerhalb einer "concession" (Wohneinheit) bei einer Familie, wo man mir eine nicht benutzte Hütte zur Verfügung stellte. Die Verpflegung erfolgte ebenfalls meist durch die Frauen der Familie. In Kaibo-Sud wohnte ich zunächst in einem Gästehaus und später in einem leerstehenden Lagerschuppen im Dorf V 2.

Bei einer Feldforschung in einem fremden Kulturkreis spielt aber auch die Kenntnis der Sprache eine entscheidende Rolle, da sie nicht nur Kommunikationsmittel sondern auch Informationsträger ist. Ein Dolmetscher kann nur eine Notlösung sein. So ist es nicht allein ein Übersetzungsproblem das durch die Übertragung von der Muttersprache in eine Fremdsprache entsteht (Deutsch - Französisch - Moré / Bisa - Französisch - Deutsch); in diesem Fall ist die Gefahr von Mißverständnissen bzw. Verzerrungen sogar besonders groß durch die Kommunikation in einer von Feldforscher und Dolmetscher nur erlernten Fremdsprache (Französisch). Es ist auch ein Problem, die konnotative Bedeutung der Begriffe (die transportierte Information) richtig zu erkennen, besonders wenn es im jeweils anderen Kulturkreis nicht nur keinen Begriff dafür gibt, sondern auch keinen vergleichbaren Bedeutungsinhalt. Die Kenntnis der emischen Kategorien, d. h. der kulturimmanenten Begriffe, ist deshalb von großer Bedeutung, um ethnozentristische Interpretationen zu vermeiden (vgl. Elwert 1980).

Da vor der <u>ersten Feldforschung</u> noch nicht die zu untersuchende Region und Ethnie feststand, lernte ich nur einige Grundbegriffe der weitverbreiteten Händlersprache Dioula, die mir allerdings dann beim Aufenthalt in einem Dorf der Mossi kaum nutzte. Ich war deshalb auf einen Dolmetscher angewiesen und erlernte in der relativ kurzen Zeit nur einige Moré-Wörter der Alltagssprache (Grußformeln, Markteinkauf etc.) sowie die für die Befragung wichtigen Schlüsselwörter (Anbauprodukte, Bezeichnungen für Dorfoberhaupt usw.). Dies erlaubte mir eine gewisse Kontrolle des Dolmetschers sowie ein besseres Umgangsverhältnis mit den Dorfbewohnern, die meine Anstrengungen mit Lachen, aber auch mit Anerkennung kommentierten, was für die Schaffung einer Vertrauensbasis wichtig war.

Das Sprachproblem blieb jedoch eine Beschränkung für die Informationsgewinnung (Selektion der Alltagskontakte nach der Möglichkeit, französisch kommunizieren zu können) und für das Verständnis der fremden Sozialstrukturen.

Als Dolmetscher stellte sich mir ein Oberschüler zur Verfügung, der in den Ferien in sein Heimatdorf gekommen war. Dies kann eine zusätzliche Barriere der Informationsgewinnung gewesen sein, da eine gewisse Distanz der Bauern zu einem, der aufgrund seiner Bildung zur Dorfelite gehört, nicht auszuschließen ist. Da Wissen über die Gesellschaft nach und nach von "Alten" an "Junge" weitergegeben wird und er erst 19 Jahre alt war, können auch deshalb Auskünfte beschränkt worden sein. Seine Stellung als Sohn eines der angesehensten Dorfältesten und Berater des Naba kann ebenfalls positiv oder negativ zu Buche geschlagen haben.

Andererseits war er auch einer meiner wichtigsten Schlüsselinformanten. Er vermittelte mir von sich aus Informationen über Dorfinterna, über die Glaubwürdigkeit dessen, was die Bauern in den Interviews sagten; er machte mich auf Fehler meiner Vorgehensweise aufmerksam und half mir entscheidend dabei, das Vertrauen der Bauern zu gewinnen, da sie zu ihm Vertrauen hatten. Ich befragte ihn auch zu seiner eigenen Einstellung gegenüber den Entwicklungsmaßnahmen des ORD, um dadurch seinen Einfluß bei den Interviews auf die Meinung der Bauern einschätzen zu können.

Es erschien mir gerechtfertigt, ihm für seinen Einsatz (bei dem sogar sein Fahrrad beschädigt wurde) Geld zu geben, zumal er während der Schulzeit in der Stadt erhebliche Geldmittel benötigte.

Vor der zweiten Feldforschung versuchte ich, mich stärker auf das Erlernen der Sprache der Bissa vorzubereiten; aber der von Dorf zu Dorf unterschiedliche Dialekt erschwerte dann vor Ort die Kommunikation erheblich. Da es in Lengha nur wenige und in Dierma nur einen Bauern gab, der Französisch sprach und ich zudem bei einer Familie wohnte, wo niemand etwas anderes als Bisa verstand, war ich viel stärker gezwungen, mich in ihrer Sprache verständlich zu machen. Ich rechne es vor allem diesem Umstand zu, daß die Dorfbewohner überraschend schnell Vertrauen zu mir fanden. Zwei Oberschüler, die für kurze Zeit ins Dorf kamen, halfen mir jedoch auch diesmal bei schwierigen Interviews, aber ich konnte stärker in das Gespräch eingreifen. Ja, es ergab sich sogar die Situation, daß ein Bauer sagte, er wolle mir seine Meinung direkt sagen, da ich ihn so besser verstehen könne. Aber auch hier soll nicht die wichtige Funktion des Dolmetschers als "Erklärer" von Sachverhalten unerwähnt bleiben. Der Besuch eines Bissa, der in Paris studiert und einer Oberschülerin aus Ouagadougou verhalfen mir ebenfalls zu Informationen, die ich sonst nicht so leicht erhalten hätte (z. B. zum Leben der Bissa-Frauen).

In den einzelnen Dörfern von Kaibo-Sud leisteten mir verschiedene Bauern und ältere Kinder Übersetzungshilfe.

2.4.2 Erhebungsmethode und Stichprobenziehung

Um die Distanz der Dorfbewohner zu mir als Fremdem soweit wie möglich zu vermindern, versuchte ich von Anfang an, möglichst häufig in der "Öffentlichkeit" zu sein, d. h. an Feldarbeiten teilzunehmen, wenn ein Bauer Freunde und Verwandte zu einer Gemeinschaftsarbeit einlud, im Dorf bei einer Familie zu leben, gemeinsam mit ihnen zu essen, Märkte und Feste zu besuchen und die Sprache soweit zu lernen, daß ich zumindest über Alltägliches sprechen konnte. All dies ermöglichte eine gewisse Integration in das Dorfleben und schuf eine Vertrauensgrundlage, die auch meine Stellung innerhalb des Dorfes positiv beeinflußte. Außerdem boten gemeinsame Aktivitäten die beste Gelegenheit für die teilnehmende Beobachtung, die in der Literatur als angemessenste Untersuchungsmethode für Feldforschungen in einem fremden Kulturkreis empfohlen wird (Hippel 1980:205, Peil 1982:158 f.). Sie hat den Vorteil, daß der Forscher sich im gegebenen kulturellen Kontext bewegt und Interaktionen und tatsächliches Verhalten erfassen kann, statt Absichtserklärungen zu erhalten (Peil 1982:160). Der Forscher tritt nicht aktiv und fordernd auf, sondern registriert mehr, was um ihn herum geschieht.

Durch die Teilnahme am Dorfleben ergaben sich aber auch gute Anknüpfungspunkte für Gespräche mit den Bauern. Während ich zu Beginn des ersten Feldforschungsaufenthaltes noch standardisierte Fragen verwendete, um demographische und sozio-ökonomische Daten zu erfassen, veränderte ich diese Methode soweit, daß ich mir nur noch die Fragenkomplexe, die ich ansprechen wollte, notierte und den Gesprächsverlauf damit lenkte (vgl. den Fragebogen im Anhang A). Diese Form des vorstrukturierten Interviews setzte aber voraus, daß ich die Bauern zumindest einmal vorher besucht hatte, damit eine gewisse Vertrautheit entstehen konnte. Wenn möglich, versuchte ich mit den Bauern alleine zu sprechen, d. h. ohne daß andere Familienmitglieder oder gar andere Bauern anwesend waren, damit der Befragte seine Antworten nicht nach der vermuteten oder geäußerten Meinung der anderen ausrichtete (vgl. dazu Pausewang 1973:59). Bei den ersten Kontakten mit den Dorfbewohnern erschien es mir sinnvoll, möglichst wenig eigene Vorstellungen gegenüber den Gesprächspartnern durchblicken zu lassen. Sonst besteht die Gefahr eines "Interviewereffekts", d. h., daß die Befragten herauszufinden versuchen, was der Forscher hören mag und dementsprechend antworten, weil sie sich durch ihre Gesprächsbereitschaft z. B. eine Verbesserung ihrer eigenen Lage erhoffen. Erst später, bei Bauern mit denen ich öfter Kontakt hatte, führte eine Offenlegung meiner Ansichten gerade umgekehrt zu angeregten Diskussionen. Dies war vor allem bei den häufigeren Gesprächen mit einigen Schlüsselinformanten sinnvoll. Dazu gehörten nicht nur meine Dolmetscher und Nachbarn, sondern auch einige alte Leute und relativ junge Männer, Frauen[27], Dorflehrer, Dorfhäuptling, Mitglieder der Vorgenossenschaft, zurückgekehrte Migranten und zwei Rückkehrer aus dem AVV-Projekt. Durch sie erhielt ich wichtige Informationen über die Dorfgeschichte, Konflikte, das Verhältnis zu Projektangestellten und über Religion, Bräuche etc. Außerdem sprach ich ausführlich mit den mir näher bekannten ORD- und AVV-Funktionären sowie Entwicklungshelfern und Angestellten der Verwaltung, um auch deren Einstellungen kennenzulernen (vgl. Anhang A, Liste der befragten Funktionsträger).

Neben diesen relativ unsystematischen Befragungen traf ich, wie bereits erwähnt, auch eine systematische Auswahl von Bauern in den Dörfern, um demographische und sozio-ökonomische Daten zu erheben. Zur Stichprobenziehung stützte ich mich in Nakaba und Lengha-Dierma auf die vorhandenen Steuerzahlerlisten. In diesen Listen werden in Burkina in jedem Dorf alle Oberhäupter von Wohneinheiten erfaßt, die für die Zahlung der Steuer aller erwachsenen Mitglieder ihrer Familie bzw. der zusammenlebenden Kleinfamilien verantwortlich sind. Ich überprüfte zunächst die Angaben mit Hilfe des Dorfoberhaupts bzw. dessen Sekretär nach Fehlern (z. B. Verstorbene, Abgewanderte usw.). In Nakaba traf ich dann aus der Liste für Nakaba-Centre und dem Viertel Birguin eine systematische Auswahl, indem ich jeden siebten Namen herausgriff.[28] Dies ergab zunächst 28 (von 202) Familien, wovon allerdings noch einige Bauern gestrichen werden mußten, weil sie krank oder nicht zu Auskünften bereit waren oder doch zu einem anderen Viertel gehörten. So konnte ich zunächst nur elf brauchbare Interviews anfertigen. Zusätzlich befragte ich jedoch alle zehn Bauern, die in Nakaba-Centre und Birguin Kredite vom ORD erhalten hatten. Die Informationen darüber hatte ich vom ORD-Büro bzw. dem Landwirtschaftsberater. Damit war ein Vergleich zwischen zwei Gruppen (mit und ohne Projekteinfluß) möglich.

In Lengha-Dierma war eine wichtige Voraussetzung für das o. g. "quasi-random-sampling"-Verfahren nicht gegeben; hier waren nämlich die Bauern in der Liste nach ihrer Familienzugehörigkeit geordnet und außerdem die Linie des Dorfchefs überrepräsentiert. Eine Zufallsauswahl war so nicht möglich. Deshalb wählte ich hier nach Linien getrennt jeweils eine Anzahl von Bauern nach dem Losverfahren aus. In Dierma konnte ich so insgesamt 15 Bauern (aus 71 Familien) befragen und in Lengha-Centre weitere sechs (von 97 Familien).

In Kaibo-Sud führte ich eine Totalerhebung bei allen anwesenden Bissa-Siedlern (die in vier von sechs Dörfern leben) durch. Von den insgesamt 18 Bissa-Familien wurden damit 17 in der Stichprobe erfaßt. Auch hier befragte ich jeweils die Familienvorstände, sprach aber auch mit anderen Mitgliedern.

II. Soziale und ökonomische Strukturen der Mossi- und Bissa-Gesellschaft im Entwicklungsprozeß

Wie in Kapitel I.2.2 dargelegt, erscheint mir das Konzept der Produktionsweise besonders geeignet, um eine konkrete Gesellschaftsformation mit ihren Widersprüchen, die sich aus der Verflechtung verschiedener Produktionsweisen ergeben, zu analysieren. Für dessen Anwendung in der Praxis hat die Arbeitsgruppe AMIRA[1] und haben insbesondere Billaz/Diawara (1981) ein Analyseschema vorgeschlagen, das dem folgenden Kapitel über die sozio-ökonomischen Strukturen der Mossi- und Bissa-Gesellschaft zugrundeliegt. Ausgehend von dem Konzept der Produktionsweise als einem System, das aus einer ökonomischen Basis und einem politisch-juristischen sowie einem ideologischen Überbau besteht, schlagen sie folgende Vorgehensweise vor:

1. Die historische Analyse: Sie ist notwendig, um die Entwicklung der Organisationsformen der Produktion nachzuvollziehen, auf die heute die Entwicklungsplanung Einfluß nehmen will (Billaz/Diawara 1981:22).
2. Findung der Entscheidungszentren: Das Konzept des "Haushalts" als Wirtschaftsgemeinschaft ist für die Analyse ländlicher Gemeinschaften in Westafrika nur bedingt geeignet. Dieser Begriff suggeriert eine Einheit, die in den bäuerlichen Wirtschaftsgemeinschaften tatsächlich oft nicht gegeben ist. Es müssen vielmehr vier Kategorien unterschieden werden (vgl. Billaz/Diawara 1981:18):
   - die Produktionsgemeinschaft aller, die zur Erzeugung eines Produktes beitragen;
   - die Konsumtionsgemeinschaft, deren Mitglieder gemeinsam einen Teil der Produkte verzehren;
   - die Akkumulationsgemeinschaft, die all jene umfaßt, die einen über die Reproduktion der Arbeitskraft hinausgehenden Überschuß zusammenlegen;
   - die Wohngemeinschaft von allen, die in einer abgegrenzten Einheit zusammenleben.

   Mit Hilfe der emischen[2] Begriffe und der Untersuchung der prinzipiellen Entscheidungszentren sowie der Solidaritätsverpflichtungen lassen sich diese Einheiten analysieren. Die Darstellung der Entscheidungszentren vor der ökonomischen Analyse ist notwendig, weil sie

erst den Referenzrahmen für die Bestimmung der ökonomischen Einheiten liefern.
Wenn in nicht-kapitalistischen Produktionsweisen "ein juristischer, politischer oder ideologischer Zusammenhang die Voraussetzung des Produktionsprozesses bildet, wenn also der Überbau als Grundvoraussetzung Teil der ökonomischen Basis selbst wird", wie Terray (1974a:152) schreibt, dann ist es erforderlich, zunächst die Entscheidungszentren zu finden, die sich ja politisch oder ideologisch legitimieren. Dadurch lassen sich die dominierenden Instanzen identifizieren.

3. Die ökonomische, finanzielle und agro-ökonomische Analyse, die auf der Grundlage der ersten beiden Schritte erfolgt.

Im folgenden Teil der Arbeit möchte ich deshalb nach einer kurzen Darstellung der untersuchten Region auf die historische Genese der heutigen gesellschaftlichen Strukturen der Mossi und Bissa eingehen. Insbesondere die Darstellung der in verschiedenen historischen Phasen jeweils spezifischen Verflechtung von Produktionsweisen mit den sich daraus ergebenden Widersprüchen ist von grundlegender Bedeutung für das Verständnis der Wandlungsprozesse im Produktions- und Reproduktionssystem. Nur auf dieser Grundlage lassen sich schließlich die Auswirkungen der aktuellen Entwicklungsplanung auf die Tendenzen der gesellschaftlichen Entwicklung beurteilen.

1. Die Untersuchungsregion und die Dörfer

Die Feldforschungen erfolgten im wesentlichen innerhalb der Grenzen des Departement Centre-Est im Südosten Burkina Fasos (vgl. Karte 2). Nur das AVV-Dorf Kaibo-Sud liegt etwas außerhalb davon im Departement Centre. Klimatisch gehört diese Region (etwa zwischen 0° bis 1° östlicher Länge und 11° bis 13° nördlicher Breite) zur nördlichen Sudan-Zone mit einer Regenzeit von Mai bis September und einer Trockenzeit von Oktober bis April. Die durchschnittliche jährliche Niederschlagsmenge liegt bei ca. 800 mm (vgl. Anhang B Tab. 1). Die Vegetation dieses Savannengebietes besteht hauptsächlich aus Grasland mit Sträuchern und vereinzelt stehenden Bäumen; nur entlang der größeren Flüsse (Weißer und Roter Volta) findet man Galeriewälder vor. Der Boden ist durch die dünne Humusschicht nur bedingt für eine intensive landwirtschaftliche Nutzung geeignet (vgl. Anhang B,Tab. 3 und Karte 1).

Karte 2: Das Departement Centre-Est

▬▬ = Grenzen des Departement

Feldforschungsorte: 1 = Nakaba, 2 = Lengha, 3 = Dierma, 4 = Kaibo-Sud

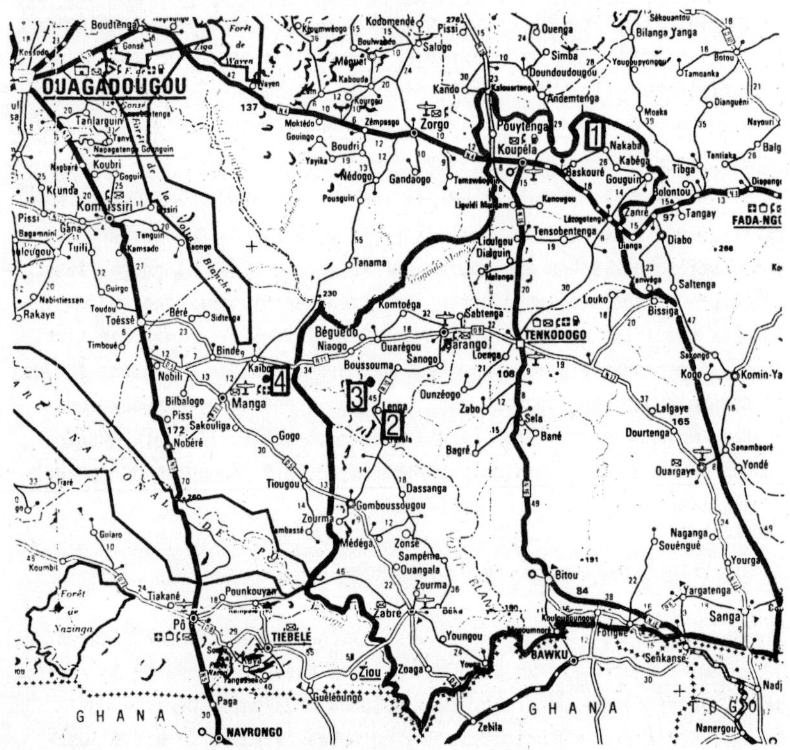

Quelle: Institut Géographique de Haute-Volta (1978)
Maßstab: 1 : 1.000.000 (Verkleinerung: ca. 1 : 1.300.000)

Auf einer Gesamtfläche von 11.266 qkm lebten 1982 493.624 Menschen, was einer Bevölkerungsdichte von 43,8 Einwohnern/qkm entspricht (vgl. Anhang B, Tab. 4); der nationale Durchschnitt lag 1982 bei 23,2 E/qkm (Statistisches Bundesamt 1984:17). Der größte Teil der Bevölkerung gehört zur Ethnie der Bissa, die vor allem in der Region um Garango und Zabré ("Le Pays Bissa") beheimatet sind. Im nördlichen Teil des Departements, in der Subpräfektur Koupéla, siedeln dagegen hauptsächlich Mossi auf dem Land, das noch Teil des sogenannten Mossi-Plateaus ist.

Der Sektor Koupéla, zu dem das Untersuchungsdorf Nakaba gehört, ist der dichtbesiedeltste des gesamten Departements (80,6 E/qkm).[3] Die Böden werden bereits in hohem Maße beansprucht: 67 % der Felder befinden sich in Zonen, die schon seit über 30 Jahren landwirtschaftlich genutzt werden, wobei sich die Brachezeiten soweit verringerten, daß heute ständig ein Anteil von 40 % der Gesamtfläche dieser "alten" Felder kultiviert wird.[4] In den Jahren von 1955 bis 1965 mußten bereits 40 qkm völlig aufgegeben werden (Departement Centre-Est 1982:IV-1-41). Die Landreserven im Busch betragen heute nur noch ca. 6 % der bereits genutzten Fläche. Nur durch die guten Erträge in den Niederungen, den sogenannten "bas-fonds", wird die verminderte Produktion in den übrigen Feldern etwas ausgeglichen.

Im Sektor Garango, in dem die Dörfer Lengha und Dierma liegen, ist die Bevölkerungsdichte zwar geringer als in Koupéla (43,7 E/qkm), aber sie konzentriert sich sehr viel stärker in bestimmten Zonen. Die Felder liegen teilweise mehr als 20 km entfernt vom Wohnort der Bauern. Der Nutzungsgrad "alter" Felder ist hier noch weitaus extremer (70 %), so daß schon 70 qkm Land nicht mehr genutzt werden können. Nach 1965 wurden darum sehr viele neue Felder im Busch angelegt. Dadurch verminderte sich die Landreserve sehr stark.

Während meines Aufenthalts in Burkina wohnte und lebte ich die meiste Zeit im Sektor Koupéla, im Dorf Nakaba. Es ist eine Streusiedlung, die neben dem Dorfzentrum zwölf weitere Viertel in 2 bis 12 km Entfernung umfaßt (vgl. Karte 3). Die Daten erhob ich vor allem in Nakaba-Centre und dem Viertel Birguin. Daneben konnte ich bei Besuchen in den Vierteln Niouguin, Sampango sowie den Dörfern Baskouré, Kabéga und Gounghin zusätzliche Informationen gewinnen.

Nakaba-Centre liegt etwa 25 km von der nächstgrößeren Stadt Koupéla (mit ca. 6.000 Einwohnern) entfernt und hatte 1982 etwa 3.800 Bewohner.[5] Das Zentrum ist über eine Lateritpiste (11 km) zu erreichen, die von der Teerstraße zwischen Ouagadougou und Fada N'Gourma abzweigt. In der Regenzeit ist diese Strecke für Fahrzeuge nur schwer passierbar.

Karte 3: Das Dorf Nakaba und seine Viertel

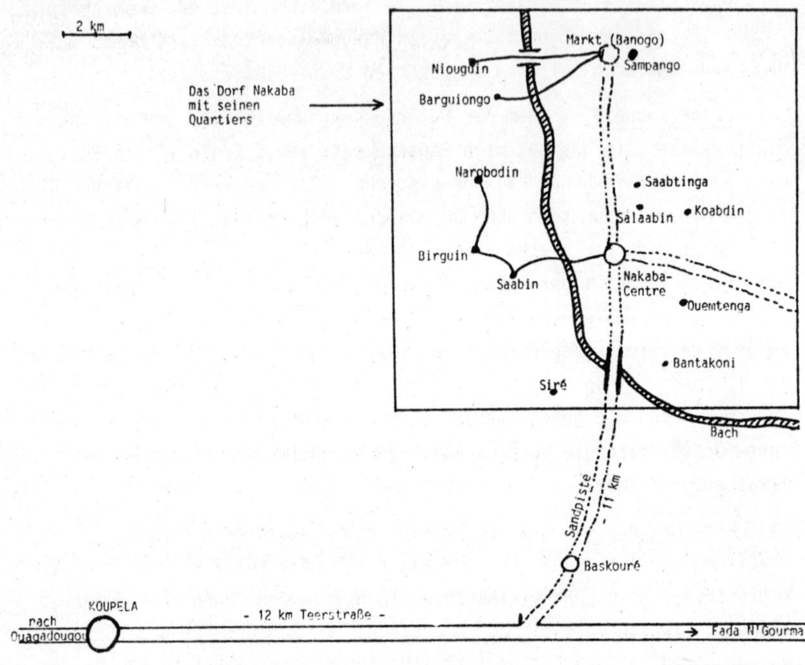

Etwa 95 % der Bewohner sind Mossi, die übrigen gehören zu den Fulbe, die etwas abseits der einzelnen Viertel wohnen. Der Naba des Dorfes residiert im Zentrum und wird auch von den Nanamse von Koabdin und Sampango als Oberhaupt anerkannt. In der Nähe von Sampango liegt der Markt von Banogo, der abwechselnd mit den Märkten von Baskouré und Gounghin alle zwei Tage stattfindet. Daneben sind als regionale Märkte Koupéla und vor allem Pouytenga[6] von Bedeutung. In Nakaba selbst befindet sich eine Schule, eine katholische Kirche und eine Getreidebank, während die nächste Ambulanzstation 9 km entfernt in Baskouré liegt.

1983 hielt ich mich erneut kurz in Nakaba auf, verbrachte aber die meiste Zeit im Bissa-Land, im Kanton Lengha. Dieser liegt etwa 30 km südwestlich von Garango, dem Sitz der Subpräfektur und des Sektorchefs des ORD, der regionalen Entwicklungsbehörde. Neben Lengha-Centre und dem Dorf Dierma, wo ich die meisten Daten erhob, umfaßt der Kanton noch die Viertel Sema, Diama, Zamsé und Sarigou sowie die Dörfer Koumboré und Massougou (vgl. Karte 4).

Karte 4: Die Region um Lengha-Dierma und das AVV-Dorf Kaibo-Sud

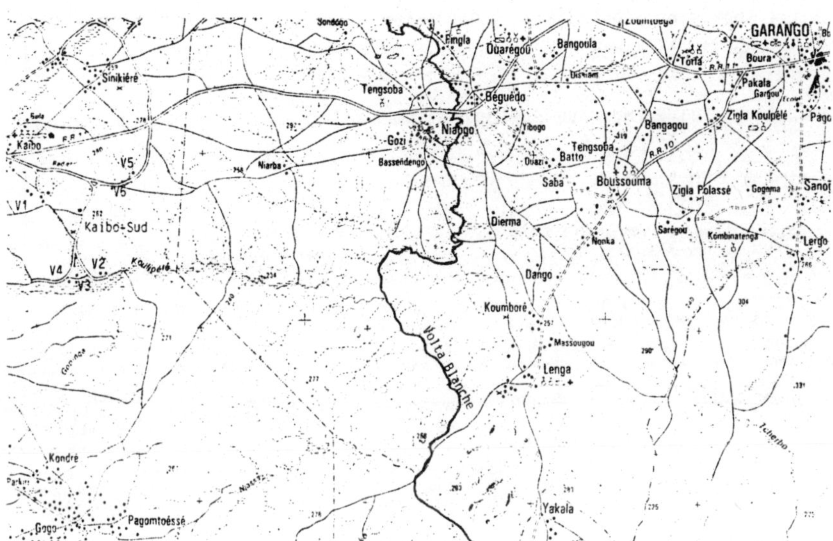

Quelle: République de Haute-Volta, Carte NC-30-XXIV (1980)
Maßstab 1 : 200.000 (Verkleinerung: ca. 1 : 300.000)

In Lengha (incl. seiner Viertel) lebten 1982 nach Angaben der Subpräfektur Garango 1.457 und in Dierma 928 Einwohner. Bis auf einige Fulbe-Hirten gehören alle zur Ethnie der Bissa. Während Lengha von Garango aus über eine Lateritpiste mit einem PKW erreicht werden kann, ist dies bei Dierma nicht möglich, da das Dorf zwischen dem Weißen Volta, zwei kleineren Zuflüssen und einem Sumpfgebiet eingeschlossen liegt. Es verfügt seit kurzer Zeit über eine provisorische Grundschule. In Lengha-Centre befindet sich ebenfalls eine solche Schule und außerdem eine Ausbildungsstätte für junge Bauern, eine Ambulanz sowie eine katholische Kirche und eine Moschee. In beiden Dörfern gibt es jeden dritten Tag einen kleinen Markt, aber die regional bedeutenderen finden in Garango und Beguedo statt. Zwischen Beguedo und Niaogo befindet sich auch die einzige Brücke über den Weißen Volta, über die man nach Kaibo und das neuangelegte AVV-Dorf Kaibo-Sud gelangt, das ich zur Untersuchung des Umsiedlungsprojektes AVV auswählte. Hier leben in sechs Dörfern (Villages V1 bis V6) insgesamt 1.724 Einwohner. Der gesamte "Block" verfügt über eine Schule, eine Sanitätsstation und verschiedene Lagerschuppen (vgl. Karte 5).

Karte 5: Skizze der AVV-Siedlung Kaibo-Sud

V1 - V6 = Die Dörfer des AVV-Blocks Kaibo-Sud

= Parzellen für die Hütten der Siedler

= Felder

= Lagerhäuser

A = Ambulanz

B = Chef du Bloc

F = Saatgutfarm

K = Kreditverwaltung

S = Schule

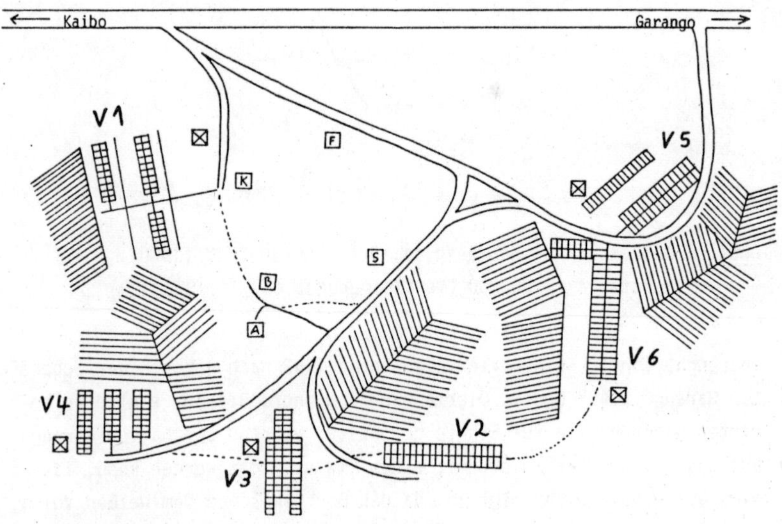

2. Die vorkoloniale Phase

2.1 Herkunft der Mossi und Bissa

Nach der von Barden (sog. griots) mündlich überlieferten Geschichte[7] liegt der Ursprung der Mossi in der Region des heutigen (Nord-)Ghana. Im 11. oder 12. Jahrhundert herrschte dort in Gambaga König Nedega über die Dagomba, Mamprusi und Nankana. Seine Tochter, Prinzessin Yennéga (eine Amazone), ging eine Verbindung mit einem Bissa, dem

Elefantenjäger Rialé, ein. Der Sohn Ouédraogo ("Hengst") unterwarf mit Hilfe von Dagomba-Kriegern die Bissa und andere autochthone Ethnien im Norden und ließ sich im heutigen Tenkodogo nieder. Die aus seiner Ehe mit einer Bissa hervorgegangenen Söhne eroberten weitere Gebiete, und ein Enkel namens Oubri begründete schließlich in Ouagadougou als erster Mossi-Kaiser (Mogho Naba) die Dynastie. Die nachfolgenden Herrscher des Reiches sowie der untergeordneten Königreiche, Kantone und Dörfer berufen sich bis heute auf die direkte Verwandtschaft mit ihrem jeweiligen Vorgänger bis zurück auf Naba Oubri (Skinner 1964:13). Der Mossi-Adel der Nakomse schuf ein politisch straff organisiertes Reich, das bis auf Dorfebene hinab hierarchisch gegliedert war (vgl. Kapitel II.2.2.3).

2.1.1 Das Königreich Koupéla

Auch der König von Koupéla kann seine Ahnenreihe bis zum ersten Mogho Naba zurückverfolgen. Der Überlieferung zufolge wurde ein Sohn von Naba Oubri nach dem Tod des Vaters von seinem Onkel Naba Namena (König des Reiches von Namen Renga; Hauptstadt Bulsa) aufgezogen. Beim Tod des Naba von Tenkodogo wurde er dann mit dem Amt des Kùrita (d. h. "der den Tod ißt") betraut und zu den Begräbniszeremonien entsandt (vgl. Sanwidi 1978:13 f.). Ein Kùrita war für die Dauer eines Interregnums nach dem Tod eines Königs eine Art lebender Repräsentant des Toten und wurde später für immer vom Hof verbannt. Auf diese Weise entstanden sehr viele Mossi-Kantone (Skinner 1964:51). Im Einvernehmen mit dem König von Bulsa gründete der oben angesprochene Kùrita das Königreich Kùrita Tẽnga, für das der fünfte Herrscher dieser Linie schließlich Koupéla als Hauptstadt wählte.[8]

Der Naba von Nakaba leitet seine Herrschaft ebenfalls von seiner Abstammung aus dieser Dynastie ab, und zwar aus der Linie eines jüngeren Bruders namens Diima, des vierten Königs von Koupéla (vgl. Sanwidi 1978:48).

2.1.2 Die Besiedlung des Bissa-Landes

Im Gegensatz zu den Mossi ist die Geschichte der Bissa[9] noch kaum erforscht (vgl. Lahuec 1979:30). Fälschlicherweise wurden sie zunächst als voltaisches Volk betrachtet. Erst in den 20er Jahren des 20. Jahrhunderts entdeckte man nach und nach die enge sprachliche und soziokulturelle Verwandtschaft mit anderen Stämmen der Mandé-Gruppe, insbesondere mit den Samo in Nordwest-Burkina (vgl. Tauxier 1924, Prost 1950:10). Da die Bissa zwar eine einheitliche Sprache, aber in zwei deutlich unterscheidbaren Dialekten[10], sprechen, vermutete Prost (1945:33) eine Besiedlung des Bissa-Landes in zwei historischen Phasen: Zunächst sei der östliche Teil des Gebiets (um Tenkodogo/Garango) von den Bissa besiedelt worden, später habe dann ein weiterer Zustrom vom Westen her eingesetzt, und zwar im Gefolge der Mossi-Landnahme. Diese Bissa seien eine Hilfstruppe der Mossi ("contingent d'auxiliaires") gewesen.

Neueste Forschungen widerlegen jedoch diese These. So lassen sich weder eindeutige Sprachräume abgrenzen[11], noch gibt es Belege für eine historisch fortschreitende Besiedlung des Bissa-Landes durch zwei zusammentreffende Gruppen aus Ost und West (vgl. Lahuec 1979:21). Der oralen Tradition zufolge stammen die Bissa vielmehr aus Yendi (im heutigen Nord-Ghana). Sie waren aber keine "Hilfstruppen" der Mossi, sondern sie siedelten wahrscheinlich bereits längere Zeit vor der Ankunft der Mossi in einem Gebiet, das nicht nur das heutige Kernland um Garango und Lengha umfaßte, sondern sich bis Manga im Westen und Bulsa im Norden erstreckte. Archäologische Funde in Koupéla aus der Vor-Mossi-Zeit belegen dies (vgl. Lahuec 1979:31, Prost 1950:7). Das heißt, daß auch die westlichen Kantone bereits von Bissa besiedelt waren, bevor weitere Bissa aus dem Süden und Mossi aus dem Westen hinzukamen.

Die Mossi, die die Bissa aus den nördlichen Regionen um Bulsa und Koupéla vertreiben konnten, stießen von Westen her bis zum Weißen Volta vor. Sie gründeten selbst auf der anderen Seite des Flusses, im Bissa-Land, Dörfer und setzten Dorfhäuptlinge in den von ihnen beherrschten westlichen Kantonen ein. So entstand auch Lengha (um ca. 1500), als _Naba_ Pasgo, ein Enkel des _Naba_ Oubri, dort einen vorgeschobenen Posten schaffen wollte, um das östliche Ufer des Volta besser kontrollieren zu können (Lahuec 1979:25). Der _Naba_ von Lengha herrschte damals über ein Gebiet, das bis Niaogo reichte. Die Gründer des Dorfes wanderten von Ouagadougou aus über Manga ein. Ursprünglich nannten sie sich _Zoungrana_[12], ein typischer Name von Mossi-Adligen, wie er heute noch in der Gegend um Manga verbreitet ist. Ihr heutiger Name, _Dabré_[13], wurde ihnen von den Bissa gegeben und bedeutet: "Diejenigen, die ihre

Mütter heiraten". Die auch von Lahuec (1979:25) bestätigte Deutung liegt in dem den Bissa fremdem Brauch, daß ein Sohn nach dem Tod des Vaters dessen Frauen "erbt", d. h. als Ehefrauen übernimmt (außer der leiblichen Mutter). Der Ort, an dem sich die Einwanderer niederließen, hieß nach Auskunft der Dorfältesten früher Torh ("fruchtbare Erde") und wurde erst später Lengha benannt.[14] Das Erstaunliche ist, daß sich diese zugewanderten Mossi in Sprache und Kultur bis auf wenige Relikte den Bissa assimilierten, so daß sie heute tatsächlich als Bissa gelten.

Außer den Mossi wanderten aber auch Bissa aus dem Süden (der Region Léré) in die Gegend um Lengha ein. Lahuec (1979:34) vermutet, daß sie durch Sklavenraubzüge der Dagomba in der ersten Hälfte des 18. Jahrhunderts dazu gezwungen wurden. Die Gründer des Dorfes Dierma bei Lengha waren solche Bissa-Migranten aus Léré. Sie stießen vermutlich auf bereits ansässige Bissa, deren Nachfahren heute im Viertel Karga leben. Nur die Bewohner von Karga haben das Recht, die alle drei Jahre stattfindenden Zeremonien zur Verehrung der heiligen Flußpferde am Weißen Volta durchzuführen.

2.2 Die Verflechtung der Produktionsweisen in vorkolonialer Zeit

Die Analyse einer peripheren Gesellschaft darf nicht auf die Untersuchung einer Produktionsweise beschränkt bleiben. Das Konzept der Verflechtung[15] von Produktionsweisen geht vielmehr davon aus, daß innerhalb einer Gesellschaft mehrere Produktionsweisen miteinander verflochten sind.[16] Sie stehen aber nicht beziehungslos nebeneinander, sondern sie sind über die Reproduktionskreisläufe derart miteinander verbunden, daß eine Produktionsweise dominiert und die anderen ihr hierarchisch untergeordnet sind.[17] Die Verflechtung impliziert dabei nicht nur den Austausch zwischen verschiedenen Produktionsweisen, sondern auch die Modifikation der Binnenstruktur der untergeordneten durch die dominante Produktionsweise. Das System von Produktion und Reproduktion wird funktional auf die Reproduktionsbedürfnisse der vorherrschenden Produktionsweise ausgerichtet. Rey beschrieb diesen Prozeß der Verflechtung bezüglich der Einbindung nicht-kapitalistischer Produktionsweisen in die kapitalistische Ökonomie als

> "... (eine) Symbiose von Produktionsweisen, wobei sich der Kapitalismus die anderen Produktionsweisen untertan macht, sich von ihren Menschen und auch von ihren konkreten Lebensmitteln nährt,

für seine Menschen wie für seine Maschinen (durch die Nahrungsmittel und Verkaufsgüter erzeugende Landwirtschaft, die im Rahmen der traditionellen Produktionsverhältnisse organisiert ist), oder indem der Kapitalismus sogar die Umwandlung der alten Produktionsweisen in neue fördert, die noch enger untergeordnet, aber immer noch nicht-kapitalistisch sind" (Rey 1976:50).

Da auch in vorkolonialer Zeit keine Produktionsweise isoliert bestand[18], ist das Verflechtungskonzept auch für diese Periode anzuwenden. Es impliziert somit einen doppelten theoretischen und empirischen Referenzrahmen: Erstens die Analyse der einzelnen nicht-kapitalistischen Produktionsweisen mit ihren jeweiligen Reproduktionsmechanismen und Entwicklungstendenzen. Zweitens müssen die verschiedenen historischen Etappen der Verflechtung dieser Produktionsweisen analysiert werden, die mit unterschiedlichen Phasen und Formen kapitalistischer Penetration korrespondieren (vgl. Taylor 1979:102).

Es ist daher sinnvoll, zunächst die Verflechtung der Produktionsweisen in vorkolonialer Zeit bei den Mossi und Bissa zu untersuchen. Das Verwandtschaftssystem und das System politischer Herrschaft stellen dabei die "dominierenden Instanzen" dar, in denen aber die Produktionsverhältnisse "repräsentiert" sind (vgl. Terray 1974a:102). Auf dieser Grundlage ist ein besseres Verständnis der in der Kolonialzeit einsetzenden Transformationsprozesse möglich. Bei der Analyse wird dabei die von Rey (1977:122 ff.) getroffene Unterscheidung zwischen Abpressung eines Mehrprodukts sowie formeller und reeller Subsumtion der Produzenten zur Charakterisierung der Produktionsweisen und ihrer Verflechtungen herangezogen.

2.2.1 Verwandtschaft als Organisationsprinzip von Produktion und Reproduktion

In vorkolonialer Zeit war die Verwandtschaft zentrales Organisationsprinzip der Produktion und Reproduktion bei den Mossi und Bissa. Die Verwandtschaftslinie (franz.: lignage; engl.: lineage) umfaßt dabei den Ältesten und seine Familie, seine jüngeren Brüder mit ihren Frauen und Kindern, unverheiratete Söhne sowie verheiratete Söhne mit ihren Familien usw.; alle, die sich in patrilinearer Linie auf einen gemeinsamen Vorfahren berufen, gehören dazu.

In der von Meillassoux (1983) so benannten "häuslichen Produktionsweise" oder der "Linienproduktionsweise", wie sie Terray (1974a) bezeichnet, bilden diese Verwandtschaftslinien die grundlegenden Einheiten der Produktion und Reproduktion. Sie sind miteinander durch den Austausch von Frauen und Prestigegütern verbunden. Die Arbeitsteilung erfolgt nach Geschlecht und Alter. Die Arbeitsorganisation wird im Verband der Großfamilie geregelt, wobei der Älteste einer Linie die Aufsicht übernimmt. Die Sicherung der Reproduktion setzt voraus, daß genügend produziert wird, um sowohl die tägliche Reproduktion der Arbeitskraft (durch Nahrung) als auch die Wiederholung des Produktionszyklus' (mittels Saatgut für das nächste Jahr) und die Aufzucht von Kindern zu gewährleisten. Außerdem müssen Vorräte für Jahre mit einer schlechten Ernte angelegt und die Versorgung der Alten gesichert werden. Den Ältesten fällt dabei eine Leitungs- und Verwaltungsfunktion zu.

Das von den direkten Produzenten erzeugte Mehrprodukt wird von den Alten nicht zum Zwecke der produktiven Akkumulation oder des Luxuskonsums angeeignet, sondern zur Kontrolle des Reproduktionsprozesses verwendet. Der dominierenden Stellung der Linienältesten im Produktionsprozeß, wo sie nicht nur die Arbeitsorganisation regeln, sondern auch die Produktionsmittel (Boden, Arbeitsgeräte) verwalten (aber nicht besitzen) und die Nahrungsprodukte speichern, entspricht ihre Rolle im Reproduktionsprozeß. Sie allein können mit den Oberhäuptern anderer Linien verhandeln, um die jüngeren Mitglieder der eigenen Familien zu verheiraten. Sie allein verfügen über die dazu erforderlichen Mittel (Prestigegüter, Vieh etc. als Brautgabe). Meillassoux (1983:64) zieht daraus den Schluß:

> "Im Unterschied ... zum Kapitalismus, und dies ist entscheidend, <u>beruht die Macht in dieser Produktionsweise auf der Kontrolle der Mittel der menschlichen Reproduktion: Lebensmittel und Gattinnen, und nicht auf den Mitteln der materiellen Produktion</u>" (Herv. i. O.).

Die persönliche Kontrolle der Ältesten über abhängige Menschen (unverheiratete Männer und Frauen, Kinder, Sklaven) bedeutet für ihn jedoch nicht, daß hiermit ein Klassenverhältnis gegeben ist, wie dies Rey (1971:48-69) zu erkennen glaubte. Alle Abhängigen einer Linie sind zu Arbeitsleistungen für den Ältesten verpflichtet, der wiederum die akkumulierten Güter umverteilt, aber eben nicht vollständig. Die Ältesten bilden eine privilegierte Gruppe, die z. B. mehr Ehefrauen haben können und über Prestigegüter verfügen. Während zumindest in akephal-segmentären[19] Gesellschaften der Austausch <u>zwischen</u> den Linienältesten auf der Basis der Reziprozität erfolgt, herrscht innerhalb der Produktionseinheiten ein Ausbeutungsverhältnis. Aber ein Bündnis aller abhängigen Gruppen wird z. B. dadurch verhindert, daß die Jungen zumindest die Hoffnung haben, eines Tages selbst eine herrschende Position einzunehmen; außerdem profitieren sie selbst von der Ausbeutung der Frauen (Arbeitsleistungen der Mütter und später der Ehefrauen, vgl. Terray 1977:142). Das Verwandtschaftsprinzip dient den Ältesten zur ideologischen Rechtfertigung der bestehenden Verhältnisse. Gegen diejenigen, die diese Ordnung in Frage stellen, kann leicht der Vorwurf der Hexerei erhoben werden. Damit wird der eigentliche gesellschaftliche Widerspruch verschleiert und auf ein individuelles Fehlverhalten reduziert (vgl. ibid.:140).

2.2.2 Die politische Organisation der Bissa

Die Linienproduktionsweise war in vorkolonialer Zeit die vorherrschende Produktionsweise bei den Bissa. Als akephal-segmentäre Gesellschaft kannten sie keine politische Zentralinstanz, wie sie etwa in den sie umgebenden Königreichen der Mossi vorhanden war. Der Dorfhäuptling bildete die einzige übergeordnete Institution (Lahuec 1979:35). Wie im vorigen Kapitel erwähnt, gab es innerhalb der Verwandtschaftslinien sehr wohl Abhängigkeitsbeziehungen. Aber zwischen den Oberhäuptern der Linien (halgan) bestanden keine Über- und Unterordnungsverhältnisse. Nur auf der Ebene der Ältesten kann man deshalb von einem Gleichheitsbewußtsein sprechen, das durch regelmäßige Umverteilungsfeste, wie z. B. die Begräbnisfeste der Bissa, wo akkumulierte Überschüsse ostentativ verbraucht wurden, für eine Aufrechterhaltung dieser relativen ökonomischen Gleichheit sorgte. Dabei erhöhte sich jedoch gleichzeitig das Prestige der Alten, die z. B. Vieh und andere Elitegüter für die Feste bereitstellten, und verstärkte damit die bestehenden Klassenantagonismen. Das gleiche gilt für die Möglichkeit, ökonomische Überschüsse in Brautgaben zu investieren und die Zahl der Ehefrauen zu erhöhen. Der Älteste konnte damit ja nicht nur seinen Söhnen Frauen verschaffen, sondern vor allem sich selbst.

Zu den bereits im vorigen Kapitel angesprochenen Mechanismen, die verhinderten, daß der latent vorhandene Klassengegensatz in einen offenen Konflikt ausbrach, trat die Schutzfunktion des Familienverbandes gegenüber äußeren Feinden hinzu. Zwischen den Verwandtschaftslinien kam es nämlich hin und wieder zu Kämpfen, deren Auslöser meist Auseinandersetzungen um Frauen waren (Pégard 1965:171). Dabei wurden Gefangene gemacht, die zum größten Teil verkauft wurden. Die Befragung einiger alter Männer in den von mir besuchten Bissa-Dörfern ergab immer wieder Hinweise auf solche Überfälle. Allgemein war die Angst vor Versklavung sehr groß: "Wenn einer allein außerhalb des Dorfes angetroffen wurde, konnte jeder ihn ergreifen und als Sklaven verkaufen. Am besten weit weg, damit er nicht mehr nach Hause flüchten konnte." Die Bissa setzten auch sogenannte "Haussklaven" ein, die aber bevorzugt auf dem Markt gekauft wurden, da diese in der Regel aus weit entfernten Gegenden stammten und so die Fluchtgefahr geringer war.

Insgesamt waren die Bissa jedoch selbst Opfer ständiger Überfälle der Mossi und anderer zentralstaatlich organisierter Ethnien, wie z. B. die der Dagomba. Dabei wurden Sklaven sowie Vieh und Nahrungsmittel geraubt.

Ein solches System der Abpressung eines Mehrprodukts durch Razzien führte nach der Auffassung von Rey (1977:123) nicht zu einer tiefgreifenden Veränderung der Binnenstruktur der Linienproduktionsweise; man könne auch nicht von einer Verflechtung von Produktionsweisen sprechen, weil sich die Produktions- und Reproduktionsverhältnisse nicht verändert hätten. Für die Bissa-Gesellschaft läßt die dürftige historische Quellenlage eine eindeutige Interpretation in dieser Hinsicht nicht zu. Die Beschreibung der Raubzüge durch Mangin (1921:24) legt aber den Schluß nahe, daß die Mossi ihren Gegnern dabei selbst das zum Überleben notwendige Produkt raubten, was kaum ohne gravierenden Einfluß auf die Produktionsweise geblieben sein kann.

2.2.3 Produktionsweisen und Herrschaftssystem bei den Mossi

In der politischen Hierarchie des Mossi-Reiches waren alle Positionen Personen vorbehalten, die in ihrer Genealogie ihre Verwandtschaft mit den Gründern der Dynastie, den ersten _Nanamse_ des Reiches, Ouedraogo und Oubri, glaubhaft machen konnten. Aufgrund ihrer Geburt verfügten sie damit über das _nam_, das die Mossi nach Skinner (1964:13) als die Macht bezeichnen, die zuerst die ehemaligen Gründer des Reiches besaßen, bzw. als 'die Kraft Gottes, die einen Menschen in die Lage versetzt, einen anderen zu beherrschen'.

Diese "Berufung" zum Herrschen begründete ihren Stand als Adlige (_Nakomse_, d. h. Kinder des _Naba_). Durch den Besitz des _nam_ waren sie zur Herrschaft über ein _soolem_ (Herrschaftsbereich) legitimiert. Je nach ihrer Stellung in der Hierarchie, die vom Mogho Naba (dem Kaiser) über die Dimdamba (Könige) und Kombemba (Kantonchefs) bis zu den lokalen Tengananamse (Dorfchefs) reichte, verfügten sie über einen mehr oder weniger großen Erzwingungsstab von Kriegern, Bediensteten, Verwaltern und Sekretären. Doch waren sie keine Grundherren, da der Zugang zu Land praktisch nicht beschränkt werden konnte. Land war kein knappes Gut und hatte im Glauben der Mossi ohne Menschen, die es bewirtschafteten, keinen Wert. Umgekehrt kann ein Mensch ohne Land nicht existieren (vgl. Skinner 1964:107).[20]

Schließlich waren auch nicht die zugewanderten Mossi die Herren des Landes, sondern die autochthonen Gruppen, die zuerst dort siedelten. Diese Teng'bissi ("Söhne der Erde") hatten als rituelle "Erdbeschützer" die Funktion, die Verbindung mit den Ahnen, die das Land urbar gemacht hatten und in der Erde ruhten, aufrechtzuerhalten.

> "Die Mossi-Häuptlinge und ihre regierende lineage beherrschten die Mossi-Bevölkerung und waren so in der Lage zu entscheiden, wer das Land nutzen sollte. Es gibt dagegen keinen Beweis dafür, daß die Mossi-Häuptlinge je daran dachten, Menschen dadurch zu beherrschen, daß sie die Kontrolle über das Land ausübten... Die Herrscher versuchten mehr Menschen an sich zu binden, aber sie versuchten kaum, mehr Land zu erhalten" (Skinner 1964:30, Herv. R. W.).

Folgerichtig waren in den administrativen Einheiten des Mossi-Reiches nicht Territorien, sondern Menschengruppen zusammengefaßt (Skinner 1964:64). Die eigentlichen Verwalter der Provinzen bzw. administrativen Einheiten waren nicht die Nanamse, sondern Provinzgouverneure, die gleichzeitig Minister am Hof des Mogho Naba waren. Sie gehörten nicht zur Adelsklasse der Nakomse, aber ihr Amt war erblich, und auch auf Kantonsebene stammten viele Verwalter aus dieser Linie. Es handelte sich z. T. um ehemalige Hofsklaven (Skinner 1964:67).

Die Beziehungen zwischen dem Mogho Naba und den Herrschern über Königreiche, Kantone etc. waren nicht durch eine dem Lehensrecht vergleichbare Institution geregelt. Da die Nakomse nicht direkt für den Boden (als wichtigstem Produktionsmittel) Besitzrechte geltend machen konnten, gab es auch kein rechtlich begründetes Abgabeverhältnis für die Nutzung des Bodens, wie dies in der feudalen Produktionsweise (etwa in Mitteleuropa im 18. Jahrhundert) der Fall war. Die Feststellung des Historikers Ki-Zerbo (1981:270), daß das Mossi-Reich "einwandfrei die Stellung eines Feudalstaates erreicht" habe, erscheint mir deshalb zu sehr durch oberflächliche Ähnlichkeiten bestimmt zu sein.[21]

Aufgrund der schwierigen ökologischen Bedingungen und dem niedrigen Entwicklungsstand der Technik waren der Erzeugung eines agrarischen Surplus, das die Nanamse sich aneignen konnten, enge Grenzen gesetzt. Sie erhielten zwar von den im hierarchischen System jeweils tiefer stehenden Häuptlingen und auch direkt von den Bauern ihres soolem Abgaben in Form von Vieh, Getreide, Kaurimuscheln etc. Aber diese wurden unregelmäßig geleistet und schwankten in ihrer Höhe, denn

> "... unterschiedliche Bodenqualitäten in den Dörfern und Niederschlagsveränderungen hielten einen Distrikt-Häuptling davon ab, einen festgesetzten Tribut zu fordern" (Skinner 1964:120).

Es scheint, daß die Nanamse sich zwar das Surplus aneigneten, aber den Bauern das für das Überleben notwendige Produkt beließen.[22] Dieses flexible System, in dem die Häuptlinge auf unterster Ebene recht genau wußten, wieviel die Bauern abgeben konnten, ohne ihre Existenz zu gefährden, bestätigt eine These der Vertreter der sogenannten "moral economy". Sie gehen davon aus, daß solch eine variable Abgabenordnung optimal dem Interesse der Herrschenden entspricht, die nach dem Prinzip "safety first" produzierenden Bauern auszubeuten. Diese subsistenzethisch organisierte Herrschaft trägt dazu bei, Aufstände zu vermeiden (vgl. Scott 1976:31 f.). Unter französischer Kolonialherrschaft wurde dagegen ein weit rücksichtsloseres Abgabesystem praktiziert (vgl. Kapitel II.3).

Die Mossi-Herrscher verfügten noch über eine Vielzahl weiterer Einnahmequellen. Dazu gehörten die Erträge ihrer eigenen Felder, die von ihren Frauen und anderen abhängigen Personen bestellt wurden, die wie in der Linienproduktionsweise zu Arbeitsleistungen für den Linienältesten verpflichtet waren. Außerdem besaßen sie Sklaven, die für sie arbeiteten. Die Nanamse erhielten "Geschenke" und Strafzahlungen, wenn sie als Richter tätig wurden. Der Mogho Naba erhob auch eine Erbschaftssteuer (fado) vom Besitz verstorbener Kantonhäuptlinge (Skinner 1964:108 ff.).

Schließlich hatten die Adligen eine privilegierte Rolle im Frauentauschsystem inne:

> "Gewöhnliche lineages gaben den Adligen oft viel mehr Frauen, als sie von den Adligen zurückerhielten. Diese Ungleichheit erlaubte es den Adligen, mehr Güter und Dienstleistungen von ihren Heiratspartnern aus den gewöhnlichen lineages zu erhalten, als sie zurückgaben" (Skinner 1964:123).

Von diesem System der sogenannten pogsioure-Heirat profitierten vor allem die Adligen: Sie gaben ein Mädchen, das ihnen geschenkt worden war oder das die Tochter einer ehemaligen pogsioure oder eines Sklaven war, einem Mann zur Frau. Dieser war damit nicht nur zu persönlichen Diensten und Abgaben verpflichtet, sondern mußte auch die erstgeborene Tochter dem Adligen schenken, der sie erneut für eine pogsioure-Heirat verwenden konnte. Aufgrund dieses Heiratssystems der Mossi, in dem soziale Gruppen "unterschiedliche Produktionsweisen erwerben", spricht Meillassoux (1983:102) von einer Klassengesellschaft. Zwar werden auch hier wie in der Linienproduktionsweise die Verwandtschaftsbeziehungen zur Legitimation der Herrschaft herangezogen, indem z. B. der Souverän auf der Ebene des Königreichs symbolisch die Funktion des Linienchefs im Familienverband übernimmt.

> "Diese Beziehungen sind jedoch im Kern nicht identisch mit den häuslichen Beziehungen. Sie bewahren nur deren Schein, um Ausbeutungsverhältnisse zu verschleiern..., denn sobald sich die sozialen Beziehungen nicht mehr von Personen zu Personen knüpfen, sondern zwischen konstituierten Gruppen, sobald sie vom Status der Parteien abhängen, d. h. von der angeborenen Zugehörigkeit zu diesen Gruppen - in diesem Fall aristokratischen Linien und bürgerlichen Linien -, drückt die Verwandtschaft nicht mehr die Beziehungen aus, die aus dem Wachstum und der Organisation einer Gesellschaft entstehen wie im Fall der Hausgemeinschaft, sie dient vielmehr als ideologische Stütze für die Ausbeutung einer Klasse durch eine andere" (Meillassoux 1983:105, Herv. i. O.).

Die Linienproduktionsweise in ihrer ursprünglichen Form bestand also nicht mehr, sondern sie wurde von einer anderen Produktionsweise dominiert. Welche Produktionsweisen waren nun miteinander verflochten, und was war die Grundlage für den Bestand des Mossi-Reiches?[23] Diese Frage spielte auch in der Produktionsweisendebatte in den 60er Jahren eine zentrale Rolle: Wenn keine feudalen Produktionsbeziehungen vorhanden waren, wie kann man dann die Herausbildung westafrikanischer Reiche erklären?

Suret-Canale (1964) glaubte das Konzept der asiatischen Produktionsweise auf diese Staaten anwenden zu können, da hier die Subsistenzproduktion betreibenden Bauern in dörflichen Gemeinschaften organisiert sind und eine Aristokratenschicht das Mehrprodukt abschöpft. Dagegen wies Coquery-Vidrovitch (1969) darauf hin, daß im westafrikanischen Kontext aufgrund der besonderen ökologischen Gegebenheiten nicht das von den Bauern erzeugte Surplus die Haupteinnahmequelle einer despotischen Staatsklasse war. Außerdem fehlte das dynamische Element der Verwendung des

Mehrprodukts zum Bau großer Bewässerungsanlagen etc. Die hauptsächliche Revenuequelle habe vielmehr die Kontrolle über den Fernhandel dargestellt. Auf diese Weise wurde über den Fernhandel das von den Nachbarvölkern erzeugte Mehrprodukt angeeignet. Coquery-Vidrovitch leitete daraus eine eigenständige "afrikanische Produktionsweise" ab.

Das Mogho (Reich der Mossi) war tatsächlich aufgrund seiner günstigen geographischen Lage zwischen der Sahara und der Küstenregion eine Drehscheibe für den Trans-Sahara-Handel. Sechs Karawanenstraßen durchquerten das Reich, darunter eine, die über den berühmten Markt von Pouytenga (nahe Koupéla) führte. Vor allem Gold und Kolanüsse von der Küstenregion nahmen die Händler zusammen mit Baumwollprodukten und Sklaven der Mossi mit nach Norden und tauschten sie dort gegen Salz, Pferde und andere Waren ein. Auf dem Rückweg in den Süden nahmen sie Rinder, Esel, Schafe und Ziegen aus dem Mossi-Land mit, die in der Küstenregion wegen der Tse-Tse-Fliege nicht gezüchtet werden konnten. Vermutlich waren die Mossi selbst keine Händler, sondern die Yarcé und Haussa dominierten den Handel (vgl. Tauxier 1912:537). Doch die Mossi-Herrscher kontrollierten ihn durch Wegzölle, die die Karawanen bei der Durchquerung des Landes zahlen mußten. Außerdem wurden die meisten der auf den Märkten angebotenen Waren mit einer Abgabe belegt. Dadurch verdienten die Nakomse auch am Sklavenhandel, da für fremde Sklaven die höchste Abgabe von 1.000 Kauris bezahlt werden mußte.

Aber "der Fernhandel ist keine Produktionsweise, sondern eine Form der Verknüpfung zwischen autonomen Gesellschaftsformationen" (Herv. R. W.), wie selbst Amin (1975:14) zugesteht, der ansonsten eher eine ähnliche Auffassung wie Coquery-Vidrovitch vertritt.

Terray (1974b) und andere kritisieren deshalb an diesen Konzepten, die den Fernhandel als Grundlage der Adelsherrschaft betrachten, daß sie eigentlich nur Ansichten bürgerlicher Ökonomen wie Adam Smith wiederbeleben, indem sie die Entstehung sozialer Klassen (als Ausdruck von Ausbeutungsbeziehungen) durch die Surplusaneignung in der Zirkulationssphäre begründen. Terray meint, daß dies nur den Blick verstelle für die tatsächliche im Produktionsprozeß stattfindende Aneignung des Mehrprodukts und der daraus resultierenden Klassenbildung. So wurde der Handel im Mossi-Reich zwar von den Yarcé und Haussa dominiert, aber sie gehörten ja keineswegs zur herrschenden Klasse der Nakomse. Die Adligen waren wichtige Kunden der Händler, da sie über die Mittel verfügten, um wertvolle Güter wie Salz und Pferde nachzufragen. Aber wie Terray (1974b:324) bemerkt, mußte ein Herrscher ja erst einmal etwas besitzen, um es gegen die Prestigegüter eintauschen zu können, die die Händler lieferten.

Es existierte zwar eine einfache Warenproduktion, die über die Subsistenzproduktion hinausging und deren Erzeugnisse auf den Märkten verkauft wurden: z. B. die von den Mossi produzierten Baumwollbänder (gabaga), Strohhüte und -matten sowie Eisen, das bei Ouahigouya in einem der großen Zentren der Eisenindustrie in Westafrika verarbeitet wurde (vgl. Schmoch 1983:19 f.). Die Warenproduktion hatte dennoch nur geringe Bedeutung und wurde nicht von den Nakomse kontrolliert. Für sie waren Raub und Sklaverei eine weitaus wichtigere Revenuequelle.

Die Mossi-Herrscher verfügten zwar nicht über ein stehendes Heer, dennoch war es ihnen möglich, periodisch[24] Raubzüge in die Gebiete benachbarter Völker zu unternehmen; vor allem die Bissa waren davon betroffen:

> "Wenn die Mossi nicht genügend Hirse hatten, wenn ihre Herden durch eine Viehkrankheit dezimiert worden waren, oder wenn sie sich einfach mit Sklaven versorgen wollten, dann versammelte der Mogho Naba seine Krieger und beauftragte sie, die Boussanga (Bissa, R. W.) zu überfallen" (Mangin 1921:24).

Für diese Razzien gegen akephale Ethnien genügten kleine Einheiten berittener Krieger (Adlige, aber auch Bauern), die in die Dörfer einfielen und sowohl Vieh und Getreide als auch Gefangene mitnahmen. Diese wurden z. T. als Haussklaven an die Krieger verteilt; die meisten Sklaven setzten die Mossi-Häuptlinge aber als Arbeiter auf ihren Ländereien ein oder benutzten sie als Hausbedienstete sowie als Schutz- und Polizeitruppe (vermutlich jedoch nicht als Soldaten zur Rekrutierung neuer Sklaven). Ihre Töchter mußten sie ihrem Herrn übergeben, der sie als pogsioure anderen Männern zur Frau geben konnte und sich damit Gegenleistungen sicherte.

Mit den Staatssklaven konnten sich die Nakomse ein genügend hohes internes Mehrprodukt sichern; denn die Möglichkeiten, von den Mossi-Bauern selbst Abgaben zu erheben, waren ja begrenzt, und die Zolleinnahmen aus dem Trans-Sahara-Handel gingen zurück, als sich die Handelsrouten infolge der europäischen Expansion von West nach Ost verlagerten. Sklaven waren aber nicht nur als Arbeitskräfte wichtig, sondern sie waren oft das einzige "Gut", für das die Nakomse Pferde und Waffen eintauschen konnten, die für weitere Beutezüge gebraucht wurden (Binger 1892:498). Man verkaufte die Gefangenen auch als Eunuchen bis nach Konstantinopel. Die Mossi-Herrscher verfügten in diesem Bereich über ein Monopol (Skinner 1964:114).

Den Sklaven kam also große Bedeutung für die Aufrechterhaltung des Herrschaftsapparates der Adelsklasse zu: Sie dienten als Verwaltungsbeamte und "Polizisten", sie erzeugten ein Surplus, mit dessen Hilfe die Nakomse den Hofstaat und die Administration unterhalten konnten; schließlich waren sie Tauschobjekt für Luxusgüter und vor allem für die zur Reproduktion der bestehenden Produktionsverhältnisse notwendigen Mittel: Pferde und Waffen für den Sklavenraub sowie Frauen als Reproduktionsmittel.

Die Linienproduktionsweise bestand zwar weiterhin, aber sie war verknüpft mit einer Produktionsweise der Sklavenhalter. Nach Terray (1974b:331) konnte sich damit die herrschende Klasse in einer Gesellschaft, in der die Kontrolle über abhängige Menschen wichtiger war als die Kontrolle über die Mittel materieller Produktion, direkt das Surplus der Produzenten aneignen. Dies würde auch den geringen Druck auf die freien Bauern erklären, auf deren Hilfe man ja für Kriegs- und Beutezüge angewiesen war (ibid.:335). Der Fernhandel, als Mechanismus der Distributionssphäre, schuf dagegen selbst keinen Reichtum. Er wurde nur benutzt, um das Surplus, das man aus der Produktionssphäre abschöpfte, zu realisieren (ibid.:335).

2.2.4 Produktionsverhältnisse und Produktivkraftentfaltung

In vorkolonialer Zeit nutzten die Mossi den Boden durch ein System des Wanderfeldbaus. Nach dem Schwenden[25] der Felder wurden diese ca.drei bis fünf Jahre genutzt und erst nach einer langen (bis zu 20jährigen) Brachezeit wieder bebaut. Daß eine solche extensive Bodenbearbeitung ökologisch und ökonomisch durchaus sinnvoll ist, wenn die Bevölkerungsdichte gering ist und statt Land- eher Arbeitskräftemangel besteht, weist Boserup (1965:29 ff.) nach. Der Arbeitseinsatz wird gering gehalten, da nur größere Bäume gefällt werden; kleinere Bäume und Büsche werden dem Feuer überlassen, Wurzeln werden nicht entfernt, die Düngung besorgt die Asche, der Boden wird nur oberflächlich bearbeitet. So kann die Produktion pro Arbeitskraft (und nicht pro Flächeneinheit) maximiert werden (vgl. auch Hopkins 1973:35 ff.). Eine intensive Nutzung, also eine Reduzierung der Brachezeit, führt dazu, daß die Bodenfruchtbarkeit sinkt und der Arbeitsaufwand steigt; die Arbeitsproduktivität nimmt, ceteris paribus, also ab (vgl. Boserup 1965:28 ff.). So war der Pflug zwar wahrscheinlich in Westafrika bekannt, aber er wurde nicht genutzt, weil er höhere Investitionen erfordert und nur bei kurzer Brachezeit sinnvoll eingesetzt werden kann, da die Wurzeln aus dem Boden entfernt werden müssen (Hopkins 1973:36 ff.). Die aus dem Pflugeinsatz resultierenden ökologischen Probleme kommen noch hinzu: Bei nur geringer Dichte der Humusschicht im Sahelgebiet wird der Boden durch den Pflug tiefer aufgerissen als mit der Hacke. Die Produktivität pro Arbeitseinheit kann dadurch also ebenfalls abnehmen.

Boserup vertritt deshalb die Ansicht, daß erst ab einer gewissen Bevölkerungsdichte der Übergang zu intensiveren Anbaumethoden vollzogen wird, weil dann keine Arbeitskräfteknappheit mehr besteht.[26] Aber wie Meillassoux (1983:8) schreibt, ist die demographische Entwicklung nicht unabhängig von den Produktionsverhältnissen zu betrachten. Technische Innovationen und die Entwicklung der Produktivkräfte ergeben sich nicht aus dem Wachstum der Bevölkerung, sondern sind durch die Produktionsverhältnisse negativ eingeschränkt[27], d. h. die bestehenden Klassenverhältnisse setzen die Grenzen für die Übernahme neuer Techniken:

> "Das Erscheinen einer technischen Innovation ist niemals an sich ein Antriebselement für die Evolution der Gesellschaft; es ist vielmehr der Klassenkampf, der sich um diese Innovation herum entfaltet (oder sich nicht entfaltet: in diesem Fall ist die Innovation eine Totgeburt) (und) der ihr die Reichweite und die Grenzen ihrer Auswirkungen zuweist" (Terray 1977:133).

Die Herrschaft der Adelsklasse im Mossi-Reich stützte sich nun sehr stark auf Raub und Sklaverei, was einerseits ihre Macht über eine größere Zahl von Menschen ausdehnte, aber andererseits keine Weiterentwicklung der Agrartechnologie zur Produktivitätssteigerung notwendig machte. Folgt man der Argumentationsweise von Rey (1977), der formelle und reelle Subsumtionsformen von Arbeit in nicht-kapitalistischen Gesellschaften unterscheidet, so war die agrarische Subsistenzwirtschaft der Linienproduktionsweise nur formell der Produktionsweise der Sklavenhalter subsumiert, da zwar die Kooperationsformen verändert[28], nicht aber die Produktionstechniken selbst transformiert wurden. Die mangelnde Nutzung des Produktionspotentials begründete die ökonomische Instabilität des Mossi-Reiches und erleichterte es der französischen

Kolonialmacht, ihre Herrschaft unter Ausnutzung dieser Widersprüche zu etablieren. Die Sklaverei wurde abgeschafft, aber gleichzeitig die Herrschaft der Adelsklasse durch ihre Integration in den Verwaltungsapparat stabilisiert (vgl. Spittler 1981:74 ff.).

Anders als die Mossi hatten die Bissa intensive Landnutzungsformen entwickelt. Ihr Lebensraum war von allen Seiten von den Mossi- und Dagomba-Staaten umschlossen, so daß einer extensiven Ausweitung der Anbaukulturen Grenzen gesetzt waren. Aber auch ihre politische Organisation, die keine übergeordnete Zentralinstanz kannte, mag ähnlich wie bei anderen akephalen Gesellschaften in Westafrika den Intensivanbau begünstigt haben (vgl. Habermeier 1977:69). Denn die reelle Subsumtion der Produzenten in der Linienproduktionsweise erlaubte eine fortgeschrittenere Agrartechnik, solange sie mit der Aufrechterhaltung der Klassenverhältnisse vereinbar war (Rey 1977:130 ff.).

Im Gegensatz zu den Mossi betrieben die Bissa nicht nur Ackerbau, sondern züchteten auch selbst Vieh, das der herrschenden Klasse der Ältesten gehörte. Außerdem wandte man Methoden an, die geeignet waren, die Bodenfruchtbarkeit zu erhalten. Insbesondere die Kultur einer Baumart wie der Acacia albida war dazu geeignet, die Auslaugung des Bodens durch den Intensivanbau zu verhindern. Diese Bäume, die 10 bis 15 m hoch werden, zeichnen sich durch eine besondere Eigenschaft aus. Sie verlieren ihre Blätter zur Regenzeit und ermöglichen eine ungehinderte Sonneneinstrahlung in der Vegetationsperiode, während sie in der Trockenzeit wieder wachsen und den Boden vor dem Austrocknen besser schützen. Sie bilden netzförmige Wurzeln aus, die die landwirtschaftlichen Arbeiten nicht behindern und die Eigenschaft haben, die für die Pflanzen notwendigen Nährstoffe des Bodens an die Oberfläche zu bringen. Ohne Pflege des Menschen in den ersten Wachstumsjahren verkümmern die jungen Triebe jedoch. Außerdem können die Samen des Baums sich nur entwickeln, wenn sie zuvor von einem Tier aufgenommen wurden (Endozoochorie) und so verbreitet werden. Gleichzeitig liefern die leguminosen Früchte und Blätter Nahrung für die Tiere in der Trockenzeit. Insgesamt verbessern diese Bäume durch die Tätigkeit der Wurzeln und die herabfallenden Blätter und Früchte den Nährstoffgehalt des Bodens (insbesondere Stickstoff) durch natürliche Düngung. So sind die Erträge der Felder in der Nähe dieser Bäume nicht nur wesentlich höher, sondern auch der Proteingehalt der Getreidekörner steigt an (Hervouet 1980:4). Steiner (1982:113 ff.) gibt aufgrund von Fallstudien eine Ertragssteigerung pro Hektar um ca. 150 % und eine Erhöhung des Proteingehalts bei Hirse um etwa 250 % im näheren Umkreis dieser Bäume an.

3. Die Eingriffe der Kolonialregierung

Burkina Faso (damals Obervolta) wurde relativ spät (1897) von den Franzosen erobert, nachdem für die europäischen Staaten die direkte Verfügungsgewalt über Land als Träger von Bodenschätzen und Rohstoffen für die eigenen Industrien zunehmend wichtiger geworden war.[29] Französische und britische Interessen trafen dabei aufeinander und wurden 1897 in einem Vertrag in Tenkodogo geregelt. Die Eroberung des Mossi-Reiches war trotz einiger Kämpfe für die Franzosen relativ leicht, während die Autochthonen, wie z. B. die Bissa, z. T. heftigen Widerstand leisteten. Gerade gegen die Bissa in der Region um Lengha mußten wiederholt Militärexpeditionen durchgeführt werden.[30] Viele Bissa flüchteten vor den Soldaten in die relativ dünn besiedelten Täler des Weißen und des Roten Volta. Nach der "Befriedung" des Landes wurde weiterhin passiver Widerstand gegen die Anordnungen der Kolonialadministration ausgeübt (Lahuec 1979:44).

Das Territorium Burkina Fasos blieb zunächst Bestandteil verschiedener anderer Kolonien Frankreichs in Westafrika, bis es 1919 als eigenständige Kolonie konstituiert wurde. Doch bereits 1933 teilte man diese wieder in drei Gebiete auf, die der Elfenbeinküste, dem Sudan[31] und der Niger-Kolonie angegliedert wurden. Von 1947 an bildeten sie erneut eine administrative Einheit, bis die Kolonie 1960 in die Unabhängigkeit entlassen wurde. Wichtig dabei war, daß seit 1900 für jede französische Kolonie die Budgetautonomie galt, d. h. daß sie ihre Verwaltungskosten selbst aufbringen mußten (Mayer 1977:195). Dies förderte auch das Interesse der Gouverneure an der "In-Wert-Setzung" der Kolonien, wie sie von der Pariser Regierung angestrebt wurde. Insbesondere der 1921 vom französischen Kolonialminister Sarraut vorgelegte Plan "La mise en valeur des colonies francaises" enthielt detaillierte Vorschläge, wie das Potential der Kolonien genutzt werden konnte (Spittler 1981:132). Der Versorgung der französischen Textilindustrie mit Baumwolle maß man dabei besondere Bedeutung bei. Der Baumwollanbau wurde vor allem im damaligen Obervolta vorangetrieben. Die Kolonie hatte aber noch eine zweite wichtige Funktion als Lieferant billiger Arbeitskräfte für die aufstrebenden Exportökonomien der Küstenregion. Um diese Ziele der französischen Regierung und der Privatunternehmen durchzusetzen, mußte jedoch zunächst das bestehende Produktionssystem mit Hilfe von Zwangsmaßnahmen zerstört und für die Kapitalverwertungsinteressen geöffnet bzw. funktionalisiert werden.[32] Die Voraussetzung für die Abschöpfung eines Mehrprodukts war die Einbindung der Bauern in die Geld- und Warenwirtschaft und der Ausbau der Infrastruktur.

3.1 Die Einführung der Kopfsteuer

Bereits ab 1899 wurden in Burkina Steuern erhoben, jedoch zunächst nur als Kollektivsteuer vom Mogho Naba und anderen Mossi-Häuptlingen (Skinner 1964:157). Von 1903 an erhielten die lokalen Dorfchefs die Erlaubnis, Steuern einzutreiben (und einen Teil davon für sich selbst zu behalten). Von nun an mußte auch in französischen Franc gezahlt werden. Der Steuerzwang war eines der wichtigsten Mittel, um die Bevölkerung zu beherrschen. Denn um die Fremdwährung zu erwerben, war man gezwungen, für die Franzosen zu produzieren bzw. mit ihnen zu handeln. Der Handel blieb nicht mehr länger in den Händen der Yarcé und Haussa, denn die Mossi begannen "sich selbst dem Handel zu widmen, um sich das französische Geld zu verschaffen, das sie nicht hatten, weil die Währung des Landes die Kauri-Muschel ist und die französische Verwaltung diese nicht annimmt" (Tauxier 1912:538, Übers. R. W.). Die Bauern mußten Vieh verkaufen oder Produkte anbauen, für die sie von den Franzosen Geld erhalten konnten. Ein alter Mann in Nakaba erinnerte sich an diese Zeit:

> "Das Leben unter den Franzosen war nicht so frei. Sie führten eine Steuer ein und verlangten die Herstellung von Karité-Butter. Das Geld für die Steuer erhielt man durch den Verkauf von Erdnüssen, Hirse, Baumwolle und Sesam."

Die Kolonialverwaltung sah in der Steuer eine sichere Einnahmequelle. Sie erbrachte schließlich über 70 % aller Budgeteinnahmen (Spittler 1981:120). Die ständige Erhöhung der Steuer[33] und die Praxis, daß ein Familienvorstand für die Zahlung der Kopfsteuer all seiner erwachsenen Angehörigen verantwortlich war, führte aber nicht nur zu wirtschaftlichen Veränderungen (z. B. den verstärkten Anbau von Verkaufsprodukten innerhalb der familiären Produktionseinheit), sondern auch zu einer größeren Bedeutung der individuellen Tätigkeit zum Gelderwerb:

> "Die Abpressung von Steuern bewirkt die erste große 'spontane' Wanderung junger Männer nach Ghana" (Schulz 1979:88).

Die jungen Männer versuchten zunächst in Ghana und später an der Elfenbeinküste saisonal in den Kaffee- und Kakaoplantagen Geld zu verdienen, damit das Familienoberhaupt die Steuer aufbringen konnte. Gleichzeitig ergaben sich daraus aber erhebliche sozialstrukturelle Veränderungen. Die Alten hatten traditionell keinen unmittelbaren Anspruch auf das von den jungen Männern individuell verdiente Geld (Schulz 1979:89). Diese wiederum hatten nun die Möglichkeit, sich Konsumgüter mit hohem Prestigewert zu verschaffen, die vormals den Alten vorbehalten waren. Sie waren häufig nicht mehr länger bereit, für die Alten zu arbeiten. Ihre Abwesenheit führte auch zu einer Vernachlässigung kollektiver Arbeiten im Dorf (z. B. Brunnenbau). Jüngere verheiratete Männer begannen die Produktion von Nahrungsmitteln und Verkaufsprodukten in die eigene Hand zu nehmen; die Familienverbände begannen sich in kleinere Einheiten aufzuspalten.

Die Abpressung des Mehrprodukts der Bauern stieß jedoch Ende der 20er Jahre an ihre Grenze: Der Kolonialinspektor Sol kritisierte in einem Bericht von 1932:

> "... daß die Steuersumme sich an den wachsenden Bedürfnissen der Kolonialverwaltung orientiert, ohne die Belastungsfähigkeit der Bevölkerung zu berücksichtigen. Die Exporteinnahmen reichen nicht aus, um die Steuern zu bezahlen. Jedes Jahr müssen Vieh und Hirse verkauft werden" (Spittler 1981:163).

Da die Steuern auch heute noch immer zu Beginn des Jahres eingezogen werden, wenn die Bauern oft noch gar nicht über die Einnahmen aus dem Baumwollverkauf verfügen, sind sie gezwungen, Vieh (wandelnde Ersparnisse) oder gar Hirse zu dem in dieser Jahreszeit sehr niedrigen Preis zu verkaufen.

Die Hungersnöte Ende der 20er Jahre kann man als eine langfristige Folge der hohen Abgabenlast und der Zwangsarbeiten, die von den Bauern gefordert wurden, betrachten. Denn diese führten zu einer Zerstörung der Vorratswirtschaft, bei der die Bauern Getreideüberschüsse für bis zu drei Jahren in Speichern vorrätig hielten oder Vieh kauften (vgl. Spittler 1981:164). 1932 kam es schließlich zur Krise: Erstmals wurden deutlich weniger Steuern eingenommen. Um ihre wichtigste Einnahmequelle abzusichern, nutzte die Kolonialverwaltung die in der Gesellschaft vorhandenen Klassengegensätze aus:

> "Da die interne Verteilung der Steuerlast den Häuptlingen zufällt, können sie durch eine selektive Verteilung ihre Macht und ihr Einkommen vergrößern. Ihre Verwandten und ihre Klientel können sie freistellen, ihre Feinde durch besondere Belastung bestrafen" (Spittler 1981:126).

Die den Bauern abgepreßten Steuern wurden kaum für die Entwicklung des Landes verwendet:

> "Die Investitionen (der Kolonialverwaltung) zielten zu keinem Zeitpunkt auf eine Verbesserung der Lebens- und Produktionsbedingungen für die einheimische Bevölkerung; sie konzentrierten sich auf den Ausbau der administrativen Einrichtungen und auf die Schaffung einer für die wirtschaftliche Exploitation hinreichenden Infrastruktur" (Mayer 1977:198).

3.2 Zwangsrekrutierungen von Arbeitern und Soldaten

Die männlichen Steuerzahler Burkinas waren seit 1903 zu jährlich sieben bis zehn Tagen Handdiensten (Arbeiten für die Kolonialverwaltung) verpflichtet. Auf diese Weise wurde praktisch das gesamte Straßennetz Burkinas (das größte und dichteste Westafrikas) aufgebaut und andere Infrastrukturmaßnahmen durchgeführt. Die älteren Einwohner von Lengha erinnerten sich noch recht genau an den von "den Weißen" erzwungenen Bau von Verbindungsstraßen, damit die Herren "auf den Köpfen unserer Leute (vermutlich in Sänften, Anm. R. W.) oder später mit dem Fahrrad leichter hierherkommen konnten." Auch die Verwaltungsgebäude in Garango und Tenkodogo wurden von Zwangsarbeitern aus den Dörfern gebaut. Daneben diente Burkina als Arbeitskräftereservoir, das für verschiedene Arbeiten in Französisch-Westafrika herangezogen werden konnte.[34] Schließlich wurden auch Arbeitskräfte für Privatunternehmen in der Elfenbeinküste zwangsweise rekrutiert. 1929 sollen 38.000 solcher Zwangsemigranten in der Elfenbeinküste gearbeitet haben (Suret-Canale 1969:322).

Für ein großes landwirtschaftliches Siedlungsprojekt, das "Office du Niger" (im heutigen Mali), in dem einmal 1,2 Mio. ha Land im Bewässerungsanbau genutzt werden sollten, wurden sehr viele Mossi aus Burkina als Siedler rekrutiert. Es konnten aber nicht die ursprünglich geplanten 1,5 Mio. (!) Mossi, sondern bis zum Beginn des Zweiten Weltkrieges nur 8.000 Bauern umgesiedelt werden.[35] In Bezug auf dieses Projekt stellt Suret-Canale (1969:324) fest:

> "Wie für die Aushebungen des Ersten Weltkrieges entsandten die Mossi-Häuptlinge ... Hörige oder auch unverwendbare oder uner-

> wünschte Personen (einschließlich Gebrechlicher und Schlafkranker)."

Dies kann auf alle Zwangsarbeiten verallgemeinert werden. Zu einem ähnlichen Schluß kommt Spittler (1981:129):

> "... die als individuelle Leistung der steuerpflichtigen Männer konzipierten Prästationen (werden) faktisch ebenso wie die Kopfsteuer in Tributform erhoben... Auch hier wird wieder die Macht der Häuptlinge durch den Mechanismus der selektiven Lastenverteilung verstärkt. Verwandte und Klientel der Häuptlinge werden faktisch von den Prästationen ausgenommen, die Einflußlosen mehrfach herangezogen."

Dieses Verhalten der Häuptlinge läßt sich somit nicht nur als Ausweichtaktik und Täuschungsmanöver gegenüber der Kolonialverwaltung verstehen, sondern ist auch durch die Klassenstrukturen bedingt.

Die Bissa verfolgten eine ähnliche Technik mit relativ großem Erfolg[36], doch nichtsdestotrotz führten die Zwangsrekrutierungen zu einem empfindlichen Verlust an Arbeitskräften (Lahuec 1979:46), besonders wenn Arbeitsverpflichtungen auch in der Regenzeit, also der Hauptarbeitszeit auf den Feldern, erfolgten. Viele mußten immer wieder vor den Rekrutierungskommissionen flüchten und ihre Felder vernachlässigen, und ein großer Teil der in fremde Gebiete Deportierten kam nicht wieder zurück. Ein Mossi-Sprichwort aus dieser Zeit versinnbildlicht dies: <u>Nansara toumde di Mossi</u> ("Die Arbeit der Weißen frißt die Menschen", Skinner 1964:158). 1931 stellte ein Sonderbericht des Gouverneurs über die Entvölkerung des Mossi-Gebiets fest, daß jetzt die Obergrenze für Rekrutierungen erreicht sei (Spittler 1981:162). Auch die Arbeitsverpflichtungen wurden nun eher in der Trockenzeit statt in der Regenzeit vorgenommen (Lahuec 1979:47).

Die Zwangsrekrutierungen von Arbeitern trugen nicht nur dazu bei, ein Infrastrukturnetz zu errichten, was eine Voraussetzung für die Ausbreitung des Handelskapitalismus und der Beherrschung der Bauern war. Sie lösten auch Migrationsströme aus, entweder durch Zwang oder Flucht vor dem Zwang, die die notwendigen "freien" Arbeiter für die Entwicklung kapitalistischer Unternehmen (vor allem in der Elfenbeinküste) lieferten.

Auch für den Dienst in der Kolonialarmee wurden viele Bauern rekrutiert.[37] 1911 zog man die ersten "Schützen" ein. Insgesamt wurden in Französisch-Westafrika zwischen 1914 und 1918 211.279 Afrikaner rekrutiert und 163.952 in Europa eingesetzt; 24.762 von ihnen wurden getötet (Suret-Canale 1969:182).

> "Ebenso wie für zivile Arbeiten ist Obervolta auch bevorzugtes Rekrutierungsfeld für die schwarze Armee" (Spittler 1981:162).

Bei den Bissa schien es in der Gegend um Garango keine Probleme zu geben, genügend Rekruten zu finden. (Garango gehört heute zu den Subpräfekturen mit dem höchsten Anteil an ehemaligen Soldaten, "ancien combattants" (Lahuec 1979:45)).Dagegen weigerten sich die südlichen Kantone kategorisch,und der "Rapport politique" von Tenkodogo stellte im August 1911 fest:

> "Die Provinz Léré mit einer Bevölkerung von mehr als 27.000 Einwohnern hat noch nicht einmal einen Schützen gestellt, mit den Provinzen Koussacé und Sanga war es ebenso" (zitiert nach Lahuec 1979:45).

Die Mossi-Häuptlinge, die beauftragt wurden, Rekruten zu liefern,

> "... bestimmen ... dazu meistens die Ärmsten, die Sklaven und früheren Sklaven und die aus der Gesellschaft Verstoßenen: Dreiviertel der Truppenkontingente, die zwischen 1914 und 1918 von Französisch-Westafrika gestellt wurden, waren noch Sklaven oder ehemalige Sklaven" (Suret-Canale 1969:183).

Günstlinge der Häuptlinge konnten sich die Streichung ihres Namens aus der Rekrutierungsliste erkaufen und erhöhten so das Einkommen der Nanamse (ibid.:437).

Die zurückgekehrten Soldaten trugen zur Veränderung der alten Sozialstrukturen bei, da sie nun relativ privilegiert, unabhängig und mit einer Pension ausgestattet, nicht mehr bereit waren, ihre vormals untergeordnete Rolle weiterzuspielen.

3.3 Der Anbauzwang für Baumwolle

Unmittelbar nach der Gründung der eigenständigen Kolonie Obervolta (1919) begann ihr erster Gouverneur Hesling, den Baumwollanbau zu forcieren. Baumwolle sollte ein Faktor des wirtschaftlichen Wachstums werden und die Kolonie zu einem Lieferanten der Textilindustrie Frankreichs machen:

> "(Obervolta) ... könnte und sollte Tausende von Tonnen (Baumwolle, R. W.) exportieren, sobald eine einfache und wirtschaftliche Transportmöglichkeit geschaffen werden würde" (zitiert nach Orth 1981:4).

Von 1925 an war der Anbau obligatorisch auf sogenannten "champs collectifs" (Gemeinschaftsfeldern) in jedem Dorf. Wie die Zwangsrekrutierungen führte auch dies zu einer häufigen Abwesenheit der Bauern von ihren eigenen Feldern und einem Rückgang der Subsistenzproduktion. Ein alter Mann in Nakaba erklärte dazu:

> "Auch früher, vor der Kolonialzeit, wurde schon Baumwolle angebaut; aber man benutzte sie, um Kleider herzustellen. Die Weißen führten eine neue Sorte ein. Es wurde für jedes Viertel des Dorfes ein Feld angelegt ... Jede Familie war verpflichtet, dort regelmäßig zu arbeiten. Anschließend mußte die Ernte nach Tenkodogo transportiert werden (50 km entfernt, R. W.), wo sie die Franzosen kauften. Der Kaufpreis reichte gerade aus, um in Tenkodogo zu essen, bevor man zurückkehrte."

Doch schon Ende der 20er Jahre gingen die Produktionsziffern zurück, und 1932 wurde der Zwangsanbau abgeschafft. Die zuvor schon bestehende einheimische Baumwollproduktion und die Herstellung von Kleidern wurden dagegen durch Billigimporte von Textilien aus Frankreich zerstört.[38] Erst 1947 versuchte man erneut, die Baumwollproduktion zu steigern. Inzwischen war man nicht mehr auf Zwangsmaßnahmen angewiesen, sondern konnte sich auf den "stummen ökonomischen Zwang" verlassen, da die voltaischen Bauern durch Arbeitsmigration und importierte Konsumgüter schon in den Geldkreislauf integriert waren (Schulz 1979:87 ff.).

3.4 Die Auswirkungen der Kolonialpolitik: Ausweitung der Warenproduktion und Migration

Die Zwangsarbeit und die Erhebung der Kopfsteuer hatten wesentliche Voraussetzungen für das Vordringen der Warenökonomie geschaffen. Die verbesserte Infrastruktur ermöglichte die Kontrolle des Handels durch die großen französischen Handelshäuser, die in den 40er Jahren eine dominierende Stellung erlangten. Nun konnten nicht nur europäische Konsumgüter geliefert, sondern auch Exportprodukte angebaut und vermarktet werden. Die Einführung französischen Geldes als Zahlungsmittel und die Kopfsteuer zwangen die Bauern dazu, verstärkt Vieh und Getreidevorräte zu verkaufen oder für den Markt zu produzieren, was auf Kosten der Subsistenzproduktion ging. Eine weitere Möglichkeit war die saisonale Migration in die Küstenstaaten, um dort Geld zu verdienen. Die Wanderarbeiter und die für die europäischen Kriege rekrutierten Soldaten kamen mit neuen Konsumbedürfnissen in ihre Heimat zurück, was wiederum den Handel stimulierte. Die Exportproduktion von Baumwolle (ebenso wie die Migration) mußte anfangs erzwungen werden; doch nachdem die Subsistenzproduktion durch die Zerstörung des Vorratssystems, durch den Rückgang der Nahrungsmittelproduktion und die Abwesenheit der besten Arbeitskräfte so stark in ihrer Reproduktionskapazität beeinträchtigt war, traten verstärkt ökonomische Mechanismen hervor. Die damit einhergehenden sozialen Veränderungen, wie die zunehmenden Auflösungserscheinungen der Familienverbände, die Individualisierung der Produktion und die Monetarisierung sozialer Beziehungen (Brautpreis), trugen wesentlich dazu bei, die Linienproduktionsweise zu deformieren und für die Verwertungsbedingungen des Kapitals zu funktionalisieren: als Lieferant billiger Arbeitskräfte, deren notwendiges Produkt extrem niedrig angesetzt werden konnte, da sie ihre Reproduktionsbasis in der Subsistenzökonomie behielten und als Lieferant von ebenso billigen Rohstoffen, deren Preis nicht die Reproduktionskosten der Bauern decken mußte.

Die Kolonialverwaltung konnte dabei die sozialen Widersprüche der vorhandenen Produktionsweisen ausnutzen: Man verbot die Sklaverei, aber sicherte gleichzeitig den Mossi-Häuptlingen eine andere Revenuequelle in Form eines Anteils an der Kopfsteuer zu (Schulz 1979:90). Die Nakomse zogen die unterprivilegierten Schichten verstärkt zur Erfüllung der Zwangsmaßnahmen heran. Auch der Gegensatz zwischen Alten und Jungen erleichterte die Heranziehung der Letzteren als Wanderarbeiter. Das bestehende Produktions- und Reproduktionssystem der Mossi und Bissa wurde durch die Ausbreitung der Warenökonomie und die Migration mit der kapitalistischen Produktionsweise verflochten und ihr funktional untergeordnet.

Die Kolonialpolitik hatte außerdem erhebliche Auswirkungen auf das ökologische Gleichgewicht, deren Tragweite z. T. erst heute zu erkennen ist: So wurde z. B. das Abholzen der Cailcédrat-Bäume verboten, was die Bissa dazu zwang, Acacia albida zu fällen, um den Brennholzbedarf dekken zu können (Hervouet/Prost 1979a:181). Außerdem mußte die Kombination von Viehzucht und Ackerbau mangels Arbeitskräften aufgegeben werden, was die natürliche Düngung der Felder beeinträchtigte. Der Anbau von Baumwolle erforderte nicht nur größere Anbauflächen, sondern beanspruchte den Boden auch sehr stark. Die nunmehr extensive Landnutzung bei gleichzeitigem Anstieg der Bevölkerungszahl ist eine der Ursachen für die heutige Instabilität der Nahrungsmittelversorgung.

4. Gegenwärtige gesellschaftliche Organisation der Mossi und Bissa und ihre Dynamik

4.1 Die soziale Organisation

4.1.1 Die Rolle der Verwandtschaft

Während vor der Kolonialzeit die Verwandtschaft das zentrale Organisationsprinzip der sozialen und ökonomischen Beziehungen bei den Mossi und Bissa darstellte, verringerte sich ihre Bedeutung im Laufe der Zeit, ohne jedoch völlig als Strukturprinzip zu verschwinden. Durch sie bestimmen sich auch heute noch in der patrilinearen und patrilokalen Gesellschaft beider Ethnien die "prinzipiellen Entscheidungszentren".

Auf der Ebene des Dorfes gehört dazu der Dorfchef (Naba bei den Mossi, Kiri bei den Bissa). In einem Mossi-Dorf wie Nakaba, in dem mehrere Verwandtschaftslinien zusammenleben, sind die Ältesten der Linien gleichzeitig die Berater des Naba. In den Dörfern der Bissa dagegen kann man heute noch erkennen, daß sie ehemals nur von den Mitgliedern einer Linie bewohnt wurden (vgl. Gosselin 1970:36). So gehören in Dierma 70 % aller Wohneinheiten zu den Niaoné und in Lengha 65 % zur Linie der Dabré.

Der Naba oder Kiri sicherte traditionell als politische Instanz den Zusammenhalt der Dorfgemeinschaft, indem alle seiner Autorität unterworfen waren. Heute ist seine Autorität dagegen in politischer Hinsicht kaum noch vorhanden, sondern beschränkt sich eher auf den religiösen und administrativen Bereich. So ist er z. B. seit der Kolonialzeit der Steuereintreiber für die Verwaltung. Doch insgesamt wird die Stellung des Naba/Kiri zunehmend durch das Auftreten neuer Autoritäten in Frage gestellt. Neben den Priestern der neuen Religionen (Christentum und Islam) sind hier die Lehrer und Krankenpfleger zu nennen, die meist aus anderen Landesteilen stammen und einen besonderen Status beanspruchen. Aber auch durch die Entwicklungsprogramme kommen zunehmend Landwirtschaftsberater oder z. B. in Lengha der Ausbilder einer Landwirtschaftsschule (CFJA) ins Dorf.

Während diese als Fremde jedoch außerhalb der Dorfgemeinschaft stehen, sind mit der Gründung von Vorgenossenschaften ("groupement villageois", vgl. Busacker/Obbelode 1983) ganz andere soziale Spannungen verbunden. Denn im groupement sind die Bauern des Dorfes selbst vertreten und es

Abb. 1: Der Naba von Nakaba. Die Kopfbedeckung, der sog. bonnet, der ihm vom ranghöheren König von Koupéla verliehen wurde, gehört zu den Insignien seiner Macht

ist demokratisch strukturiert. Der Präsident des groupements verfügt damit über eine völlig andere Legitimationsbasis als der Dorfchef. Der Konflikt zwischen dem Naba von Nakaba und dem Präsidenten des groupements des Viertels Niouguin ist dafür charakteristisch. Während der Naba in Nakaba-Centre lange Zeit das Entstehen einer Vorgenossenschaft verhindern konnte, gründeten die Bauern im 12 km entfernten Viertel ein sehr aktives groupement. Ja, sie wollten sogar ihren Präsidenten zum Naba erklären. Da es sich vor allem um zugewanderte Bauern handelt, die ihre Steuern nicht an den Dorfchef von Nakaba zahlen, sondern noch in ihren Heimatdörfern registriert sind, sind sie auch dessen administrativer Kontrolle entzogen. Der Macht des Naba wurden hier deutliche Grenzen gesetzt. Die Konflikte zwischen alten und neuen Autoritäten werden durch die Reformpolitik des neuen Präsidenten Sankara noch verstärkt werden. Er erließ eine Verordnung, die den Chefs fast alle Privilegien entzog (Sankouna-Sow 1984:530) und versucht gleichzeitig, in den Dörfern neue politische Institutionen, die sog. Komitees zur Verteidigung der Revolution (CDR), aufzubauen (vgl. Kapitel III.1).

Neben dem Naba hat bei den Mossi auf Dorfebene der Tengsoba (tenga = Erde, soba = Beschützer) auch heute noch eine wichtige religiöse und juristische Funktion. Er stammt meist aus der Linie derjenigen, die bereits vor den Mossi das Land besiedelten (Nyonyonse). Er ist der Vermittler zwischen den Ahnen, die früher die Felder bestellten und den Lebenden, die auf die Gunst der Ahnen für gute Ernten hoffen; er verrichtet die Opfer und führt die religiösen Riten aus (z. B. Regenzeremonien). Schließlich verfügt er als "lebender Kataster" über die Kenntnis der komplizierten Landnutzungsrechte. Jeder Neuankömmling, der Land bestellen will, muß sich an ihn wenden (vgl. Boutillier 1964:40 ff., 84 ff.).

Bei den Bissa spielt der Tengsoba nur eine untergeordnete Rolle, was schon daraus deutlich wird, daß es keine Bisa-Bezeichnung für ihn gibt, sondern das Moré-Wort benutzt wird (vgl. Pégard 1965:227). Selbst in Lengha (wo Dorfchef und "Erdbeschützer" ursprünglich von den Mossi abstammen) ist für die Landverteilung in erster Linie der Chef de Canton, also der Dorfchef Lenghas zuständig. Dies bestätigt die Aussage Boutilliers (1964:131) über die Bissa:

> "Der besagte Tengsoba beschäftigt sich in der Tat nur mit den religiösen Aspekten in Bezug auf die landwirtschaftlichen Anbaukulturen."

Wie bereits in Kapitel II.2.2.1 ausgeführt, spielten insbesondere die Ältesten einer Verwandtschaftslinie in der Linienproduktionsweise eine herausragende Rolle im Produktions- und Reproduktionssystem. Im Zuge der Bildung kleinerer sozialer Einheiten verlagerten sich die Aufgaben des bud'kasma, dem Oberhaupt einer Linie, mehr und mehr auf den Ältesten einer Wohneinheit. In einer solchen baulichen Einheit (moré: zaka, bisa: sukala) lassen sich im wesentlichen vier Gruppen unterscheiden:

- der Älteste (zak'soba/halgan) mit seinen Frauen und unverheirateten Kindern
- seine verheirateten Söhne mit ihren Frauen und unverheirateten Kindern
- verheiratete jüngere Brüder des Ältesten mit ihren Frauen und unverheirateten Kindern

- unverheiratete jüngere Brüder, Neffen, Schwestern und sonstige in der Wohneinheit lebende Verwandte.

Der Älteste hat nicht nur die Aufgabe, für alle erwachsenen Mitglieder des zaka oder sukala die Steuern zu bezahlen. In den meisten Fällen ist er auch heute noch derjenige, der das dem Familienverband vom Tengsoba zur Nutzung zugeteilte Land auf die einzelnen Produktionseinheiten der Wohneinheit verteilt und die Ernte der Gemeinschaftsfelder sowie das Vieh verwaltet. Außerdem regelt er zusammen mit den Ältesten anderer Einheiten den Frauentausch, indem er den von ihm abhängigen Männern Frauen gibt und die Mädchen verheiratet.

Im Gegensatz zu den Mossi, wo oft nur eine erweiterte Familie ein zaka bewohnt, ist es bei den Bissa eher die Regel, daß zwei oder mehrere erweiterte Familien innerhalb des großen sukala wohnen. Traditionell durch ihre politische und agro-ökologische Organisation bedingt lebten die Bissa auf engem Raum. Auch heute umfassen ihre Dörfer im Durchschnitt mehr Einwohner als die anderer Ethnien in Burkina (ca. 800; bei den Mossi nur ca. 300 Bewohner, vgl. Gosselin 1970:36). Die einzelnen sukala symbolisieren den engen Zusammenhalt noch stärker. Sie stehen zwar in relativ großer Entfernung auseinander, aber sie sind von einer großen Mauer umschlossen und können zwischen 50 und 100 m im Durchmesser umfassen. Es gibt nur einen einzigen und engen Eingang, der zunächst in einen großen Vorhof führt, wo die Speicher und die Hütten für das Kleinvieh stehen; erst danach tritt man durch einen weiteren Eingang in das Innere, in dem im Gegensatz zu den Mossi meist mehrere erweiterte Familien zusammenwohnen, und zwar in durch kleine Mauern in Augenhöhe abgetrennten Innenhöfen. So umfaßt ein sukala leicht 30 bis 50 Personen, während der Durchschnitt bei den Mossi bei 10 bis 20 liegt. Die "Wohnkultur" ist weiter entwickelt als bei den Mossi. So wird der Boden festgestampft (Arbeit der Frauen), und die Mauern und Hüttenwände werden verputzt. Auf den glattgezogenen Oberflächen läuft das Regenwasser schneller ab, und sie können leichter saubergehalten werden. Die Hütten werden von den Frauen bemalt. Es gibt speziell abgeteilte Waschplätze mit Wasserablauf durch die Außenmauer ins Freie.

Das gemeinsame Wohnen innerhalb einer abgeschlossenen Einheit bedeutet aber noch nicht, daß es sich auch um eine einzige Produktions-, Konsumtions- oder Akkumulationsgemeinschaft handelt. Durch die zunehmende Verringerung der Familiengröße geht die Tendenz aber hin zur kleinen Fami-

Abb. 2: Innenhof eines sukala mit reich bemalten Mauern und Hüttenwänden

lieneinheit, die nur noch den Mann mit einer oder mehreren Frauen, die Kinder und evtl. noch die Alten umfaßt. In Nakaba liegt zwar das Durchschnittsalter des Familienoberhaupts relativ hoch bei 59,8 Jahren, aber es leben nur noch durchschnittlich 8,9 Personen in einem zaka, was deutlich unter dem nationalen Mittel von 11,6 Personen liegt (vgl. Anhang B, Tab. 6 und 7). In der Stichprobe ergibt sich praktisch für alle zak'se eine einzige Produktions- und Konsumtionsgemeinschaft pro Wohneinheit, d. h. alle Mitglieder bestellen ein gemeinsames Getreidefeld und konsumieren auch gemeinsam die Erträge.[39] Daneben verfügen die Frauen wie auch die jungen Männer über eigene kleine Parzellen mit Erdnüssen, deren Verkaufserlöse ihnen selbst gehören. Bei den Bissa umfassen die Wohneinheiten zwar noch mehr Personen als bei den Mossi, aber hier zeigen sich ebenfalls Auflösungserscheinungen, indem sich innerhalb eines sukala eigenständige Produktionsgemeinschaften bilden (durchschnittlich 2,1 pro

Wohneinheit), die bis auf zwei Ausnahmen auch keine übergeordnete Konsumtionsgemeinschaft mehr bilden.

Dies ist einerseits ein Beleg für die "Emanzipationsbestrebungen" der jungen Männer die verheiratet sind und nicht mehr länger vom Vater oder vom älteren Bruder abhängig sein wollen; sie beginnen deshalb "auf eigene Rechnung" zu produzieren, entweder als Teil der Wohngemeinschaft oder in einem eigenen Gehöft. Andererseits verschärfen sich damit die Unterschiede zwischen schwachen und starken Produktionseinheiten, und der Ausfall eines Familienmitglieds durch Krankheit oder Migration hat ungleich schlimmere Folgen.

4.1.2 Heirat und Frauentausch

In einer Gesellschaft, die keine Sozialversicherung u. ä. kennt, bleibt die Verfügung über die Arbeitskraft und die Gebärfähigkeit der Frauen von entscheidender Bedeutung für die Reproduktion der Familieneinheiten. Doch haben sich bei den Mossi und Bissa die traditionellen Regeln der Heirat und des Frauentauschs im Zuge der zunehmenden Monetarisierung sozialer Beziehungen seit der Kolonialzeit stark verändert.

Das System der pogsioure-Heirat (vgl. Kapitel II.2.2.3) wird zwar heute noch (trotz des Verbots seit der Unabhängigkeit) z. T. so praktiziert. Ursprünglich gab es bei den Mossi keinen Brautpreis, sondern das Eingehen langfristiger Reziprozitätsverpflichtungen war wichtiger (Skinner 1960:389). Heute wird aber von den Eltern der Braut auch Geld erwartet. Zudem erhöht ein junger Mann, der bereits als Wanderarbeiter im Ausland gearbeitet hat, seine Heiratschancen. Denn er verdient nicht nur das Bargeld, sondern er bringt auch Prestigegüter wie Stoffe, Schmuck, ja sogar Armbanduhren mit nach Hause, die dem Mädchen bzw. dessen Eltern geschenkt werden. Traditionelle Elitegüter, wie z. B. Vieh, über das nur der Vater verfügt, spielen dabei keine große Rolle mehr. Vor allem steigt aber das Ansehen der Jungen, wenn sie im Ausland gearbeitet haben: "Einer, der nicht wenigstens einmal an der Elfenbeinküste war, findet hier nur schwer eine Frau", sagte dazu ein Bauer in Nakaba. Das soziale Prestige des Wanderarbeiters erhöht seine Attraktivität für die heiratswilligen Mädchen, die durch eine Heirat am Ansehen des Mannes teilhaben können.

Bei den Bissa war der Brautpreis (her) schon vor der Kolonialzeit fest institutionalisiert. Der Frauentausch erhielt aber erst später einen deutlichen Warencharakter. So sahen sich die Bauern, die kein Geld für die Kolonialsteuer hatten, gezwungen, ihre Töchter regelrecht zu verkaufen, wie ein alter Mann erzählte:

> "Wenn man die Steuer nicht bezahlen konnte, wurde ein Mädchen für ca. 75 - 100 Franc verkauft. Wenn kein reicher Käufer gefunden wurde, mußte man sich auf den Weg nach Tenkodogo zum Kommandanten machen; aber meist wurde das Mädchen darum schon unterwegs verkauft. Jungen verkaufte man nicht, die brauchte man zum arbeiten."

Neben den vorher üblichen Kauri-Muscheln und Vieh kam zum Brautpreis später zunehmend Bargeld hinzu. Heute muß der Bräutigam bzw. sein Vater drei bis vier Rinder und sieben bis acht Ziegen nach der Heirat der Familie des Mädchens geben (meist erst nachdem sie ein Kind geboren hat). Wichtiger sind aber die Arbeitsverpflichtungen des jungen Mannes vor der Heirat auf den Erdnußfeldern der zukünftigen Schwiegermutter (modindedam) sowie den Feldern des Schwiegervaters (modendam). Außerdem muß er monatlich ca. 2.000 FCFA[40] an das Mädchen zahlen (busu kum taré) und ihr regelmäßig Geschenke machen.[41] Da die Bissa-Mädchen vor der Heirat bis zu einem Dutzend Verehrer gleichzeitig haben, tragen deren Arbeitsleistungen erheblich zum Einkommen der Mütter (durch den Verkauf der Erdnußernte) bei (vgl. Pégard 1965:201).

Die Polygamie ist bei den Bissa weiter verbreitet als bei den Mossi. Dies ist möglich durch die hohe Zahl geschiedener Frauen (sulikama), deren Kinder jedoch beim Vater verbleiben. Die matrimonialen Regeln der Bissa tragen ebenfalls zum Erhalt der Polygamie bei: Das Sororat gestattet einem Mann die Heirat der Schwestern seiner Frau, ohne daß ein erneuter Brautpreis erforderlich ist (vgl. Gosselin 1970:37). Das Levirat erlaubt die "Vererbung" der Ehefrauen eines Verstorbenen an dessen jüngeren Bruder.

4.1.3 Die Macht der Alten

Das gesellschaftliche System der Mossi und Bissa ist auch heute noch stark vom Senioritäts- und Anterioritätsprinzip bestimmt, das eine nach dem sozialen Alter gestufte Hierarchie hervorbringt. Die Macht der Alten gründet sich weniger auf die Kontrolle über die materielle Produktion als auf die über die menschliche Reproduktion durch das Monopol des Frauentauschs und die Verwaltung akkumulierter Güter (vgl. Meillassoux 1972:101). Durch die Auflösungsprozesse der Großfamilien und die Tendenz zu kleineren Familien bzw. Produktionseinheiten sowie die Monetarisierung sozialer Beziehungen wurde ihre einst dominierende Stellung aber erheblich gemindert. Die Migration und die Ausweitung der Warenproduktion haben den jungen Männern Möglichkeiten größerer wirtschaftlicher Selbständigkeit eröffnet[42] und gleichzeitig die Verfügung der Alten über abhängige Arbeitskräfte reduziert. Trotz dieser Tendenzen bestehen aber immer noch erhebliche Abhängigkeitsbeziehungen: Für die Frauen hat sich an ihrer Unterordnung unter den Mann bzw. den Ältesten kaum etwas geändert. Die Jungen besitzen heute zwar oft mehr Geld als die Alten, aber damit allein können sie noch nicht eine Frau heiraten oder einen eigenen Hausstand gründen. Denn nur die Alten verfügen über das Wissen um die komplizierten Verwandtschaftsbeziehungen, die Eheverbindungen ausschließen können (vgl. Pégard 1965:218). Wenn ein junger Mann ein Mädchen heiraten will, müssen die Alten erst prüfen, ob die Exogamieregel (Heiratsverbot zwischen eng Verwandten) eingehalten wird. Die Alten sind außerdem in religiöser Hinsicht die Mittler zu den Ahnen, von deren Gunst das Leben eines Mannes abhängt. Durch den Einfluß der "modernen" Religionen (Christentum und Islam) gerade auf die Jungen vermindert sich aber die Bedeutung des animistischen Glaubens als Mittel der sozialen Kontrolle. So wirkt auch der Vorwurf der Hexerei gegenüber sozialen Abweichlern nicht mehr in dem Maße wie früher, als persönliche Bereicherung bestraft wurde:

> "Als die Weißen kamen und als die Steuer eingeführt wurde, begannen die Leute eigene Felder zu haben. Früher wurden solche Leute von den Geistern geschlagen, wenn sie eigene Felder haben wollten. Ja, und heute wollen sie sich auch selbst Dinge kaufen wie z. B. Zigaretten usw." (ein alter Mann in Lengha-Dierma).

Schließlich kontrollieren die Alten immer noch den Zugang zu Land als dem wichtigsten Produktionsmittel, das die Jungen nicht frei kaufen können. Im Konfliktfall bleibt denen, die sich selbständig machen wollen, dann nur die Möglichkeit, in eine andere Region zu ziehen und sich dort Nutzungsrechte zu erwerben. Aber auch Siedlungsprojekte wie das der AVV, die den jungen Bauern Land zuteilen, bieten einen Ausweg und können so zur weiteren Auflösung der Familienverbände beitragen (vgl. Kapitel IV.2.).

4.2 Die ökonomischen Strukturen

4.2.1 Produktionsbereiche

Um die wirtschaftlichen Aktivitäten besser analysieren zu können, unterscheide ich hier vier Produktionsbereiche:
- Hausarbeit und Reproduktion der Arbeitskraft
- Handwerkliche Subsistenz- und Warenproduktion
- Agrarische Subsistenz- und Warenproduktion
- Lohnarbeit und Migration.

Für die Hausarbeit und die unmittelbare Reproduktion der Arbeitskraft sowie das Aufziehen der Kinder sind praktisch ausschließlich die Frauen verantwortlich. Sie helfen (zumindest bei den Bissa) bereits beim Hausbau mit und sorgen später dafür, daß die Wände ordentlich verputzt werden und Hof und Hütten sauber bleiben. Geschirr und Wäsche waschen sowie Holz und Wasser holen gehören ebenso zu ihren Aufgaben wie die Zubereitung der Mahlzeiten. Außer der Hirse, die die Frau von ihrem Mann erhält und die zerstampft und gemahlen wird, muß sie sämtliche Zutaten entweder selbst anbauen (Okra, Erderbsen), sammeln (Blätter, Wurzeln) oder kaufen (Salz, Zucker, Gewürze). Schließlich stellt sie mit viel Arbeitsaufwand verschiedene Produkte her (wie z. B. Schibutter[43] oder Hirsebier), die zum Eigenkonsum bestimmt sind. Überschüsse verkaufen die Frauen im Rahmen des "petit commerce" auf den lokalen Märkten.

Die handwerkliche Produktion dient in erster Linie dem Hausbau, dem Flechten von Körben und Matten, dem Anlegen von Speichern etc. unter Benutzung vorhandener Rohstoffe. Die meisten Bauern sind in der Lage, solche einfacheren Arbeiten selbst auszuführen. Dies geschieht vor allem in der Trockenzeit, wenn die zeitliche Belastung durch die Feldarbeit auf ein Minimum reduziert ist. Reine Handwerker traf ich in keinem der Dörfer. Die wenigen Spezialisten, z. B. Schmiede oder Korbmacher, betrachten ihr Handwerk eher als weniger wichtige zusätzliche Tätigkeit neben der Landwirtschaft. Sie verkaufen einen Teil ihrer Produkte auf dem Markt, aber meistens arbeiten sie eher auf Bestellung eines Kunden und tauschen dann ihr Produkt gegen Nahrungsmittel oder Geld. Baumwolle wird kaum noch verarbeitet, obwohl das Weben gerade bei den Mossi eine wichtige handwerkliche Tätigkeit war. Heute sieht man jedoch nur noch selten die traditionelle Kleidung der Mossi, die aus schmalen Baumwollstreifen zusammengenäht wird. Industriell gefertigte Textilien und andere Konsumgüter haben die handwerkliche Produktion z. T. sehr stark verdrängt.

Abb. 3: Einer der wenigen Webrahmen, die in Nakaba noch im Gebrauch sind

Auf die agrarische Subsistenz- und Warenproduktion sowie die Lohnarbeit und Migration möchte ich in den folgenden Kapiteln näher eingehen, weil sich in diesen Bereichen die Verflechtung von Subsistenz- und Warenproduktion am deutlichsten zeigt. Da Jagd und Fischfang praktisch nur in den Bissa-Dörfern am Weißen Volta eine gewisse Bedeutung haben und die Großviehzucht heute nur noch von den Viehhirten der Fulbe betrieben wird, konzentriere ich mich hier auf den Ackerbau.

4.2.2 Anbaukulturen

Ähnlich wie die Bissa unterscheiden auch die Mossi drei Arten von Feldern:

- die Felder, die in der Nähe des zaka/sukala liegen (moré: kankato halεma; bisa: kierma násera), hier werden Mais, Sorghum, Hirse und z. T. auch Erdnüsse angebaut;
- die Felder im Busch, die bis zu 15 km weit entfernt liegen und meist mit Hirse und Erdnüssen bepflanzt werden (weogo puto/poya);

- die Parzellen in den Niederungen ("bas-fonds"), wo vor allem Reis angebaut wird, und in der Nähe des Weißen Volta, wo die Bissa Gemüse ziehen und Baumkulturen betreiben (baogo/naja).

Für die Subsistenzsicherung der Bauern ist der Anbau von Kolbenhirse sowie Rotem und Weißem Sorghum[44] von größter Bedeutung. Das Weiße Sorghum wird in Nakaba erst seit einigen Jahren angebaut und gehört dort nicht zu den "heiligen" Pflanzen mit besonderer ritueller Bedeutung.[45] Rotes Sorghum wird vor allem zur Herstellung von Hirsebier (dolo) verwendet. Der Mais, der in der unmittelbaren Nähe der Gehöfte gepflanzt wird, weil er besonderer Pflege und Düngung bedarf, hat aufgrund seiner kurzen Reifezeit eine wichtige Funktion, um die Nahrungsmittelknappheit vor der Hirseernte zu überbrücken (s. Einleitung). Der Reisanbau gelingt nur in den feuchten Niederungen und ist sehr arbeitsintensiv. Deshalb wird Reis nur in geringen Mengen angebaut und gilt als Luxusnahrungsmittel, das auf dem Markt gute Preise erzielt. Baumwolle und Erdnüsse sind jedoch die wichtigeren Verkaufsprodukte.

Sowohl in Nakaba als auch in Lengha und Dierma überwiegt aber eindeutig die Erzeugung von Nahrungsmitteln für den Eigenbedarf; selbst die Erdnüsse werden zu einem großen Teil selbst konsumiert (vgl. Schaubild 5).

Schaubild 5: Anbauprodukte in Nakaba

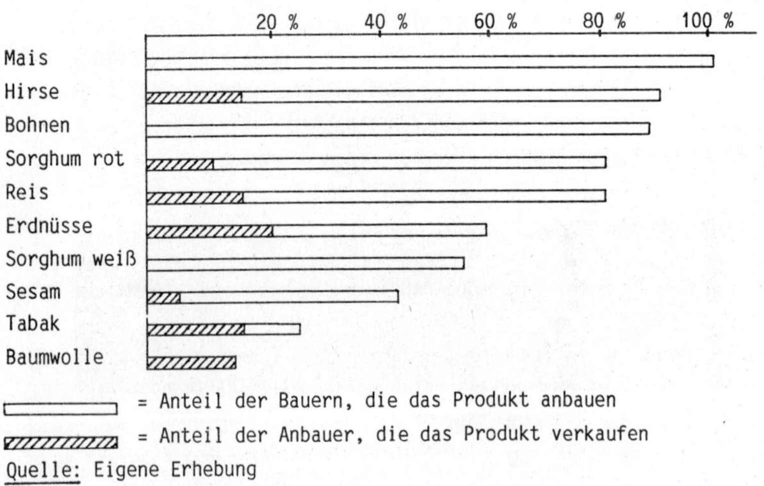

Quelle: Eigene Erhebung

Das Anbausystem ist durch eine teilweise stark reduzierte Brache, andererseits aber durch die Bodenfruchtbarkeit erhöhende Verfahren gekennzeichnet: So wird z. B. Kolbenhirse fast immer zusammen mit Bohnen angepflanzt (intercropping). Dadurch wird der Boden besser bedeckt und vor Austrocknung und Erosion geschützt. Außerdem führen die Bohnen dem Boden wieder Stickstoff zu, der für das Wachstum der Hirsepflanzen wichtig ist. Dieser Mischanbau ist am ehesten dann möglich, wenn mit der Handhacke gearbeitet wird; der Pflugeinsatz erfordert eine in Linien gepflanzte Monokultur, wenn sein entscheidender Vorteil, große Flächen schnell bearbeiten zu können, genutzt werden soll. Die Bauern kombinieren auch andere Produkte, etwa Mais mit Tabak oder Sorghum mit Baumwolle. Die Vorteile einer Fruchtfolge von Getreide und Leguminosen, wie z. B. Hirse - Erdnüsse - Sorghum, sind den Bissa ebenfalls bekannt. Wie die Bohnen erhöhen auch die Erdnüsse den Nährstoffgehalt des Bodens, da sie ihm Stickstoff zuführen.

Die Ablösung der intensiven durch eine extensive Anbauweise bei den Bissa führte zu einer Überbeanspruchung des Bodens einerseits (durch Verkürzung der Brachezeiten, Ausweitung des Anbaus auf erosionsanfällige Böden) und erhöhtem Landbedarf pro Farmeinheit andererseits.

Die Acacia albida (bisa: zamsé) wird heute praktisch überhaupt nicht mehr kultiviert.

Abb. 4: Die Acacia albida: Von hoher Bedeutung für das agro-ökologische Gleichgewicht, aber heute ein seltener Anblick im Bissa Land

4.2.3 Produktionsmittel

Das wichtigste Produktionsmittel, der Boden, ist bei den Mossi wie bei den Bissa kein Privateigentum, sondern er unterliegt dem kollektiven Nutzungsrecht einer Verwandtschaftslinie oder Wohneinheit, wobei der Älteste eine Verwaltungsfunktion innehat (vgl. Boutillier 1964:84 ff.). Land kann zwar nicht ge- oder verkauft werden, aber es besteht die Möglichkeit, es von einem anderen Bauern zu "leihen", ohne daß (bisher) dafür Geld oder Naturalabgaben gezahlt werden. Durch die zunehmende Nutzung des Bodens für den Anbau von Verkaufsprodukten können sich langfristig Veränderungen der Bodenrechtsverfassung ergeben:

> "Besonders in Gebieten des Verkaufsfruchtanbaus und in Randzonen urbaner und semi-urbaner Zentren verändert sich langsam und unter der Hand die Bodenrechtsverfassung. Noch besitzt dem äußeren Anschein nach das überkommene kommunale Bodenrecht Gültigkeit; man kann bislang nicht von einer Individualisierung der Parzellen sprechen. Es mehren sich aber die Anzeichen, daß die Beziehung des Produzenten zum Boden in dem Maße, wie dieser der Subsistenzmittelerzeugung entzogen wird, den sakralen Charakter verliert, zur reinen Nützlichkeitsbeziehung und Bodenverfügbarkeit als Bedingung der Erzeugung eines Surplus wird, Transaktionen des Ausleihens von Boden und des Hortens einmal bebauten Bodens zunehmen und damit allmählich Mechanismen des individuellen Erwerbs und der Akkumulation von Boden in einer profitorientierten Landwirtschaft in Gang gesetzt werden" (Schulz 1979:107 f.).

Unter Bedingungen zunehmender Landknappheit, wie sie in einigen Gebieten schon zu finden ist, können sich aus solchen Nutzungsformen handfeste Konflikte entwickeln, wie ich es 1983 selbst erlebte: Die Bewohner von Beguedo erhielten vor ca. 15 Jahren die Erlaubnis, auf der anderen Seite des Weißen Volta in Niaogo Felder zu bestellen (vgl. Karte 6).

Als auch dort die Bevölkerung stetig zunahm, kam es schließlich 1982 zu einer blutigen Auseinandersetzung mit 20 Verletzten (ORD-CE 1982:IV 1-12). Seitdem wird jedes Jahr in der Anbauperiode eine Militäreinheit direkt an der Brücke stationiert. Lengha und Dierma sind insofern von diesen Auseinandersetzungen mitbetroffen, als auch Bauern aus Dierma früher Felder in Niaogo mit Hilfe von Lohnarbeitern bestellten und dies nun ebenso verboten wurde wie die Nutzung des Bodens in direkter Nachbarschaft von Dierma auf der anderen Seite des Weißen Volta. In Lengha könnte in naher Zukunft ebenfalls ein Konflikt um die Landnutzung entstehen, da hier tatsächlich noch freies Buschland vorhanden ist und nicht nur Bauernfamilien, z. B. aus Beguedo und Garango, hierherziehen, sondern sogar Mossi-Migranten sich permanent in Lengha niederlassen wollen.

Karte 6: Ausweitung der landwirtschaftlich genutzten Fläche in Niaogo von der Kolonialzeit bis 1978

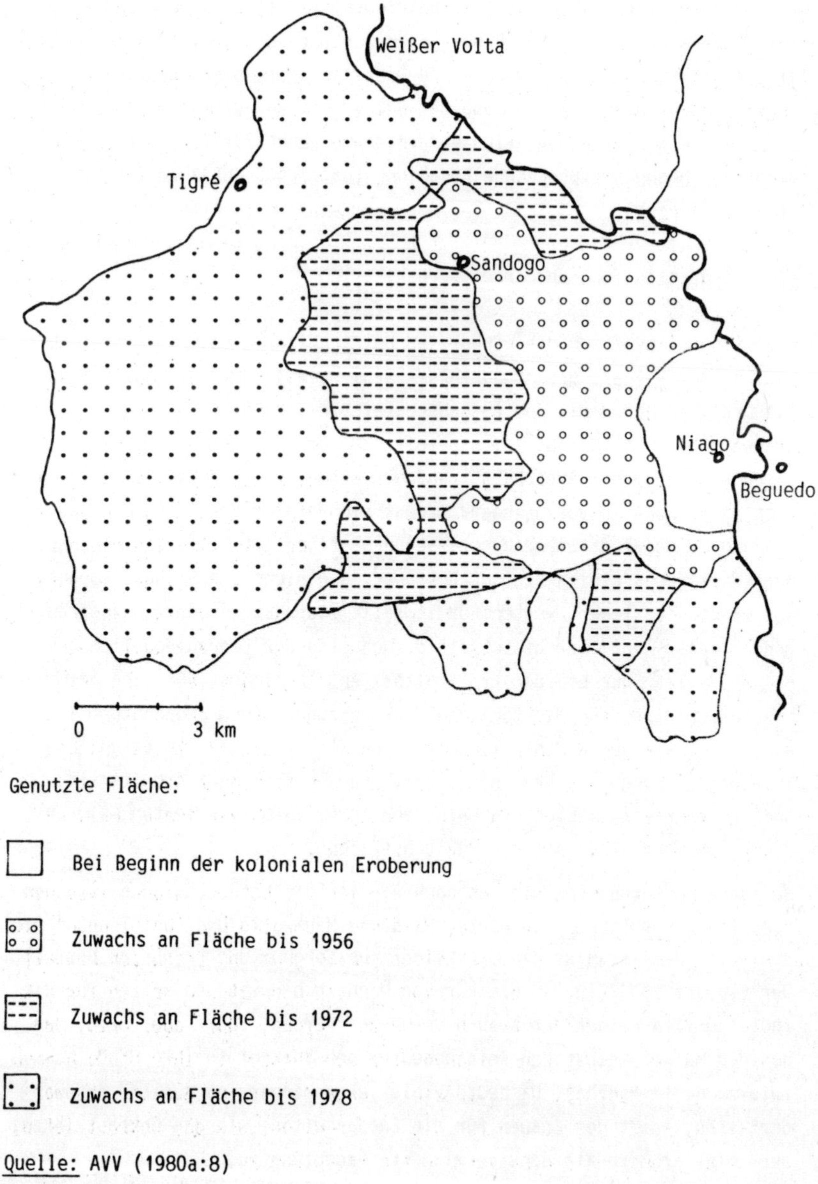

Weißer Volta

Tigré

Sandogo

Niago

Beguedo

0 3 km

Genutzte Fläche:

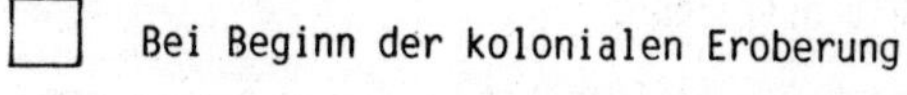

Bei Beginn der kolonialen Eroberung

Zuwachs an Fläche bis 1956

Zuwachs an Fläche bis 1972

Zuwachs an Fläche bis 1978

Quelle: AVV (1980a:8)

Ein wichtiges Produktionsmittel zur Bodenbearbeitung stellt nach wie vor die Hacke dar. In allen untersuchten Dörfern setzte erst mit dem Kreditprogramm des ORD (vgl. Kapitel IV.1) die Verbreitung des Pfluges ein. Moderne landwirtschaftliche Betriebsmittel (Inputs) wie Dünger und Insektizide werden von den Bauern kaum benutzt. Schließlich sind noch die Transportmittel, Eselkarren und Fahrrad, zu erwähnen, die vor allem durch die zunehmende Entfernung der Felder vom Wohnort an Bedeutung gewannen. Eselkarren wie Pflug werden heute ebenfalls verliehen, allerdings nur gegen entsprechende Bezahlung (ca. 7.000 FCFA/Tag für einen Pflug in Lengha).

4.2.4 Arbeitsteilung und Arbeitsorganisation

Traditionell gehörten die schwersten Feldarbeiten (wie z. B. die Vorbereitung der Felder, das Abhacken der Bäume usw.) sowie die Aussaat und das Dreschen der Hirse zum Aufgabenbereich des Mannes, während die Frauen sich beim Unkraut jäten beteiligten und die Ernte in Körben auf ihren Köpfen zu den Speichern transportierten. Diese Arbeitsteilung ist auch heute noch so vorzufinden, obwohl sich einige Veränderungen ergeben haben. So wird der Transport schon häufiger mit Hilfe von eigenen oder geliehenen Eselkarren durchgeführt, die nicht von Frauen, sondern von Männern gesteuert werden. Damit fällt zwar das körperlich anstrengende Tragen weg, aber gleichzeitig auch eine der Einnahmequellen der Frauen, die früher bei der Ernte mithalfen. Ähnliches läßt sich beim Mahlen der Hirse für die tägliche Nahrungszubereitung beobachten: Ist eine motorgetriebene Mühle im Dorf vorhanden, wie z. B. in Lengha und in Dierma, sparen die Frauen ca. zwei Stunden täglicher Arbeitszeit, doch andererseits müssen sie dafür von ihrem selbstverdienten Geld an die Männer bezahlen, die die Mühle betreiben.

Bei den Anbauprodukten gibt es nach wie vor die Unterscheidung zwischen "männlichen" Kulturen wie Hirse, Mais und Baumwolle und "weiblichen" wie dem Reis. Gemeinsam werden die Felder mit Sorghum und Erdnüssen bestellt. Der Einsatz von Pflügen, die nur von Männern benutzt und selten für die individuellen Felder der Frauen verwendet werden, führt aber dazu, daß nun die Männer selbst den Reisanbau für den Verkauf in ihre Hände nehmen (wie z. B. in Nakaba). Da heute viele junge Männer ins Ausland abgewandert sind, kommt den Frauen für die Feldarbeiten, wie das Unkraut jäten, eher eine größere als eine verminderte Bedeutung zu.

Die Organisation der Feldarbeiten richtet sich nach den drei Typen von Feldern:

- den Gemeinschaftsfeldern, auf denen alle Mitglieder eines zaka oder sukala nach Maßgabe des Ältesten zu arbeiten haben (moré: pukasinga);
- den Feldern der Produktionseinheiten (meist erweiterte Familien);
- den individuellen Parzellen (moré: beolse).

Bei den Bissa werden die Gemeinschaftsfelder meist bis zum frühen Nachmittag bestellt. Erst danach ist die Arbeit auf den individuellen Feldern (yillé ho) erlaubt.

Wichtig für die Überwindung von Arbeitsengpässen sind die Gemeinschaftsarbeiten, zu denen ein Bauer Freunde und Nachbarn anderer Wohneinheiten einlädt und Nahrung sowie dolo (Hirsebier) oder zom-kom/grussipi (Wasser mit Mehl und Zucker vermischt) bereitstellt. Vor allem das Unkrautjäten nach der Aussaat muß schnell geschehen, weil sonst das Unkraut die Saat erstickt. Auch bei der Ernte ist die Arbeitshilfe anderer erforderlich.

Die Bissa unterscheiden die yawolé und die yewolé-Arbeit. Die yawolé kann nur von einem halgan oder dem Ältesten einer erweiterten Familie einberufen werden. Ein gewisses Prestige und finanzielle Mittel sind erforderlich, um die Ausgaben für die Bewirtung bestreiten zu können. Bei den Mossi entspricht die sosoaga oder kopuusom dieser Form der Kollektivarbeit. Die yewolé kann von jedem einberufen werden und erfordert nicht so hohe Ausgaben, da den Helfern nur ein einfaches Essen angeboten wird. Die Frauen nutzen diese Gemeinschaftsarbeit für ihre Reisfelder, während die jungen Männer ihre Freunde zur Arbeit auf den Erdnußfeldern ihrer zukünftigen Schwiegermutter einladen.

Die zumindest bei den Mossi früher noch stattfindenden Gemeinschaftsarbeiten auf der Ebene der Verwandtschaftslinie (budu), die mehrere zak'se umfaßt, konnte ich in Nakaba nicht mehr feststellen. Auch die yawolé- und sosoaga-Arbeiten auf den Feldern eines zaka oder sukala verlieren an Bedeutung, da sich einerseits die Familieneinheiten verkleinern und andererseits die jungen Männer migriert sind bzw. nach ihrer Rückkehr sich immer seltener dazu bereitfinden, den Einladungen von Bauern zur gemeinsamen Arbeit auf ihren Feldern zu folgen. Der Einladende muß immer größere Anreize setzen, indem er nicht nur Nahrung bereitstellt, sondern auch Zigaretten verteilt und sogar Geld zahlt. Ein Bauer meinte: "Wenn man kein Geld hat, kommen nicht viele Leute." Meist greift man aber dann lieber auf Lohnarbeiter zurück, die für ca. 200 - 300 FCFA pro Vormittag arbeiten. Beruhten die yawolé-Arbeiten früher schon nicht auf ausgeglichener Reziprozität, da die Familienältesten von der gegenseitigen Verpflichtung zur Mithilfe ausgenommen waren und ihre Abhängigen schickten, so setzt mit der Beschäftigung von Lohnarbeitern heute eine weitere soziale Differenzierung ein. Es kommt nicht mehr darauf an, durch wieviele soziale Bindungen man andere zur Mithilfe verpflichten kann, sondern wieviel Geld man hat und die, die keins haben, müssen für die Reicheren arbeiten. Dadurch vernachlässigen sie ihre eigenen Felder und tragen zum Wohlstand der anderen bei. Şaul (1983:91) kommt deshalb in seiner vergleichenden Feldstudie über Gemeinschaftsarbeiten und Lohnarbeiter in einem Bissa-Dorf zu dem Schluß:

> "Diejenigen Bauern, die ihre Arbeitskraft in einer Anbausaison anbieten, leiden unter nachteiligen Folgen für ihre Ernte, während diejenigen, die die Arbeitsleistung erhalten, etwas zu ihren Ressourcen hinzufügen können. Folglich erhöht sich nicht nur die Nachfrage nach Arbeitskräften direkt durch die Höhe des von reichen Bauern erworbenen Betriebskapitals, sondern es erhöht sich auch das Angebot an Arbeitskräften durch den wachsenden Mangel an Betriebskapital (Nahrungsmittel) bei anderen Bauern."

Die Angaben der Bauern in Lengha und Dierma über ihre Ausgaben für Kollektivarbeiten und für Lohnarbeiter bestätigen die Ergebnisse der Untersuchung von Şaul, daß Lohnarbeiter nicht nur kostengünstiger, sondern auch effektiver arbeiten (vgl. Tab. 2).

Tab. 2: Vergleich der Arbeitskosten für Lohnarbeiter und Kollektivarbeiten

	Lohnarbeiter	Kollektivarbeit
Kosten in FCFA/Std.	59,6 (50)	16 - 50 (17,2 - 72,3)
Produktivität	Hoch	Niedrig
Bei annähernd gleichen Kosten erwirtschaften Lohnarbeiter höhere Erträge.		
Quelle: Şaul (1983:88) und eigene Erhebung (in Klammern)		

Aber selbst für reiche Bauern ist es schwer, für dringende Arbeiten eine genügend große Anzahl von bezahlten Arbeitskräften zu finden, da es keine Vollzeit-Lohnarbeiter gibt. Jeder verfügt noch über eigenes Land und arbeitet nur tage- oder stundenweise bei anderen. Wenn sich im Zuge der Landverknappung tatsächlich ein Proletariat von landlosen Arbeitskräften bilden sollte, könnte dies aber zu einer deutlichen Beschleunigung der bereits jetzt zu beobachtenden sozialen Differenzierung führen.

Jedenfalls scheint sich nicht zuletzt aufgrund der saisonalen Abwanderung der leistungsstärksten Arbeitskräfte ins Ausland und dem damit verbundenen Rückgang der Subsistenzproduktion sowie dem Zwang zur extensiven Nutzung des Bodens, der Trend zur partiellen Lohnarbeit bzw. zur permanenten Migration zu verstärken. Im Sektor Koupéla beträgt die Abwanderungsquote heute bereits 21 % der ansässigen Bevölkerung (ORD-CE 1982:IV 1 - 25). In Nakaba waren pro Familie mit durchschnittlich 8,9 anwesenden Mitgliedern 2,2 Personen migriert (24,7 %).

4.3 Subsistenzökonomie und Verflechtung der Produktionsweisen

Die subsistenzorientierte Linienproduktionsweise ist seit der Kolonialzeit mit der kapitalistischen Produktionsweise verflochten, was zu starken Auflösungserscheinungen der traditionellen Strukturen von Produktion und Reproduktion führte, ohne sie aber völlig zu zerstören.
Die Zwangsmaßnahmen der Kolonialzeit sind heute längst durch ökonomische Zwänge ersetzt, die sich aus dem veränderten Konsumverhalten, dem Wunsch nach Prestigegütern (Radio) und neuen Produktionsmitteln (wie Fahrräder, Pflüge etc.), der Notwendigkeit von Geldmitteln für Steuern, Schulausbildung der Kinder[46] und Medikamente sowie der Monetarisierung sozialer Beziehungen ergeben. Die verstärkte Warenproduktion und die nicht mehr nur saisonale, sondern zunehmend permanente Abwanderung der jungen Männer sowie neuerdings auch von Frauen, führten zu einer verminderten Nahrungsmittelproduktion. Die zunehmende Individualisierung, der Rückgang gemeinschaftlicher Arbeitsformen und die Abwesenheit der besten Arbeitskräfte gefährden die Reproduktion der noch nicht oder nicht mehr so produktiven Kinder und Alten und reduzieren den Ausgleich zwischen starken und schwachen Produktionseinheiten. Diese Tendenzen werden durch die Einnahmen aus der Warenproduktion oder durch die Geldüberweisungen der Migranten nicht etwa ausgeglichen. Denn die Nutzung billiger Wanderarbeitskräfte und die Produktion von billigen cash-crops beruht gerade auf der Überausbeutung der Arbeitskraft (Meillassoux 1983). Gerade weil die Reproduktion der warenproduzierenden Bauern und des Wanderarbeiters <u>nicht</u> in der kapitalistischen Produktionssphäre, sondern durch die Sub-

sistenzökonomie erfolgt, kann der Preis für die cash-crops und der Lohn für den Arbeiter so gering gehalten werden.

> "Da die Arbeitskraft das Sozialprodukt der Gemeinschaft ist, bedeutet die Ausbeutung eines einzigen ihrer Mitglieder, solange es nicht von ihr losgelöst ist, die Ausbeutung aller anderen. Die Ausbeutung betrifft nicht nur den einzelnen Arbeiter, sondern auch und vor allem die Zelle insgesamt, der er angehört" (Meillassoux 1983:129).

Nicht in der Warenproduktion an sich, sondern in dieser Verflechtung von Produktionsweisen, in der die Subsistenzökonomie die kapitalistische Warenproduktion subventioniert und die Bauern ausgebeutet werden, liegt eine der Hauptursachen für die Probleme der Subsistenzsicherung der Bauern wie sie in der Einleitung angesprochen wurden. Darin zeigt sich aber auch ein grundlegender Widerspruch dieser spezifischen Verflechtung: Der Erhalt der subsistenzökonomischen Produktionsweise ermöglicht der kapitalistischen Produktion einerseits, den Profit zu maximieren. Die Voraussetzung dafür ist, daß sich die Bauern nicht über den kapitalistischen Markt reproduzieren. Andererseits zerstört diese Verknüpfung offensichtlich zunehmend die Grundlagen für die Reproduktion der Subsistenzproduktion. Dennoch wird ständig versucht, die Subsistenzbauern stärker in den Markt zu integrieren.

> "Der Kapitalismus stößt hier auf einen schwierigen Widerspruch. In den Reservaten die Felder durch auf dem kapitalistischen Markt gekaufte Düngemittel verbessern, heißt das Kapital eindringen lassen, auf die Gefahr hin, die sozialen Verhältnisse dort zu modifizieren, wo man übereingekommen war, es fernzuhalten. Es heißt, diese Landwirtschaft künftig vom kapitalistischen Markt abhängig machen, also ihre Eigenschaften zerstören und auf den Genuß der von ihr produzierten Rente verzichten. Diese Landwirtschaft sich selbst überlassen, heißt sie zum Niedergang verurteilen, also ebenfalls auf die Produktion billiger Arbeitskräfte verzichten" (Meillassoux 1983:151).

III. Nationale Entwicklungsplanung nach der Unabhängigkeit

Vor der Analyse zweier konkreter Entwicklungsprojekte im Südosten Burkinas sollen in diesem Kapitel zunächst die politischen und sozio-ökonomischen Rahmenbedingungen der Entwicklungsplanung in Burkina umrissen werden.

1. Die politische Entwicklung seit 1960

Nach der völkerrechtlichen Unabhängigkeit Burkinas am 5.8.1960 wurde das Land zunächst von Zivilisten regiert, bis ein Streik der öffentlich Bediensteten 1965 Präsident Yameogo zum Rücktritt zwang. 1966 übernahmen die Militärs unter General Lamizana die Macht, versuchten aber ab 1970 den Übergang zu einer Zivilregierung einzuleiten. Doch aufgrund politischer Querelen zwischen den Parteien übernahm das Militär 1974 erneut die Regierung. Es kam wiederum zu Streiks und am 25.11.1980 putschte eine Gruppe von Offizieren um Colonel Saye Zerbo. Das Verhältnis zwischen Gewerkschaften und Militär blieb gespannt und am 7.11.1982 erfolgte erneut ein Staatsstreich und führte zur Gründung des Conseil du Salut du Peuple (CSP). Nach internen Auseinandersetzungen in der Militärregierung putschte am 4.8.1983 eine Gruppe von Unteroffizieren unter Führung von Hauptmann Thomas Sankara.

Durch geschicktes außenpolitisches Taktieren und innenpolitisch populäre Maßnahmen sichert sich dieser eine breite Zustimmung der Bevölkerung und zumindest das Stillhalten der Gewerkschaften, die trotz geringer Mitgliederzahl eine starke Machtposition haben. Die von Sankara eingeleiteten Reformen könnten erstmals die bisherigen Machtstrukturen auflösen: Korruptionsverfahren werden zügig durchgeführt, viele unfähige oder korrupte Staatsbedienstete entlassen, die Stadt- und Landbevölkerung wird mobilisiert und in sogenannten Komitees zur Verteidigung der Revolution organisiert, ja, sogar die traditionellen Chefs sollen an Macht einbüßen. Es stellt sich jedoch die Frage, ob tatsächlich der politische Wille zu grundlegenden Verbesserungen der Lage der Bevölkerung vorhanden ist und ob dies unter den gegenwärtigen sozio-ökonomischen Strukturen und der starken außenwirtschaftlichen Verflechtung überhaupt möglich ist.

Mehr als zwei Jahre nach der "Revolution" steht die Regierung heute vor dem Problem, daß ihr einerseits die politische Mobilisierung der Bevölkerung gelungen ist und sie diesen Prozeß aufrechterhalten will, andererseits aber bisher nur wenig konkrete und tiefgreifende Veränderungen durchsetzen konnte. Ein Regime, das von seiner Popularität lebt, braucht kurzfristige Erfolge, während Strukturveränderungen erhebliche Zeit in Anspruch nehmen. Daß die Regierung Burkinas zunehmend Schwierigkeiten hat, dieses Dilemma zu lösen, mögen folgende Beispiele verdeutlichen:

Als die Regierung versuchte, die Löhne einzufrieren und mit drastischen Maßnahmen den Personalbestand im öffentlichen Dienst und den Staatsunternehmen zu verringern, stieß sie auf den erbitterten Widerstand der gewerkschaftlich organisierten Arbeitnehmer. Der wachsenden Unruhe versuchte die Revolutionsregierung schließlich mit dem Verbot einiger linksgerichteter Gewerkschaften Einhalt zu gebieten, obwohl gerade diese den Machtwechsel durch die Putschisten sehr unterstützt hatten.

Der Versuch, den schon seit Jahren geplanten aber von der Weltbank immer wegen zu hoher Kosten abgelehnten Bau der Eisenbahnstrecke von der Hauptstadt in den äußersten Norden des Landes aus eigener Kraft bewerkstelligen zu wollen, ist ein ebenso sinnloses wie politisch wichtiges Unterfangen. Ohne die für den Bau mindestnotwendige Ausstattung mit Kapital und entsprechendem Material und Maschinen kann die Strecke von ungefähr 400 km nicht innerhalb eines absehbaren Zeitraumes gebaut werden, aber der Tatendrang der Revolutionsbegeisterten läßt sich so kanalisieren. Inzwischen kam der Weiterbau sogar ins Stocken, weil nun selbst die Eisenbahnschienen, die man aus der Ersatzteilreserve für die bestehende Linie an die Elfenbeinküste entnommen hatte, ausgingen.

Schließlich mag auch das Wiederaufflackern des jahrzehntelangen Grenzkonflikts mit Mali im Dezember 1985, selbst wenn er nicht provoziert gewesen sein sollte, dem Regime sehr zustatten gekommen sein. Außenpolitische Feindbilder und kriegerische Auseinandersetzungen können einer Regierung innenpolitischen Rückhalt sichern, indem sie an die patriotischen Gefühle appeliert und bestehende Konflikte aufgeschoben (aber eben nicht aufgehoben) werden.

2. Staat und Entwicklung

2.1 Das Staatsbudget

Betrachtet man die Einnahmen- und Ausgabenseite des Staatshaushalts, lassen sich daraus Rückschlüsse auf die Interessenlage der Regierung und der Staatsbürokratie ziehen. Das Budget konnte in den letzten Jahren zwar einigermaßen ausgeglichen gehalten werden. Aber dies gelang nur deshalb, weil man zahlreiche Investitionen (z. B. Verwaltungsneubauten) und laufende Kosten für öffentliche Aufgaben außerhalb des Staatshaushalts mit Entwicklungshilfegeldern finanzierte (vgl. Statistisches Bundesamt 1982:9). Am Beispiel des Budgets von 1981 möchte ich die Einnahmen- und Ausgabenstruktur analysieren (Zahlenangaben nach Statistisches Bundesamt 1984).

Die Gesamteinnahmen des Staates betrugen 1981 44.290 Mio. FCFA. Die höchsten Einnahmen erbrachten dabei die <u>Außenhandelszölle</u> (45 %), gefolgt von der Einkommens- und Gewinnsteuer (19 %) und den Steuern auf Waren und Dienstleistungen (18 % aller Einnahmen). Interessant ist, daß die Zolleinnahmen zu 88 % bei den <u>Importen</u> und nur in geringem Maße bei den Exporten anfallen. Aus dieser Einnahmenstruktur läßt sich also unmittelbar keine besondere Bedeutung des Exports für den Staat ableiten. Dennoch besteht ein erhebliches Interesse der Staatsklasse an der Exportförderung, da hier - über das Aufkaufmonopol der staatlichen Agenturen - Profite abgeschöpft werden können. Außerdem setzen Exporte einen Außenwirtschaftskreislauf in Gang, den man grundsätzlich in beiden Richtungen mit Zollabgaben belegen kann; aber aus politischen und pragmatischen Gründen setzt man meist bei den Importen an. Um aber Importzölle erheben zu können, müssen zunächst die für die Einfuhren erforderlichen Devisen mit dem Export von Waren verdient werden (vgl. Schmidt-Wulffen 1985:115). Im Falle Burkinas sind die Importe wertmäßig sogar fünf mal so hoch wie die Exporte. Um diese negative Handelsbilanz ausgleichen zu können, <u>müssen</u> die <u>Exporte gesteigert</u> werden (da eine Reduzierung der Importe unwahrscheinlich ist). Da man unterstellen kann, daß der Staat diese Einnahmenstruktur beibehalten will (Außenhandelszölle sind wesentlich leichter zu erheben als direkte Steuern - zumindest bei der äußerst geringen Zahl von Lohn- und Gehaltsempfängern), wird wohl auch weiterhin der Außenhandel von größter Bedeutung bleiben.

Auf der Ausgabenseite des Haushalts fällt der hohe Anteil der Personalkosten auf: 1981 betrug er 61 % der gesamten ordentlichen Ausgaben, d. h. daß die staatsbürokratische Klasse im wesentlichen ihr eigenes Fortbestehen sichert. Dies zeigt sich auch in der sektoralen Verteilung, wo nur 5 % für die ländliche Entwicklung, aber 38 % für die Verteidigung sowie für die Aufrechterhaltung von Sicherheit und Ordnung aufgewendet wurden. Daß dieses Ungleichgewicht eine langfristige Tendenz widerspiegelt, zeigen die Steigerungsraten der einzelnen Haushaltsposten von 1972 bis 1978, die in einem Bericht der Weltbank (World Bank 1982:185) wiedergegeben sind: Demnach stiegen die Ausgaben für Verteidigung um 30,4 % und für Allgemeine Verwaltung um 19,4 %, während sie für Soziale Sicherheit um 5,4 % und für Landwirtschaft um 3,1 % zurückgingen! Diese Prioritätenverteilung läßt klar erkennen, daß Regierung und Verwaltung der Sicherung ihrer Macht weitaus mehr Bedeutung beimessen als der Erfüllung der Grundbedürfnisse der Bauern.

2.2 Entwicklungspläne

Getrennt vom Staatshaushalt hat die Regierung Burkinas einen speziellen Entwicklungshaushalt eingerichtet. Die für die wirtschaftliche und soziale Entwicklung des Landes vorgesehenen Investitionen sollen dabei in Vier- oder Fünfjahresplänen koordiniert werden. Doch wie bereits der erste Zweijahres-Interimsplan von 1963/1964 zeigte, entsprechen diese Entwicklungspläne eher einer "Wunschliste" von Projekten (IMF 1980:23) als einer kohärenten Strategie zur Lösung sozio-ökonomischer Probleme. Sie konnten bisher stets nur teilweise verwirklicht werden (vgl. Statistisches Bundesamt 1984:58). Zwar wurde von Beginn an der Förderung des Agrarsektors absolute Priorität eingeräumt (vgl. Tab. 3); dies bedeutet jedoch keineswegs, daß ihm die vorgesehenen Mittel tatsächlich auch zugeteilt wurden.

Von den im Dritten Fünfjahresplan vorgesehenen Ausgaben für die Landwirtschaft wurden allein 22,6 % für das Umsiedlungsprojekt AVV verwendet (Busacker/Obbelode 1983:25), d. h. statt eines breiten Förderungsprogramms wurden Großprojekte bevorzugt, die nur einen sehr geringen Teil der Bevölkerung betrafen (vgl. Kapitel IV).

Bei der Vergabe von Bankkrediten zeigt sich noch deutlicher, daß von einer Priorität des Agrarsektors in der Realität nicht die Rede sein kann. Während 37 % der Kredite in den sekundären Sektor und 34 % in den Handel flossen, erhielt der Landwirtschaftsbereich nur 1 % (IMF 1980:39).

Da der Entwicklungshaushalt zu 80 % durch ausländische Entwicklungshilfe finanziert wird (Statistisches Bundesamt 1984:58), liegt der Schluß nahe, daß die Prioritäten eher an den Interessen der ausländischen Kapitalgeber als an den tatsächlichen Bedürfnissen der Mehrheit der Bevölkerung ausgerichtet sind.

Tab. 3: Staatliche Entwicklungspläne: Finanzvolumen und sektorale Verteilung

Zeitraum	1967 - 70	72 - 76	77 - 81[1]	81 - 90[2]
Investitionsvolumen Mrd. FCFA	33	63	228	810
Verteilung nach Sektoren in %:				
Landwirtschaftsbereich	29	31	28	33
Infrastruktur	30	28	25	25
Industrie	20	20	19	15
Sozialer Bereich	18	14	17	17

1) seit 1979 in Kraft
2) Planungsansatz

Quelle: Reuke (1982:326), Statistisches Bundesamt (1984:58)

3. Auslandshilfe

Die bi- und multilaterale Entwicklungshilfe des Auslands an Burkina erhöhte sich von 12,1 Mio. FCFA (1972) auf 55,6 Mio. FCFA (1980) und betrug damit 144 % des Staatsbudgets![1] Entgegen den offiziellen Äußerungen über den Vorrang der ländlichen Entwicklung gingen davon nur 32,3 % in den ländlichen Bereich (vgl. Anhang B, Tab. 8). Das Finanzvolumen der ausländischen Entwicklungshilfe ist damit für die Regierung Burkinas von weitaus größerer Bedeutung als der Staatshaushalt des Landes. Die Zahlungen sind jedoch sehr stark durch die Interessen der Geberländer beeinflußt. Andererseits müssen von Burkina oft die Folgekosten von Projekten (Gehälter, Unterhalt von Einrichtungen) getragen werden, was das Budget belastet.

Die wichtigsten bilateralen Geldgeber in den vergangenen zwei Jahrzehnten waren Frankreich (45 % der Leistungen), gefolgt von den USA (18 %) und der BRD (17 %). Die multilaterale Hilfe wurde von dem Europäischen Entwicklungsfonds (46 %) und der International Development Association (17 %), einer "Weltbanktochter", dominiert (vgl. Anhang B, Tab. 11 - 12). Aufgrund dieser Zahlen kann man - vorsichtig ausgedrückt - von einem wesentlichen Einfluß ausländischer (vor allem französischer) Interessen auf die Entwicklung Burkinas sprechen.

Allerdings profitiert dabei auch die Regierung und die Staatsbürokratie des Landes selbst: Nahrungsmittelhilfe wird z. B. häufig nicht an die Hungernden weitergeleitet, sondern an politisch wichtige Gruppen (Funktionäre, Polizei etc.) verteilt oder in den Städten (den potentiellen Unruheherden) verkauft (vgl. Maas 1983:86 ff.). Ein anderes Beispiel sind die im Rahmen des Lomé-Abkommens mit der EG vereinbarten Ausgleichszahlungen im Falle sinkender Rohstoffpreise (STABEX). 1978 wurden die an Burkina gezahlten 100 Mio. FCFA nachweislich nicht an die Produzenten weitergegeben, sondern zum Kauf von 50 Peugeot-Limousinen für Regierungsmitglieder und Polizeifunktionäre verwendet (VWD 1978).

4. Sozialprodukt und Produktionsstruktur

Das Bruttoinlandsprodukt (BIP), das in den 60er Jahren noch durchschnittlich um 3 % jährlich angestiegen war, ging von 1970 bis 1979 um jährlich 0,1 % zurück (World Bank 1982:144).[2] Nach Sektoren getrennt lag der Zuwachs in der Industrie bei + 1,0 % und bei Handel und Dienstleistungen bei + 2,9 %; im landwirtschaftlichen Sektor dagegen sank das BIP um - 3,3 % (ibid.:144). Dieser Bereich hatte aber 1979 mit 38 % immer noch einen hohen Anteil am Gesamt-Bruttoinlandsprodukt (Sekundärer Sektor: 20 %, Tertiärer Sektor: 42 %; vgl. World Bank 1982:145). In der Landwirtschaft wird - trotz der geringen Produktivität pro Beschäftigtem - der überwiegende Teil der Exportgüter und einige Grundstoffe für die eigene Industrie produziert; andererseits fließt in diesen Bereich nur ein geringer Teil der Importe, der Investitionen und der in Burkina selbst hergestellten Güter.

Während 90 % der Bevölkerung selbständig in der Landwirtschaft arbeiten, stehen nur 0,6 % in einem Lohnarbeitsverhältnis in der Industrie (Statistisches Bundesamt 1984:27, 49). Es handelt sich vor allem um Importsubstitutionsindustrie, die Zucker, Erdnüsse und Baumwolle verarbeitet sowie Getränke herstellt, aber kaum landwirtschaftliche Produktionsmittel wie Dünger oder landwirtschaftliche Geräte produziert. Eine Verflechtung zwischen verschiedenen Industriezweigen oder gar mit den anderen Wirtschaftssektoren existiert praktisch nicht (Munzinger 1981:6). Der industrielle Bereich ist dagegen in hohem Maße auf Importe (vor allem Ausrüstungsgüter wie Maschinen und technische Anlagen) angewiesen und wird zu über 50 % von ausländischem Kapital beherrscht; die Gewinne werden meist ausgeführt (vgl. Orth 1981:33). Der wichtigste Außenhandelspartner ist neben der Elfenbeinküste nach wie vor die ehemalige Kolonialmacht Frankreich.

Der Anteil des Exports von 8 % am BIP und des Imports von 31 % (1979)[3] ist zwar im Vergleich zu anderen Entwicklungsländern relativ gering. Aber die spezifische Struktur des Außenhandels zeigt dennoch eine deutliche wirtschaftliche Abhängigkeit von den Industrieländern. Im Gegensatz zu 1975, als die Ausfuhr lebender Tiere noch 36 % und Baumwolle 16 % des Exportwertes ausmachten, stieg nicht nur der Anteil der Baumwolle rapide auf 43 % (1980) an, sondern es erhöhte sich auch die Bedeutung dieser beiden Produkte von zusammen 52 % auf 67 % des gesamten Exports.[4]

Schaubild 6: Außenhandelsentwicklung Burkinas 1965 - 1982

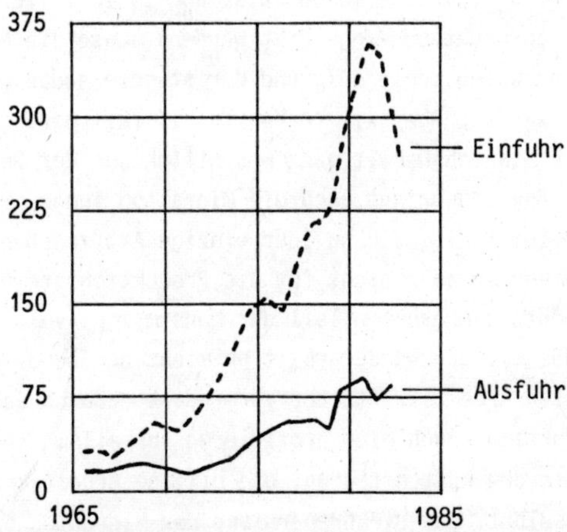

Quelle: Statistisches Bundesamt (1984:35)

Dem Export von hauptsächlich landwirtschaftlichen Rohstoffen stehen Einfuhren von Produktionsgütern und in zunehmendem Maße von Nahrungsmitteln sowie Inputs für die landwirtschaftliche Exportproduktion gegenüber. Das Außenhandelsdefizit verdoppelte sich von 1974 bis 1979 und die Einnahmen aus den Exporten deckten 1979 nur ca. 25 % der Einfuhren (vgl. Schaubild 6).

Damit vergrößerte sich das Zahlungsbilanzdefizit, das nur durch Steigerung der Exporte oder durch erneute Schuldenaufnahmen gedeckt werden kann. Doch 1979 betrug die Schuldenlast bereits 32 % des Bruttoinlandsprodukts.

Insgesamt kann man von deutlichen sektoralen und regionalen Disparitäten in der Wirtschaftsstruktur Burkinas und einer starken Abhängigkeit vom Ausland sprechen. Der Anbau von Exportprodukten, vor allem in der Baumwollregion im Südwesten des Landes, wird einseitig gefördert (vgl. Orth 1981), während die Abhängigkeit von ausländischen Importen, technischem Know-how und Entwicklungshilfegeldern steigt. Es geht dabei nicht darum, daß Exportproduktion grundsätzlich von Nachteil für die Volkswirtschaft ist. Es ist auch nicht so wichtig, was produziert wird, sondern wie und für wen.

Die von den Kleinbauern für den Export angebaute Baumwolle erbringt zwar Devisen, aber sie kommen nur in sehr geringem Maße den Produzenten zugute[5] und werden (außer im Exportsektor) kaum produktiv investiert. Sie reichen nicht einmal aus, um die Düngemittel und Insektizide (die zu 75 % für die Baumwollproduktion eingesetzt werden) sowie die Nahrungsmittelimporte zu bezahlen[6], die aufgrund der stagnierenden Getreideproduktion notwendig werden. Aber wie in Kapitel III.2.1 gezeigt wurde, finanziert sich der Staatshaushalt ganz wesentlich aus der Besteuerung des Außenhandels. Ähnlich bringt auch die Migration junger Männer in die Küstenstaaten Geldmittel ins Land (der einzige Aktivposten in der Zahlungsbilanz). Diese werden aber nicht für die Produktionssteigerung eingesetzt, sondern dienen zum größten Teil der Konsumtion (vgl. Orth 1981:29, Schulz 1979:93 f.). Die Wanderarbeit entzieht dem ländlichen Sektor dagegen die besten Arbeitskräfte und vermindert dadurch das Niveau der Nahrungsmittelproduktion. Auch hier profitieren vor allem die Firmen und Plantagenbesitzer in den Küstenstaaten, die billige Arbeitskräfte erhalten, und Burkina selbst, das die Ersparnisse der Migranten besteuert.[7]

Aus dem bisher Gesagten wird deutlich, daß tatsächlich viele Merkmale des von Amin vorgeschlagenen Modells des peripheren Kapitalismus auf Burkina zutreffen. Aber wie in Kapitel I.2.2 dargelegt wurde, reicht die Feststellung von "Abhängigkeitsbeziehungen" allein nicht aus, um die konkreten Probleme von Bauern zu verstehen und Lösungsstrategien anzubieten. Ein solcher Ansatz versperrt eher den Blick für Prozesse kapitalistischer Differenzierung und Klassenbildung auf der Grundlage der Verflechtung von Produktionsweisen, die eben auch dann stattfinden können, wenn oberflächliche "Charakteristika" des Kapitalismus (wie das juristische Privateigentum an Produktionsmitteln) nicht vorhanden sind.

5. Nationale Entwicklungsstrategie

Nach der Unabhängigkeit gab es zunächst keine nationalen Planungskapazitäten und politische Orientierungen, die auf eine eigenständige Entwicklung zielten, so daß man einfach die Kolonialpolitik der Förderung landwirtschaftlicher Exportproduktion fortführte. Die Baumwolle wurde zum wichtigsten Exportgut und die nach 1965 geschaffenen regionalen Entwicklungsbehörden (ORD) hatten vor allem im Südwesten Burkinas die Aufgabe, den cash-crop-Anbau zu fördern.

Nach dem vorerst gescheiterten Versuch, die Industrialisierung entscheidend voranzutreiben und den Abbau der Bodenschätze im Norden des Landes einzuleiten (vgl. Konaté 1983a:7 f.), steht in den letzten Jahren die Politik der Nahrungsmittelselbstversorgung im Vordergrund. Gleichzeitig soll aber auch das Einkommen der Bauern durch eine erhöhte Produktion vermarktungsfähiger Waren gesteigert werden.[8] Das bisher größte landwirtschaftliche Entwicklungsprojekt stellt dabei die Besiedlung und wirtschaftliche Nutzung der fruchtbaren Volta-Täler dar.

Bisher kann von einer nationalen, konsistenten Entwicklungsplanung in Burkina keine Rede sein. Ausländische Regierungen und Organisationen sind durch ihre erheblichen Finanzierungszuschüsse und ihre Berater vor Ort sehr stark an der Formulierung von Zielen und Strategien beteiligt. Insbesondere die Weltbank und ihre Tochterorganisation, die IDA[9], die als "trend-setter" der internationalen Entwicklungsplanung betrachtet werden können, gewannen ab Ende der 60er Jahre erheblichen Einfluß auf die Entwicklungsplanung Burkinas.

6. Die alte neue Agrarpolitik der Weltbank

Zu Beginn der 70er Jahre sah sich die Weltbank (und mit ihr viele andere internationale Institutionen der Entwicklungspolitik) zu einer "Neuorientierung" ihrer Entwicklungsstrategie gezwungen. Denn auch die in den 60er Jahren propagierte "Grüne Revolution", die mittels moderner Agrartechnologie und erheblichem Kapitaleinsatz die landwirtschaftliche Produktion steigern sollte, hatte nicht die in sie gesetzten Hoffnungen erfüllen können. Im Gegenteil: Armut und Verelendung nahmen besonders im ländlichen Raum immer weiter zu. Weltbankpräsident McNamara stellte in seiner Ansprache vor dem Gouverneursrat der Bank 1973 in Nairobi fest:

> "Die verfügbaren Daten lassen darauf schließen, daß das schnelle Wachstum im vergangenen Jahrzehnt in vielen Entwicklungsländern von einer größeren Ungleichheit der Einkommensverteilung begleitet war und daß dieses Problem in ländlichen Gebieten am kritischsten ist" (zitiert nach Feder 1980:334; Herv. R. W.).

In dieser Rede schlug McNamara deshalb eine neue Strategie zur besonderen Förderung von Kleinbauern vor. Dem neuen Entwicklungsziel, der Befriedigung von Grundbedürfnissen der Bevölkerung, sollten integrierte ländliche Entwicklungsprogramme Rechnung tragen.[10] Daß dieses neue Konzept eher eine rhetorische als eine substantielle Neuorientierung darstellte, wurde bereits in verschiedenen Studien nachgewiesen (vgl. Tetzlaff 1980, Feder 1980, Bennholdt-Thomsen 1977, Williams 1981). Ich werde mich deshalb hier auf einige wenige Aspekte beschränken, die für die Beurteilung der im nächsten Kapitel (IV) beschriebenen Projekte am wichtigsten sind.[11]

Von entscheidender Bedeutung ist dabei, daß die Weltbank Entwicklungshilfe in Form von Krediten vergibt, die von der Regierung des Empfängerlandes mit Zinsen wieder zurückgezahlt werden müssen; aus diesem Grund können nur Projekte gefördert werden, die wirtschaftlich rentabel sind. Auch die Kleinbauernstrategie, die die Vergabe von Krediten an bisher nicht als kreditwürdig angesehene Landbewirtschafter als wesentliches Element zur Produktionssteigerung beinhaltet, stößt deshalb an gewisse Grenzen. Zwar kann die Weltbank mit diesem neuen Konzept immer mehr "Armutsgruppen" ansprechen, aber sie müssen über ein Mindestmaß an Ressourcen (Boden und Arbeitskraft) verfügen (Tetzlaff 1980:504). Das Hauptziel der Kleinbauernstrategie besteht darin, durch einen Kredit das Produktionspotential der Bauern zu mobilisieren und mit Hilfe moderner Agrartechnologie (Saatgut, Dünger, Insektizide, angepaßte Mechanisierung) die Produktion für den Markt zu erhöhen (vgl. Williams 1981:22). Dies muß nicht mit reiner Exportproduktion identisch sein. Denn angesichts der besonders im westafrikanischen Sahelgebiet offensichtlich gewordenen Gefahr, die aus einer mangelnden Nahrungsmittelversorgung der Bevölkerung für die Aufrechterhaltung des gesamten Produktionssystems entspringt, werden auch Projekte in diesem Bereich gefördert. Andererseits sollen die Bauern die erzeugten Überschüsse nicht selbst konsumieren sondern vermarkten (vgl. Williams 1981:22). Deshalb erscheint die Erzeugung von Nahrungsmitteln für den städtischen Markt (z. B. Reis) oder eine Kombination von cash-crop- und Subsistenzproduktion aus der Sicht der Entwicklungsplaner am besten. Kredite werden vergeben, um die Marktproduktion anzuregen; das Einkommen aus dem Verkauf wird wiederum zur Rückzahlung des Kredits und den Kauf der für die Warenproduktion erforderlichen Inputs benötigt.

> "Die meisten ausgewiesenen Projekte ... sind darauf ausgerichtet, die Exporte zu steigern; einige zielen auf eine erhöhte inländische Produktion von Nahrungsmitteln, womit eine Produktion für die städtischen Märkte gemeint ist. Die Projekte sind nicht an der ersten Priorität der Kleinbauern orientiert, nämlich genügend Nahrungsmittel für sich selbst zu produzieren" (Williams 1981:22 f.).

Um aber aus subsistenzökonomisch produzierenden Bauern "produktive Marktbauern" machen zu können, werden heute verstärkt Verbesserungen der sozialen Infrastruktur in den Entwicklungsprojekten als Anreiz für die Bauern in Aussicht gestellt (z. B. sauberes Trinkwasser, Gesundheitsdienste, Schulen etc.; vgl. Tetzlaff 1980:505). Diese Komponente der integrierten ländlichen Entwicklung findet besonders in Siedlungsprogrammen ihre Anwendung. Diese sind in den Augen der Weltbank besonders geeignet, um die Bauern zu modernisieren:

> "'Traditionelle' bäuerliche Produzenten können 'umgewandelt' werden, indem man sie aus ihrer 'traditionellen' Umgebung wegbringt und sie in modernen Siedlungsanlagen unter der Leitung von Experten und Beamten ansiedelt. 'Rationale' bäuerliche Produzenten kann man 'vervollkommnen', indem man sie mit modernen Betriebsmitteln versorgt, sie moderne Anbaupraktiken lehrt und die Vermarktung ihrer Produkte erleichtert... Die Probleme der Bauernschaft werden durch ihren Ausschluß vom 'modernen Sektor' der Wirtschaft, d. h. dem Markt, erklärt ... statt durch ihre Ausbeutung durch ihn. Die Lösung ist, sie in ihn einzugliedern" (Williams 1981:30).

Diesem Ansatz der Weltbank liegt das alte Dualismus-Konzept zugrunde, das einen modernen und einen rückständigen traditionellen Sektor unterscheidet (Williams 1981:39).

Prinzipiell fördert die Weltbank nur rentable Projekte. Sollte aber ein Entwicklungsprojekt einmal scheitern, muß die Regierung des betreffenden Entwicklungslandes den Kredit aber dennoch mit Zinsen zurückzahlen. Die Regierung ihrerseits fordert das Geld von den Bauern ein, was besonders leicht ist, wenn die Vermarktung der Verkaufsprodukte monopsonistisch organisiert ist, d. h. wenn es nur eine (meist staatliche) Aufkaufsgesellschaft gibt, die einen relativ niedrigen Erzeugerpreis erzwingen kann. Die Hersteller landwirtschaftlicher Inputs finden in den Bauern neue Abnehmer für ihre Produkte. Die Bauern dagegen tragen das Produktionsrisiko und stehen in der Gefahr, sich zu verschulden. Kooperativen der Produzenten, die ihnen eine bessere Verhandlungsposition verschaffen könnten, sind nur dort erwünscht, wo damit die kollektive Verantwortlichkeit für die Rückzahlung der Kredite verbunden ist.

Auch in den von der Weltbank und anderen Institutionen mit ähnlicher Zielsetzung in Burkina geförderten Entwicklungsprojekten spielt die oben geschilderte Entwicklungsstrategie eine entscheidende Rolle. Dazu gehört nicht nur das "Projet cotonnier Ouest-Volta", das den Baumwollanbau im Südwesten des Landes vorantreibt (vgl. Orth 1981), sondern auch das Umsiedlungsprojekt AVV und die regionale Entwicklungsbehörde ORD Centre-Est. Beide werden mit Beratern und Finanzierungsbeihilfen (z. T. über andere Institutionen wie den "Fonds de Développement Rural") durch die Weltbank bzw. die IDA unterstützt.

IV. Die sozio-ökonomischen Auswirkungen der Entwicklungsplanung am Beispiel der Entwicklungsprojekte ORD und AVV

In diesem Teil der Arbeit werde ich die Entwicklungsplanung im ländlichen Raum Burkinas am Beispiel zweier Entwicklungsprogramme untersuchen, die im ganzen Land durchgeführt werden. Hier steht jedoch die südöstliche Region im Vordergrund. Die Arbeitsweise dieser Projekte (ORD und AVV) wird dargestellt und die Folgen ihrer Maßnahmen werden - insbesondere aus der Sicht der Bauern - analysiert.

1. Die Regionalbehörde für integrierte ländliche Entwicklung (ORD)

Wie in vielen anderen Ländern Afrikas[1], versuchte man auch in Burkina durch den Aufbau regionaler Entwicklungsinstitutionen, die ländliche Entwicklung rascher und effizienter voranzutreiben. Zu diesem Zweck wurden ab 1965 die "Organismes Régionaux de Développement" gegründet. Die geographische Abgrenzung des Tätigkeitsbereichs der ORD entspricht den Grenzen der Departements, so daß in jedem der zehn Departements ein ORD besteht.[2] Das Departement Sud-Ouest ist allerdings in zwei ORD-Bezirke aufgeteilt: Bougouriba und Comoé. Die ORD sollen keine bloßen Außenposten des Ministeriums für ländliche Entwicklung sein, sondern weitgehend autonome regionale Institutionen, die ihre Aktivitäten selbst finanzieren. Dem entspricht die offizielle Charakterisierung der ORD-Behörde als ein "staatliches Unternehmen mit öffentlichem und kommerziellem Charakter, das mit finanzieller Autonomie ausgestattet ist" (ORD-CE 1980:7).

1.1 Die ORD-Konzeption

Die Aufgabenbereiche des ORD sind so vielfältig, daß zu ihrer Bewältigung vielleicht eine großzügig ausgestattete und von engagierten Mitarbeitern getragene "Superbehörde" in der Lage wäre, aber nicht ein ORD mit chronischen Finanz- und Personalproblemen. Die Inflationierung der Aufgaben setzte vor allem mit der Übernahme des Konzepts der "Integrierten Ländlichen Entwicklung" in die offizielle Strategie der Regierung ein. Diese Neuorientierung wurde spätestens in dem 1974 verabschiedeten "Développement Communautaire"-Programm manifest (vgl. Busacker/Obbelode 1983). Fortan sollte nicht mehr allein die Steigerung der landwirtschaftlichen Produktion im Vordergrund stehen, sondern es sollte eine auch kulturelle und soziale Aspekte umfassende Gesamtentwicklung des ländlichen Raums bewirkt werden. Dementsprechend kam es zu einer Häufung von Aufgaben, ohne daß jedoch die dazu notwendigen adäquaten Strukturen geschaffen wurden.

So soll das ORD die Agrarproduktion steigern und dazu die notwendigen Inputs wie Dünger, Saatgut und Insektizide verteilen. Die organisatorische Abwicklung der Kreditvergabe an Kleinbauern sowie ein landwirtschaftliches Beratungsprogramm mit Hilfe sogenannter Encadreure (Landwirtschaftsberater) gehören zu diesem Aufgabenbereich. Neue Produktionstechniken sollen verbreitet und die Bauern beim Aufbau von Vorgenossenschaften (groupement villageois) unterstützt werden. Die Überwachung von Versuchsprojekten mit verschiedenen Saatgutsorten und Düngemitteldosierungen, Erosionsschutzmaßnahmen und Wiederaufforstung sollen ebenso von ORD-Angestellten geleistet werden wie die Hilfe beim Bau von Straßen, Brunnen, Ambulanzstationen, Getreidebanken, verbesserten Herdfeueranlagen usw. Auch die Alphabetisierung der Bevölkerung wird in Kursen vorangetrieben. Früher hatten die ORD sogar noch die Vermarktung landwirtschaftlicher Produkte organisiert, bevor dies das nationale Getreidebüro (OFNACER) und für die Baumwolle die SOFITEX[3] übernahmen.

Angesichts dieser Aufgabenfülle zieht Frélastre (1980:66) das Resümee: "Die ORD sind endgültig eine Institution für alles und jedes geworden."

Auf der anderen Seite stehen dem ORD aber nur völlig unzureichende Finanzmittel zur Verfügung. Während die Regionalbehörden im Südwesten von Burkina (im Baumwollanbaugebiet) von der Weltbank und anderen Institutionen bevorzugt bezuschußt werden und deshalb finanziell recht gut ausgestattet sind, hat das ORD Centre-Est ständig mit Defiziten zu kämpfen. Im Anbaujahr 1979/80 erhielt das ORD für sein Gesamtbudget von 279.603.080 FCFA nur einen staatlichen Zuschuß von 20.000 FCFA (ORD-CE 1980:10). Es ist deshalb in hohem Maße auf ausländische Finanzhilfe angewiesen. Bis 1978 erhielt das ORD erhebliche Zuschüsse durch ein Gemeinschaftsprojekt der französischen Organisation CIDR (Compagnie Internationale pour le Développement Rural) und Kanadas. Auch über den von der Weltbank finanzierten Fonds de Développement Rural (FDR) konnten viele Projekte finanziert werden; von 1982 - 1986 trägt der FDR allein mit über 1 Mrd. FCFA den größten Teil der vorgesehenen Ausgaben des ORD. Für den Zeitraum von 1983 bis 1990 wird ein umfassendes integriertes ländliches Entwicklungsprogramm im ORD Centre-Est mit 15 Mrd. FCFA von Italien finanziert werden (ORD-CE 1983:57). Die ursprünglich vorgesehene Selbstfinanzierung der ORD mittels einer Vermarktungsprovision für Baumwolle (Frélastre 1980:67), ist zumindest im Departement Centre-Est mit seiner geringen Baumwollproduktion nicht zu erreichen.

1.2 Die Maßnahmen des ORD in den Untersuchungsdörfern[4]

1.2.1 Die Kreditvergabe

Mit den Krediten, die das ORD an die groupements villageois vergibt, soll die Ausstattung der Bauern mit landwirtschaftlichen Geräten und Inputs verbessert werden. Es werden zwei Arten von Krediten unterschieden:
- Crédit Court Terme: Kurzzeitkredit von einem Jahr zur Anschaffung von Düngemitteln, Insektiziden und Saatgut;
- Crédit Moyen Terme: Mittelfristiger Kredit von fünf Jahren zur Anschaffung von landwirtschaftlichem Gerät und Arbeitstieren.

In den ersten Jahren lagen die Rückzahlungsquoten für mittelfristige Kredite im Bereich des ORD Centre-Est zunächst sehr niedrig, bei nur ca. 60 %. Seit 1981 ist die Caisse National de Crédit Agricole (CNCA) für die Sammlung aller Geldmittel verschiedener Finanzierungsinstitutionen zuständig, und die Kredite werden auch nicht mehr individuell ausgezahlt, sondern an das groupement villageois vergeben, dem der Kreditnehmer angehören muß. Die Vorgenossenschaft sorgt dann für die Weiterleitung des Geldes an die Bauern und ist umgekehrt als Kollektiv für die Rückzahlung des Kredits verantwortlich. Diese Regelung hat zu einer 100 %igen Rückzahlungsquote geführt (vgl. Tab. 4).

Ein besonderes Komitee des groupement nimmt die Kreditwünsche seiner Mitglieder entgegen und entscheidet dann, wer einen Kredit bekommen soll. Die Anträge, die auch Angaben über Erträge und Einkommen der Bauern enthalten müssen, werden anschließend an das ORD oder die CNCA weitergeleitet, die nach einer erneuten Prüfung die Kredite auszahlen.

Der entscheidende Nachteil des Kreditprogramms bzw. der Vergabe von solchen Krediten überhaupt wird hier deutlich: Es können nämlich nur die Bauern Geld erhalten, die ohnehin schon soviel produzieren, daß die

Tab. 4: Finanzierung des ORD-Kreditprogramms und Rückzahlungsquoten 1978 - 1982

Finanzierungsquelle	Kredit (Mio. FCFA)	Rückzahlungsquote
Conseil de l'Entente 1978 - 79 und 1979 - 80	28,5	62 %
Fonds de Développement Rural (FDR) 1978 - 79 und 1979 - 80	8,8	60 %
US-AID 1975 - 76 und 1976 - 77	7,4	84 %
Caisse National de Crédit Agricole (CNCA) 1981 - 82	9,5	100 %
Quelle: Auskunft des Chef du Bureau Crédit, ORD-CE		

Rückzahlung gesichert ist. Diejenigen, die die Hilfe vielleicht viel nötiger hätten, aber nicht genügend produzieren, können von einem solchen System nicht profitieren. Gerade die Ärmsten, deren Produktion gesteigert werden müßte, können in einem solchen Programm mit individueller Kreditvergabe nicht berücksichtigt werden. Im Kreditsystem ist somit bereits ein Selektionsmechanismus als Strukturmerkmal enthalten.

In Nakaba erhielten 1978 insgesamt 16 Bauern Kredite zum Kauf von Pflügen und Eseln als Zugtieren. Damals war die Kreditvergabe noch an restriktive Bedingungen gebunden: So konnten nur diejenigen Geld erhalten, die Reisfelder in den sogenannten "bas-fonds" (Niederungen) in der Nähe eines kleinen Flüßchens bebauen wollten. Da man im ORD wußte, daß Reis in dieser Gegend kein Grundnahrungsmittel darstellt und meist verkauft wird, erhoffte man sich eine möglichst schnelle Kreditrückzahlung. Ab 1981 wurden jedoch die Bedingungen so weit gelockert, daß jetzt auch der Anbau von Sorghum in diesen bas-fonds erlaubt ist, nachdem in den letzten Jahren die Reisernte wegen mangelnder Niederschläge immer schlechter ausgefallen war. Die Bauern konnten deshalb auch alle erst 1980 mit der Rückzahlung der Raten beginnen. Im September 1982 hatten von den 16 Bauern fünf ihren Kredit (im Durchschnitt ca. 50.000 FCFA) bereits abbezahlt, sechs hielten sich an die vereinbarten Raten und fünf Bauern hatten noch gar nichts bezahlt oder waren in Verzug geraten. In Lengha und Dierma wurde erst 1983 mit der Kreditvergabe durch das ORD begonnen. Ausgewählt wurden 28 Bauern, die zum größten Teil im Zentrum von Lengha leben.

Die Frage, ob durch das Kreditprogramm bzw. durch den Pflugeinsatz soziale Differenzierungsprozesse gefördert wurden, konnte ich darum nur in Nakaba untersuchen. Doch waren auch hier aufgrund der relativ kurzen Zeitspanne von vier Jahren seit Programmbeginn noch keine sehr großen Unterschiede zwischen der Gruppe der Kreditnehmer und der Kontrollgruppe ohne Kredit zu erwarten. Einige Vergleichsdaten sind in Tab. 5 zusammengefaßt.

Tab. 5: Vergleich sozio-ökonomischer Daten von Kreditnehmern und einer Kontrollgruppe in Nakaba 1982

	Kreditnehmer (N = 11)	Kontrollgruppe (N = 10)
Durchschnittsalter (Jahre)	50,9	59,8
Familienmitglieder	9,7	8,9
Arbeitskrafteinheiten[1]	4,0	4,0
Fam.mitgl. pro Arbeitskraft	2,4	2,2
Hektar pro Arbeitskraft	1,29	1,01
Steuerpflichtige	4,7	4,8
Migrierte	1,0	2,2
Besitzer von Radio (%)	27,3	20,0
Fahrrad (%)	81,8	50,0
Mofa (%)	0,0	30,0
Anzahl von Schafen	2,8	1,4
Anzahl von Ziegen	3,5	1,4
Feldgröße (ha): Hirse	2,8	2,4
Sorghum	1,6	1,8
Reis	0,4	0,3
Erdnüsse	0,5	0,2
Gesamte Feldfläche (ha)	5,5	4,7
Feldgröße in den letzten 5 Jahren vermindert um: (ha)	1,0	1,3

1) Männliche Arbeitskraft = 1,0 Arbeitskrafteinheiten, Frauen = 0,75 AKE, Kinder = 0,5 AKE

Quelle: Eigene Erhebung in Nakaba 1982, vgl. auch Lobüscher et al. (1983:318)

Die Kreditnehmer sind nicht nur im Durchschnitt jünger, sondern sie haben auch eine etwas größere Familie und besitzen größere Anbauflächen. Außerdem haben sie mehr Kleinvieh. Insgesamt zeigen sich hier Unterschiede zwischen beiden Gruppen. Aber es ist im Nachhinein nur schwer zu entscheiden, ob diese Differenzen schon vor Projektbeginn bestanden oder erst durch die Kreditvergabe bzw. den Pflugeinsatz bewirkt bzw. verstärkt oder vermindert wurden.

Abb. 5: Mit einem ORD-Kredit finanziert: Einfacher Pflug mit einem Esel als Zugtier

1.2.2 Landwirtschaftsberatung

Im ORD Centre-Est arbeiteten 1982 insgesamt 49 Encadreure (Landwirtschaftsberater) und zehn Animatrices (weibliche Dorfberater, die die Vereinigungen der Frauen unterstützen sollen). Damit hat ein Encadreur im Durchschnitt elf Dörfer bzw. 930 Gehöfte zu betreuen. Bei diesen ungünstigen Relationen kann die Arbeit eines Beraters nur oberflächlich und damit uneffektiv bleiben, oder sie konzentriert sich auf einige wenige Bauern. So ist auch der Encadreur von Nakaba gleich für mehrere Dörfer und Viertel zuständig. Er wohnt aber immerhin "vor Ort" im Dorf, was durchaus nicht selbstverständlich ist, da viele Berater es vorziehen, in der Stadt zu leben und nur hin und wieder in die zu betreuenden Dörfer zu fahren.

Die Aktivitäten des Encadreurs beschränken sich auf einen sehr kleinen Kreis von Bauern. In Lengha beispielsweise hatte der Berater in der Anbausaison 1983/84 das Dorf Dierma kein einziges Mal besucht. Auch die Kreditvergabe konzentriert sich aufgrund der Passivität und Immobilität der Encadreure deutlich auf Bauern, die in der Nähe der Berater wohnen oder mit ihnen näher bekannt sind.

Zu den Aufgaben der Landwirtschaftsberater gehört es auch, den Aufbau von Vorgenossenschaften zu fördern und Versuchsfelder von Bauern, die Düngemittel einsetzen, zu überwachen. Hier zeigt sich ebenfalls, daß die Berater den Weg der geringsten Arbeitsbelastung wählen. Die vom ORD auf Kreditbasis zur Verfügung gestellten Mengen an Düngemitteln und verbessertem Saatgut leitete z. B. der Encadreur von Nakaba direkt weiter ins Viertel Niouguin, weil er mit dem Präsidenten des dortigen groupement villageois sehr gut befreundet ist. Die Bauern in den anderen Vierteln wußten gar nichts von der bevorstehenden Lieferung. Viele Bauern gaben auch an, daß der Encadreur, obwohl er seit 1979 im Dorf lebt, noch nie ihr Gehöft besucht hatte, geschweige denn, sie in irgendeiner Form beraten hätte.

Die Qualität der Beratung (wenn sie überhaupt erfolgt) ist ebenfalls mangelhaft. Sowohl in Lengha als auch in Nakaba richteten sich die Ratschläge des Encadreurs vornehmlich auf die Anwendung von Kunstdünger und den Baumwollanbau. "Natürliche" Methoden zur Produktionssteigerung bzw. zur Erhaltung der Bodenfruchtbarkeit, wie z. B. Fruchtwechsel und systematische Brachezeiten, wurden nicht empfohlen.

Allerdings werden die Landwirtschaftsberater im Vergleich zu anderen Staatsbediensteten so schlecht bezahlt (ca. 20.000 FCFA/Monat = ca. 140 DM), daß die Motivation für eine engagierte Arbeit schon dadurch recht gering gehalten wird. Manchmal bleibt das Gehalt sogar monatelang aus, wie z. B. 1979 als das ORD Centre-Est akute Zahlungsschwierigkeiten hatte. Dann greifen die Encadreure auf bereits geliefertes Saatgut oder Düngemittel zurück und verkaufen es auf dem Markt, um sich ihren Lebensunterhalt zu sichern.

1.2.3 Einsatz moderner landwirtschaftlicher Betriebsmittel

Im Rahmen eines FAO-Programms zur Förderung des Düngemitteleinsatzes in Burkina werden seit 1978 auch im Departement Centre-Est Versuchsfelder bei Bauern angelegt. Zusätzlich wird lokal verbessertes Saatgut verwendet. In Nakaba-Centre und im Viertel Niouguin beteiligen sich einige Bauern an diesem Programm. Ob die Anwendung von Kunstdünger in dieser Region in ökonomischer und ökologischer Hinsicht aber überhaupt sinnvoll ist, bleibt fraglich, wenn man Aufwand und Ertrag gegenüberstellt.

Der Preis für einen Sack Dünger (50 kg) lag 1982 bereits zwischen 3.000 FCFA (NPK-Dünger) und 4.500 FCFA (Harnstoff); ein Sack Saatgut mit 35 kg kostete etwa 4.500 FCFA (vgl. FAO 1982:34 ff.). Um für einen Hektar Sorghum Saatgut und Dünger bereitzustellen, wird üblicherweise eine Mischung von 100 kg NPK und 50 kg Harnstoff sowie etwa 10 kg Saatgut empfohlen. Damit ergeben sich Investitionskosten in Höhe von 11.200 FCFA (vgl. Tab. 6). Der zusätzliche Arbeitseinsatz, z. B. für das Ausbringen des Düngers, ist in dieser Berechnung noch gar nicht enthalten.

Tab. 6: Investitionskosten für Betriebsmittel für 1 ha Sorghum

Betriebsmittel	Kosten (FCFA)
NPK-Dünger (100 kg/ha)	6.000
Harnstoff-Dünger (50 kg/ha)	4.000
Saatgut (10 kg/ha)	1.200
Gesamtkosten	11.200
Quelle: FAO (1982:34 ff.)	

Der durchschnittliche Ertrag eines Hektars Sorghum liegt im Departement Centre-Est etwa bei 564 kg/ha (Ministère de Développement Rural 1981:37). Um nun allein die genannten Investitionskosten von 11.200 FCFA wieder zu erwirtschaften, müßte ein Bauer - bei einem auf dem Markt erzielbaren Preis von 5.000 FCFA/100 kg Sorghum (FAO 1982:97) - eine Produktionssteigerung von fast 40 % erreichen (224 kg/ha)! Denn der Verkauf dieser zusätzlichen 224 kg auf dem Markt würde gerade wieder 11.200 FCFA erbringen. Damit würden sich Neuinvestitionen und zusätzlicher Gewinn gerade wieder aufheben. Ob eine solche Steigerung um 40 % aber überhaupt möglich ist, bleibt fraglich, wenn selbst in einem Bericht der FAO über ihr Düngemittelversuchsprogramm in Burkina zugestanden wird, daß z. B. im ORD Ouahigouya nur ca. 16 % zusätzlich geerntet werden konnten (FAO 1982:66). Ein Bauer muß also schon sehr risikofreudig sein, wenn er darauf hofft, seine Produktion um mindestens 40 % zu steigern, nur um den zusätzlichen Ertrag dann sofort verkaufen zu müssen, damit er die Schulden für Saatgut und Dünger begleichen kann. Für ihn ist damit kein unmittelbarer Nutzen verbunden; er geht im Gegenteil ein zusätzliches Risiko ein, da er nun nicht mehr allein von den natürlichen Produktionsbedingungen wie Boden und Klima abhängig ist, sondern auch noch von den Preisschwankungen auf dem Markt. Diese Art der Produktionssteigerung erfüllt nur den Zweck, die Bauern stärker an den Markt anzubinden (durch den Kauf von Inputs und den Verkauf ihrer Produkte). Der volkswirtschaftliche Nutzen des Imports teurer Düngemittel, die vom Staat subventioniert werden müssen, damit sie für die Bauern überhaupt erschwinglich sind, bleibt ebenso fraglich. 1981 zahlte der Staat für eine Tonne Dünger, der im Land für 40.000 FCFA/t verkauft wird, bereits zusätzlich 71.341 FCFA an Subventionen (FAO 1982:120)!

Schließlich ist der Einsatz von Kunstdünger auf ferralitischen (eisenhaltigen) Böden, wie sie in der Region Koupéla vorherrschen, wenig sinnvoll, da er aufgrund der geringen Austauschkapazität des Bodens gar nicht richtig zur Wirkung kommen kann, sondern vom Regen wieder ausgewaschen wird (vgl. Weischet 1979:20 ff.).

1.2.4 Erschließung neuer Felder und Erosionsschutz

Zu den wichtigsten Maßnahmen des ORD gehören auch das sogenannte "Aménagement des bas-fonds", d. h. die Nutzung von Feuchtgebieten in Niederungen für den Reisanbau, und die "Sites anti-erosifs", d. h. Erosionsschutzmaßnahmen mittels quer zum Gefälle des Bodens angelegter Felder und kleiner 30 - 40 cm hoher Erdwälle ("diguettes"); mit deren Hilfe wird erreicht, daß das Regenwasser länger auf den Feldern stehenbleibt, der Boden besser durchfeuchtet wird und die fruchtbare Bodenkrume nicht so leicht weggeschwemmt werden kann.

In Nakaba wurden zwischen 1978 und 1980 insgesamt 10,4 ha bas-fonds-Land in Nutzung genommen. Die Bauern waren dabei nur als Arbeitskräfte zum Aufschütten der Erdwälle beteiligt, aber ihre Wünsche bezüglich des optimalen Verlaufs der diguettes wurden nicht beachtet. Ein Bauer meinte dazu:

> "In der Trockenzeit kam ein Weißer, ein Experte, und hat mit seinen Männern hier alles vermessen und geplant. Wir mußten dann die Erdwälle nach diesem Plan anlegen, auch wenn wir Einwände erhoben. Einige diguettes sind nämlich unwirksam, wie z. B. diese hier: jetzt nach dem Regen sieht man, daß hier kein Wasser steht, weil es nämlich weiter da drüben abfließt. Dort hätte die diguette hinmüssen. Aber man hat ja nicht auf uns gehört."

Abb. 6: Mitglieder des groupement villageois, die die diguettes mit Gras bepflanzen, um sie besser zu befestigen

Das Projekt bringt auch nicht allen Bauern gleichermaßen Vorteile. Einerseits ist ohnehin nur ein Teil von ihnen daran beteiligt. Viele haben auch den Reisanbau in den bas-fonds wieder aufgegeben, weil der Arbeitsaufwand zu hoch wurde oder die Erträge sanken; aber in dieser Zeit wurde ihnen auch keine Beratung oder Hilfestellung gegeben. Andere mußten ihr Feld an reichere Bauern abtreten, weil z. B. das Oberhaupt einer Großfamilie oder ein älterer Bruder als Verwalter der Bodennutzungsrechte der Verwandtschaftslinie ihre Ansprüche geltend machten. Andererseits war das neugewonnene Ackerland von Nachteil für die Viehzucht betreibenden Hirten der Fulbe, die vorher ihre Herden in den feuchten Niederungen grasen lassen konnten.

1.2.5 Die Getreidebank

Ausgangspunkt für die Überlegungen,dörfliche Getreidebanken einzurichten, sind die durch Preisspekulationen wesentlich mitverursachten Nahrungsmittelverknappungen. Obwohl in normalen Jahren genügend Getreide produziert wird, gibt es jedes Jahr in den Monaten vor der Hirseernte eine Hungerperiode. Denn auch wenn ein Bauer genügend Getreide für die Versorgung seiner Familie angebaut hat und in Reservespeichern anlegt, so muß er doch einen Teil seiner Ernte verkaufen, um z. B. die Steuer zu bezahlen, Medikamente zu kaufen oder Kredite zu begleichen. Meist müssen die Bauern direkt nach der Ernte verkaufen; der Preis für Hirse ist dann aber aufgrund des großen Angebots sehr niedrig. Je nachdem, wie groß ihre Ernte und damit ihre Nahrungsmittelreserven für das nächste Jahr sind, müssen die Bauern dann vor der nächsten Ernte wieder Hirse dazukaufen; in dieser Zeit ist der Preis durch die erhöhte Nachfrage aber um bis zu 50 % gestiegen. Der Preis wird vor allem dadurch in die Höhe getrieben, daß die Händler das Getreide nach Ghana und an die Elfenbeinküste verkaufen, wo mehr dafür bezahlt wird. So entsteht in den Dörfern Burkinas eine künstlich herbeigeführte Nahrungsmittelknappheit.

Eine Getreidebank im Dorf soll es nun ermöglichen, daß die Bauern Hirse verkaufen können, wenn sie Bargeld brauchen; das Getreide wird im Dorf gelagert, und in der Hungerzeit vor der nächsten Ernte können die Bauern dann wieder Hirse kaufen bzw. auf Kredit erhalten, ohne die überhöhten Preise der Händler zahlen zu müssen.

In Nakaba wurde 1977 ebenfalls eine Getreidebank eingerichtet. Sie wird vom ORD betreut, aber durch einen Kredit des privaten "Fonds Voltaique de Développement et de Solidarité" (FOVODES) finanziert. Die Kontrolle über die Bank wurde damals dem Sohn des Dorfchefs übertragen. Mit einem Startkapital von 1,2 Mio. FCFA konnten 300 Sack Hirse gekauft und eingelagert werden. Aber die Bauern des Dorfes ziehen es vor, ihr Getreide auf dem Markt an Händler zu verkaufen, mit denen sie persönliche Beziehungen haben, als ausgerechnet an den Sohn des Dorfchefs. Es kaufen auch nur wenige bei der Bank, wenn sie etwas brauchen. Denn der Verkaufspreis der Bank ist höher als auf dem nächsten Markt, und es wird nur sackweise verkauft, während die Bauern nur jeweils kleine Mengen wollen. Die Anzahl derjenigen, die auf Kredit Hirse erhielten, sank von 38 im Jahr 1977 auf neun im Jahr 1982. Nach Aussage des Bankpräsidenten erhalten nur noch die Kredit, die genügend Vieh als Sicherheit besitzen (also nur reichere Bauern). Dem Präsidenten (der Sohn und Sekretär des Dorfchefs, der auch die Steuern eintreibt) wurde von einzelnen Bauern sogar Mißbrauch seines Amtes vorgeworfen. Einer sagte: "Als ich Hirse auf Kredit kaufen wollte, sagte man mir, ich solle doch erst mal die Steuern bezahlen." Ein anderer meinte: "Bevor ich Hirse bekam, mußte ich erst auf dem Feld des Präsidenten Unkraut jäten."

Daß die Bank nicht ihren Aufgaben entsprechend funktioniert, sieht man auch daran, daß von den 130 Sack Hirse, die im Februar 1982 eingelagert wurden, Mitte September noch ca. 90 Sack vorhanden waren. Sie können zu dieser Zeit schon nicht mehr verkauft werden, weil die Bauern bereits Mais ernten und damit die Zeit bis zur Hirseernte im November überbrücken können.

Letzten Endes ist dieses Projekt gescheitert, weil die Kontrolle über diese Einrichtung nicht von denen ausgeübt wurde, für die sie eigentlich gedacht war. Das ORD, das in Eigenregie ebenfalls solche Getreidebanken in verschiedenen Dörfern des Departements einrichten will, hat daraus gelernt und will die Banken in die Verantwortung der groupements legen.

1.3 Der Beitrag der ORD zur regionalen Entwicklung

Von der ursprünglichen Idee, die hinter der Gründung regionaler Entwicklungsbehörden stand, ist in der Realität wenig übriggeblieben. Konaté (1983b:3) zieht deshalb eine eher negative Bilanz ihrer bisherigen Arbeit:

> "Diese sind zu einfachen regionalen Dienstleistungsbehörden der landwirtschaftlichen Produktion im Schlepptau des Staates geworden und nicht zu autonomen Organisationen, die mit der Förderung der integrierten ländlichen Entwicklung beauftragt sind."

Da der Staat nur einen sehr geringen Prozentsatz des Budgets in die ländliche Entwicklung investiert (vgl. Kapitel III.2.1), sind die ORD zum größten Teil auf ausländische Geldgeber angewiesen. Dies führt zu einer regionalen und sektoralen Schwerpunktsetzung der Projekte, die mehr von den Interessen der ausländischen Entwicklungshilfeinstitutionen wie Weltbank, FAO, US-AID etc. als von den tatsächlichen Notwendigkeiten bestimmt wird. So werden die ORD im klimatisch und infrastrukturell begünstigten Südwesten des Landes besonders gefördert. Sektoral wird der Anbau von Verkaufsprodukten unter Verwendung moderner Agrartechnologie forciert und mit Krediten an relativ wenige "progressive" Bauern finanziert. Nicht die umfassende Entwicklung des Landes, sondern die Steigerung der landwirtschaftlichen Produktion steht einseitig im Vordergrund. Aber sie ist nicht auf eine bessere Nahrungsmittelversorgung der Massen ausgerichtet, sondern auf cash-crops für den Export oder Produkten für die städtische Bevölkerung. Für deren Versorgung mußten 1980 bereits 10.000 Tonnen Reis (1971: 1.000 t) importiert werden. Die Eigenproduktion von Reis, der vor allem in den Städten (den potentiellen politischen Unruheherden) konsumiert wird, soll deshalb erhöht werden (vgl. Konaté 1983b:3).

Die neugeschaffenen groupements villageois werden vor allem für die Vermarktung der Baumwollproduktion und für die Organisation der Kreditvergabe instrumentalisiert, aber ihr rechtlicher Status ist bis heute nicht gesetzlich geregelt.

Bei aller Kritik an der Struktur und der Arbeitsweise der ORD möchte ich aber auch auf einige positive Beispiele sinnvoller Entwicklungsmaßnahmen hinweisen. Diese haben zwar (zumindest im ORD Centre-Est) vom Finanzvolumen und vom Arbeitseinsatz her nur eine geringe Bedeutung im ORD-Konzept, aber sie sind dennoch oder vielleicht gerade deshalb sehr effizient: So werden in den Dörfern sogenannte verbesserte Herdstellen propagiert. Durch eine einfache und leicht zu erlernende Konstruktionsweise einer Herdstelle mit billigen und lokal verfügbaren Baumaterialien wird der Brennholzbedarf für die Zubereitung der Mahlzeiten um bis zu 50 % gesenkt; der Baumbestand wird geschont und die zeitliche Belastung der Frauen für das Holzsammeln reduziert. Auch die Wiederaufforstung mit Nutzholz- und Fruchtbäumen stößt bei den Bauern auf rege Nachfrage nach Setzlingen. Schließlich bietet das ORD auch Fortbildungskurse z. B. für Schmiede an, die dabei die Herstellung und Reparatur von Pfluggeräten erlernen. Alle diese Maßnahmen wären ohne Initiative des ORD wohl kaum in Gang gekommen.

2. Die Bekämpfung der Flußblindheit und das Umsiedlungsprojekt der AVV

2.1 Zur Entstehungsgeschichte des Projekts

Das Projekt zur wirtschaftlichen Erschließung der Volta-Täler (Aménagement des Vallées des Volta) ist eng mit einem internationalen Programm zur Bekämpfung der Onchozerkose (Flußblindheit)[5] in Westafrika verknüpft. Da sich die Überträger-Mücken dieser Krankheit vor allem in der Nähe von schnellfließenden Gewässern entwickeln, ist die Bevölkerung der Flußtäler besonders stark betroffen; in hochendemischen Gebieten sind bis zu 35 % der Bevölkerung blind. Die Flußblindheit wurde deshalb als eine der Hauptursachen für die Abwanderung der Menschen aus den an sich sehr fruchtbaren Volta-Tälern in höhergelegene Gebiete (insbesondere das Mossi-Plateau in Burkina) angesehen: Während das landwirtschaftliche Potential der verlassenen Gebiete ungenutzt bleibt, erhöht sich der Bevölkerungsdruck in den Gebieten abseits der großen Flüsse und führt dort zu einer Überbeanspruchung der weniger fruchtbaren Böden, zu Erosionsschäden usw.[6]

Neuere Forschungen lassen diese Annahmen jedoch fragwürdig erscheinen. Insbesondere durch die sehr umfangreichen und detaillierten Feldstudien von Forschern des Instituts ORSTOM, wie Hervouet (1977, 1978, 1979a, 1979b, 1980) und Lahuec (1979), konnte nachgewiesen werden, daß in vorkolonialer Zeit sehr wohl Siedlungen der Bissa in den "verseuchten" Flußtälern bestanden. Dies war möglich, weil die Bissa in eng abgegrenzten Regionen mit lokal sehr hoher Bevölkerungsdichte siedelten und keine extensive, sondern eine intensive Landwirtschaft auf relativ kleinen Anbauflächen betrieben. Da die Onchozerkose eine parasitäre Krankheit ist, deren Schweregrad mit der Zahl der Stiche von infizierten Überträger-Mücken steigt, sind bei einer hohen Bevölkerungsdichte die einzelnen Menschen einer relativ geringeren Zahl von Stichen ausgesetzt (Hervouet 1979a:183 und Schaubild 7). Das Risiko einer schweren Erkrankung steigt erst an, wenn die Zahl von Stichen über 2.000 pro Mensch und Jahr beträgt.[7] Durch die kolonialen Zwangsmaßnahmen, die Flucht bzw. Migration junger Männer ins Ausland und die Flucht ganzer Familien in bisher unbewohnte Gebiete sowie die Ausweitung der landwirtschaftlichen Nutzfläche in extensiver Anbauweise, nahm die Bevölkerungsdichte pro qkm drastisch ab und die Infektionsgefahr damit stark zu. Hervouet et al. (1979b:655 ff.) weisen in ihrer Feldstudie nach, daß in Siedlungsgebie-

Schaubild 7: Zusammenhang zwischen Bevölkerungsdichte und Erblindungsrate im Onchozerkose-Gebiet zwischen Rotem und Weißem Volta

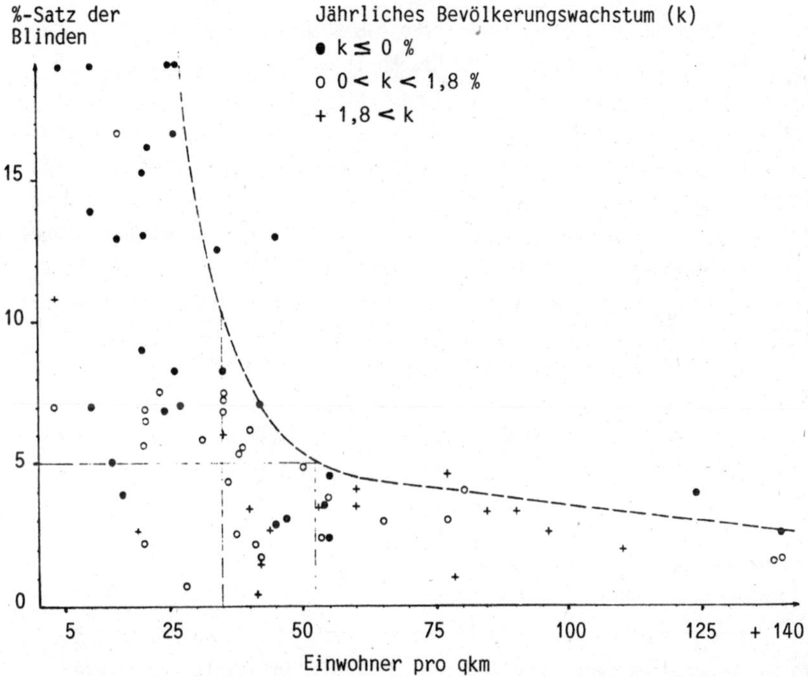

Quelle: Hervouet (1979a:188)

ten mit einer Bevölkerungsdichte unter 35 Einwohnern/qkm die Erblindungsrate rapide ansteigt. Lahuec (1979) und Hervouet (1979b) schließen aus ihren Untersuchungen, daß nicht die Onchozerkose die Ursache für die Abwanderung aus den Flußtälern war, sondern eher umgekehrt: Die Auswirkungen der Kolonialpolitik auf die Nutzungsform des Bodens und die Bevölkerungsverteilung[8] in dieser Region verstärkten die Ausbreitung der Krankheit:

> "Indem sie die intensiven Anbauweisen auf Feldern mit Acacia albida zugunsten eines extensiven Nahrungsmittelanbaus im Busch aufgaben, haben die Bevölkerungen (in den Volta-Gebieten, R. W.) auf eine Situation reagiert, die durch zahlreiche Angriffe von außen, die sie erleiden mußten, geschaffen wurde, und weiterhin indem sie für den Bedarf einer bedeutenden Nahrungsmittelproduktion die Wälder der Voltatäler abholzten, die wie freie Gebiete erschienen... Die dargelegte Entwicklung zog gleichermaßen eine

Verteilung der Menschen im Raum nach sich, die sie dem erhöhten Risiko eines schweren Onchozerkose aussetzte" (Hervouet 1979a:183).[9]

Bei der Beschlußfassung des Onchozerkose-Bekämpfungsprogramms 1968 in Tunis betrachtete man dagegen die Krankheit noch isoliert als ein quasi naturgegebenes Phänomen, das die wirtschaftliche Entwicklung der Täler verhindere und deshalb beseitigt werden müsse. Die Hilfe für die Erkrankten war dabei höchstens von zweitrangiger Bedeutung, wie Garms (1981:85) schreibt. Am 22. Mai 1974 begann man dann unter Leitung der WHO und unter Beteiligung der FAO, der Weltbank und des UN-Entwicklungsprogramms (UNDP) mit der auf 20 Jahre angelegten Besprühung der Flußgebiete mit Insektiziden (vgl. Anhang B, Tab. 15).[10] Gleichzeitig wurden Projekte zur wirtschaftlichen Erschließung der "befreiten" Gebiete in Angriff genommen. In Burkina zählen dazu neben dem Reisanbauprojekt im Vallée du Kou, der Zuckerrohranbau bei Banfora und vor allem das Besiedlungsprogramm der Volta-Täler der AVV (WHO 1981:9). Dieses wurde sogar schon vor der Aufnahme der Sprühaktion (1975) begonnen, so daß die ersten Siedler einem erhöhten Gesundheitsrisiko ausgesetzt wurden.[11]

2.2 Die Organisation der Umsiedlung

Im September 1974 wurde die "Autorité des Aménagements des Vallées des Volta" geschaffen (vgl. Anhang B, Schaubild 3). Offiziell wird diese Behörde als eine "öffentliche Einrichtung mit gewerblichem und kommerziellem Charakter" bezeichnet (AVV 1977:2). Sie erhielt den Auftrag zur Erschließung der "unbewohnten" Gebiete, und man übertrug ihr damit die Kontrolle über fast 7,5 % des gesamten Territoriums Burkinas (vgl. Karte 7).[12] Ursprünglich sollte sie die Gesamtentwicklung dieses Gebiets vorantreiben. Bis heute liegt das Schwergewicht ihrer Arbeit jedoch in der "Wieder"-Besiedlung der Volta-Täler durch Bauernfamilien aus den dichtbesiedelten Regionen und der Förderung des Trockenfeldbaus. Der Ansiedlung von Kleinbauern zur Nutzung des landwirtschaftlichen Potentials der von der Onchozerkose befreiten Gebiete wurde gegenüber agroindustriellen Komplexen der Vorrang gegeben, da dies mit geringeren Investitionen verbunden sei (WHO 1973:57). Zwischen 1973 und 1981 wurden 2.490 Familien in 57 AVV-Dörfern angesiedelt (AVV 1981:8 f., vgl. Anhang B, Tab. 16).

Karte 7: Die AVV-Siedlungsgebiete in Burkina Faso

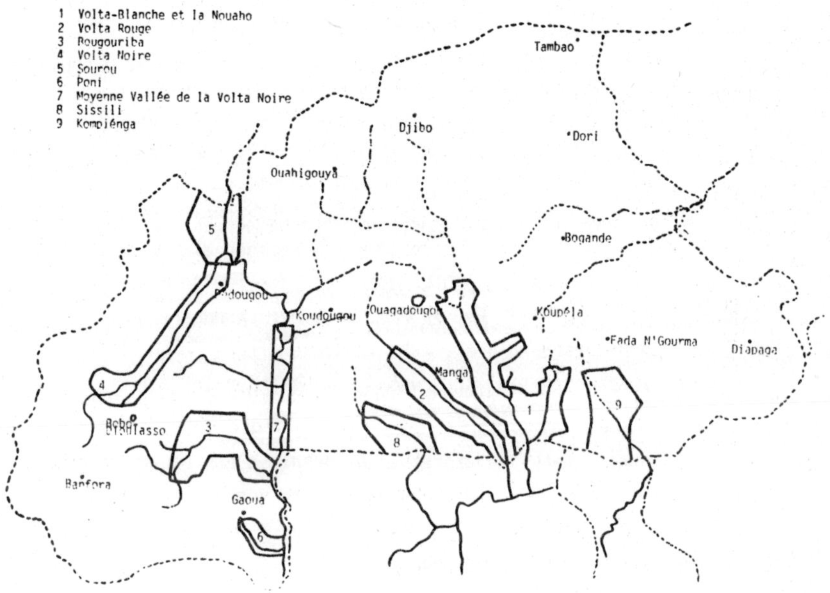

Quelle: AVV (1977:Annexe 8)

Die Arbeit der AVV wird zu 96 % von verschiedenen westlichen Industriestaaten (vor allem Frankreich, USA, Niederlande, BRD) und Entwicklungshilfeinstitutionen (FAC, Weltbank) finanziert (vgl. Anhang B, Tab. 17).

Die Strategie der AVV ist auf die individuelle Nutzung des Landes in kleinen Familieneinheiten ausgerichtet: "Die AVV ist ein Unternehmen zur Ansiedlung von Familienbetrieben in individueller Verantwortung" (AVV 1976:2, Herv. R. W.). Drei Ziele stehen dabei im Vordergrund:

1. die Reduzierung der Überbevölkerung in den dichtbesiedelten Gebieten (besonders des Mossi-Plateaus);
2. die wirtschaftliche Erschließung und die Maximierung der landwirtschaftlichen Produktion in den "neuen Gebieten" durch einen Intensivanbau von Nahrungsmitteln und Exportprodukten durch Kleinbauernfamilien. Dabei sollen moderne Produktionsfaktoren (Saatgut, Dünger, Pflüge etc.) und Anbausysteme (systematische Brache und Fruchtwechsel,

Landwirtschaftsberatung, Kredite) eingesetzt und die Arbeitskraft intensiv genutzt werden. Den beteiligten Bauern soll dadurch ein im Vergleich zur traditionellen Anbauweise höheres Einkommen gesichert werden (AVV 1976:2);

3. die langfristige Erhaltung der Bodenfruchtbarkeit (AVV 1976, 1977).

Um die gesetzten Ziele erreichen zu können, mußte man nicht nur die technischen, sondern auch die sozialen Infrastrukturen schaffen, weil nur so ein fester Stamm von ausgebildeten Bauern ständig als Arbeitskräfte für den Baumwollanbau verfügbar war, der große Sorgfalt erfordert (vgl. Conti 1979:78). Der Versuch, Exportprodukte auf Plantagen mit Hilfe von Lohnarbeitern anzubauen, ist in den Ländern der Sahelregion bisher meist gescheitert (vgl. CIS 1975:59, 79 f.). In einer Landüberschußregion fehlt z. B. eine genügend große Zahl landloser freier Lohnarbeiter und die Investitionskosten sind aufgrund der mangelnden Infrastruktur ziemlich hoch.

Unter Verwendung eigener Feldforschungsergebnisse aus einem Aufenthalt im AVV-Block Kaibo-Sud und der Sekundäranalyse von Fallstudien und Evaluationsberichten, möchte ich im folgenden den Verlauf und die Konsequenzen der Umsiedlung beschreiben.

2.2.1 Infrastrukturmaßnahmen

Auf der Basis von Luftaufnahmen, die 1972 angefertigt wurden, legte man zunächst fest, daß alle Gebiete, die zu diesem Zeitpunkt nicht besiedelt oder landwirtschaftlich genutzt wurden, Staatseigentum seien und somit für das AVV-Projekt zur Verfügung stünden. Nach geologischen Voruntersuchungen wählte man dann geeignete Siedlungszonen aus und begann mit dem Aufbau der erforderlichen Infrastruktur: Straßen, Brunnen, Schulen, Krankenstationen etc. Dies sollte eigentlich alles vor Ankunft der ersten Siedler fertiggestellt sein (AVV 1976:5).

Tatsächlich wurden z. B. in Kaibo-Sud die Schule und die Ambulanz erst 1978 (fünf Jahre nachdem die ersten Siedler gekommen waren) gebaut. Die Bauern mußten ihre Hütten selbst errichten, ohne daß ihnen Hilfe, etwa in Form von Baumaterial, zuteil wurde. Die 23 Wohnungen mit fließendem Wasser für das AVV-Personal wurden dagegen sofort erstellt. Die 18 Handförderpumpen der zentralen Wasserversorgung für die sechs Dörfer Kaibo-Suds sind nicht nur häufig defekt, sondern sie wurden auch oft zu weit von den Hütten der Siedler entfernt angelegt. Für eine Frau, die zwei- bis viermal täglich Wasser holen muß, kann das bedeuten, bis zu 30 km pro Tag gehen zu müssen. Das Trinkwasser ist allerdings von guter Qualität. Die knapp 30 km Laterit-Straßen in Kaibo-Sud sind zwar gut ausgebaut, aber es wurde nur an eine Verbindung zur nächsten Hauptstraße gedacht und nicht an Wege zwischen den Dörfern, so daß die Bauern sich eigene Pfade anlegen mußten.[13] Weitere infrastrukturelle Einrichtungen waren entweder überhaupt nicht vorgesehen (Getreidemühlen), blieben in der Planungsphase stecken (Markt) oder mußten von den Siedlern selbst errichtet werden (z. B. eine Getreidebank, die 1982 gebaut wurde).

2.2.2 Zum Verlauf der Umsiedlungsaktion

Es sollten vor allem Familien aus dem überbevölkerten Mossi-Plateau umgesiedelt werden (AVV 1976:7). Die Siedler, die von Angestellten der ORD oder speziellen AVV-Beauftragten ausgewählt wurden, mußten bestimmte Kriterien erfüllen:

- mindestens drei "aktive Arbeitskräfte"[14] sollten in der Familie sein,
- die Hauptbeschäftigung mußte die Landwirtschaft sein (keine Funktionäre oder Händler),
- die Motivation der Bauern und ihre bisherigen Produktionsergebnisse wurden geprüft.

Die potentiellen Siedler wurden auf Listen erfaßt, wobei "progressive" Bauern, "... die bereits ein gutes Niveau im Gebrauch der modernen landwirtschaftlichen Techniken erreicht haben", bevorzugt wurden (AVV 1976:8). Es wurde ein Vertrag abgeschlossen, der vor allem die Verpflichtungen der Bauern zur Einhaltung des Anbauplans, der Produktfolge etc. regelte. Der Siedlungsort wurde von der AVV zugewiesen. Einen Monat im voraus sollte dann den Bauern der Abfahrtstermin und der Bestimmungsort mitgeteilt werden.

In den Berichten der Bauern über den tatsächlichen Verlauf der Umsiedlung wird mit Kritik nicht gespart. In Kaibo-Sud erzählten mehrere Befragte, daß sie durch falsche Versprechungen dazu gebracht wurden, sich auf die Liste der Umsiedlungswilligen setzen zu lassen:

> "Man hat uns feste Häuser versprochen und gesagt, daß wir hier mit Pflügen arbeiten würden; aber von einem Kredit hat man nicht gesprochen."

> "Hier sollte ein Damm gebaut werden und man sagte uns, daß man hier dann Gartenbau betreiben könne, deshalb bin ich hergekommen."

Daß dies keine Einzelfälle sind, geht aus anderen Quellen hervor, die auch über Fehlinformationen der Bauern berichten.[15] Viele schlossen aus den Versprechungen, daß sie in das Bewässerungsprojekt im Vallée du Kou (im Südwesten Burkinas) gebracht würden:

> "Das Mißverständnis mit dem Vallée du Kou kommt häufig vor: Der Bauer glaubt fest daran, einen "Fluß" vorzufinden, einen großen Staudamm, Bewässerungsanbau: Reis, Gemüseanbau, Gärten (und von diesen letztgenannten Tätigkeiten erwartete man sofortigen Gewinn)" (Rochette/Sawadogo 1975:17; Herv. R. W.).

Es wurden nicht nur falsche Hoffnungen geweckt, sondern auch der zukünftige Wohnort und das Abfahrtsdatum wurden den Bauern nicht rechtzeitig mitgeteilt. Ein krasses Beispiel aus dem Bericht von Rochette/Sawadogo (1975:17 f.) zeigt, wie über die Menschen verfügt wurde:

> "Nachdem sie aus Damesma (etwa 100 km nordöstlich von Ouagadougou, R. W.) abgefahren waren, zunächst eingeschrieben für das Vallèe du Kou (über 500 km entfernt im Südwesten des Landes, R. W.), hören sie beim Besteigen der Lastwagen, daß sie nach Bané (ca. 300 km in südöstlicher Richtung, R. W.) fahren werden, und in Ouagadougou, nach der Hälfte der Reise, erfahren sie ihren 'endgültigen' Bestimmungsort: Mogtedo (50 km westlich der Hauptstadt, R. W.)".[16]

Die Lastwagen der AVV, die den Transport durchführen sollten, waren oft defekt, so daß die Migranten ihren Umzug auf eigene Kosten organisieren mußten. Nach ihrer Ankunft stellten die Bauern fest, daß praktisch keinerlei Infrastruktur vorhanden war. Die Siedler, die nach Kaibo-Sud kamen, fanden "nur Buschland vor, das erst gerodet werden mußte," wie sie erzählten. Die Männer mußten auch beim Bau der Straßen mithelfen. Wie alle Siedler im AVV-Projekt, erhielten sie Nahrungsmittelhilfe aus dem Welternährungsprogramm (PAM), aber nicht nur für die Zeit bis zur nächsten Ernte (wie vorgesehen), sondern über ein Jahr lang, da mit dem Anbau noch gar nicht begonnen werden konnte.

Angesichts solcher Zustände verwundert es, daß die Siedler nicht sofort wieder umkehrten. Aber erstens waren sie vertraglich gebunden, und zweitens wäre ein erneuter Transport des gesamten Hausrats nur mit erheblichen finanziellen Mitteln möglich gewesen. Schließlich spielte auch die Furcht, als Versager nach Hause zurückzukehren, eine große Rolle. Sie zogen es vor, erst einmal zu bleiben, in der Hoffnung, daß es vielleicht besser werden würde. Ein Bauer drückte es so aus:

> "Wenn ich jetzt ins Dorf zurückkehre, ohne Pflug und große Geschenke, wäre es eine große Schande."

Dies mag auch daran liegen, daß in den Herkunftsdörfern die Oberhäupter der Familien und der Dorfchef der (vielleicht endgültigen) Migration ganzer Familien nicht so positiv gegenüberstehen wie der temporären Wanderarbeit im Ausland. Die AVV-Werber mußten deshalb oft heimlich vorgehen. Dies hatte aber für einen Siedler die Konsequenz,

> "... (ihn) gegenüber seinem Dorfchef und seiner Herkunfts-Dorfgemeinschaft in Schuld zu versetzen: er wird nur zurückkehren können und ihm wird nur 'verziehen' werden, wenn er erfolgreich gewesen ist, d. h. wenn er in der Lage ist, Geschenke mitzubringen" (Rochette/Sawadogo 1975:15 f.).

Die Migranten waren und sind daher stark von der AVV abhängig. In anderen Fällen, wie z. B. in Lengha-Centre, wurde der Dorfhäuptling aufgefordert, Siedler zu benennen; er wählte dann absichtlich nur Junggesellen aus, die natürlich wieder zurückgeschickt wurden. Daß die Rekrutierung von Siedlern schlecht organisiert war, zeigt sich auch daran, daß z. B. 1973 - 1975 von 1.363 Kandidaten nur 517 schließlich in AVV-Dörfer transportiert wurden; von diesen ließen sich 452 in den Dörfern nieder, aber nur 443 blieben dann tatsächlich da (Rochette/Sawadogo 1975:15).

2.3 Die Kleinfamilie als Einheit von Produktion und Reproduktion

Ursprünglich hatte man drei Kategorien von Familientypen vorgesehen, denen je nach der Zahl ihrer "aktiven" Mitglieder zwischen 9 und 18 ha Land zugeteilt wurde (vgl. Anhang B, Tab. 18). Später wurden auch sehr kleine Familieneinheiten mit nur zwei erwachsenen Mitgliedern und größere mit mehr als fünf Aktiven zugelassen. Neben der Fläche für den Hausbau und einer ein Hektar großen, individuell nutzbaren Parzelle, wurden pro Gehöft sechs Felder (à 1,5 bzw. 3,0 ha) angelegt, wovon jährlich vier bebaut werden und zwei brachliegen.

In soziologischer Hinsicht unterscheidet sich die AVV-Siedlerfamilie gleich in mehrfacher Weise vom traditionellen Familienverband. In den meisten Fällen sind die Bewohner eines Gehöfts gleichzeitig in einer einzigen Produktions- und Konsumtionsgemeinschaft zusammengefaßt. Es kommt praktisch nur in den sogenannten "type double" (Familientypen IV - VI) vor, daß mehr als eine Wirtschaftsgemeinschaft innerhalb des gleichen Gehöfts anzutreffen ist. Die meisten Familien in Kaibo-Sud gehören zum Typ I mit nur zwei bis drei aktiven Mitgliedern (vgl. Anhang B, Tab. 19). Die ursprünglich sehr geringe durchschnittliche Mitgliederzahl der Familien ist im gesamten AVV-Gebiet von 6,5 (1975) auf 8,2 (1981) angestiegen (vgl. AVV 1982b:Tab.IId). In Kaibo-Sud liegt die Zahl bei 8,8 (1983), was z. T. sicher mit der natürlichen demographischen Entwicklung in dieser ältesten Ansiedlung zusammenhängt. Dies ist für eine Wirtschaftseinheit eine im nationalen Vergleich durchaus normale Größe (vgl. Guissou 1977:20), aber sie ist dennoch deutlich geringer als die der großen traditionellen Familienverbände. Im Departement Centre-Est leben z. B. in einem Gehöft noch durchschnittlich 9,39 Personen zusammen (Departement Centre-Est 1982:IV 1-21). Die Zahl der standardisierten Arbeitskrafteinheiten pro Familie ist allerdings mit durchschnittlich 4,0 in Kaibo-Sud relativ hoch (Gesamt AVV 1981 3,8 AKE). Damit liegt das Verhältnis von Produzenten zu Konsumenten bei 1 : 2,2. Von großer Bedeutung ist dabei, daß es sich in der Mehrzahl der Fälle um monogame Familien handelt. Ähnlich wie Guissou (1977:21) in ihrer Studie über Frauen in AVV-Dörfern feststellte, läßt sich auch in Kaibo-Sud ein Trend zur monogamen Kleinfamilie beobachten: 67 % aller Männer im Dorf V1 waren 1976 mit nur einer Frau verheiratet; der Durchschnitt lag bei 1,4 Frauen pro Mann (vgl. Anhang B, Tab. 20).

Der Altersaufbau der Bevölkerung in den AVV-Dörfern weist auf ein relativ geringes Alter der Familienvorstände und -mitglieder hin (vgl. Anhang B, Tab. 21): Das Durchschnittsalter der Familienoberhäupter betrug 1983 im Dorf V1 in Kaibo-Sud 48 Jahre (d. h. daß es bei der Ankunft 1974 bei 39 Jahren lag). Auch bei neuen Siedlern, die z. B. 1981 von der AVV angeworben wurden, zeigt sich eine ähnliche Tendenz zu jungen Familien: Von den verheirateten (259) Männern waren 53 % und von den verheirateten (403) Frauen sogar 82 % unter 40 Jahre alt (vgl. Anhang B, Tab. 22).

Schließlich weisen die AVV-Siedler auch hinsichtlich ihrer ethnischen Herkunft und ihrer Religion eine vom nationalen Durchschnitt deutlich abweichende Zusammensetzung auf (vgl. Anhang B, Tab. 23 und 24). Der hohe Anteil der Mossi (76 % im AVV-Gebiet gegenüber 50 % im gesamten Land) ist möglicherweise auf eine bewußte Politik zur Vergrößerung des Einflusses der Mossi in allen Landesteilen zurückzuführen und rief bereits in einigen AVV-Dörfern soziale Spannungen hervor.[17] Weshalb die Anhänger "moderner" Religionen wie Christentum und Islam unter den AVV-

Siedlern so stark repräsentiert sind (72 % statt ca 30 % im nationalen Durchschnitt), kann an dieser Stelle nicht geklärt werden. Ein Zusammenhang zwischen der religiösen Überzeugung und der Motivation zum Verlassen des traditionellen Familienverbandes und zu mehr individuellem Erwerbsstreben mag hier eine Rolle spielen.

2.4 Anbausystem

2.4.1 Landwirtschaftliche Inputs

Das Anbausystem im AVV-Projekt stützt sich auf den Einsatz eines "Pakets" landwirtschaftlicher Inputs von verbessertem Saatgut, Kunstdünger und Insektiziden auf Kreditbasis.

Die Bauern erhalten kostenloses <u>Saatgut</u> für Baumwolle von der SOFITEX sowie lokal verbesserte Sorten für den Nahrungsmittelanbau von der AVV-eigenen Saatgutfarm in Kaibo-Sud. Letzteres wird Neuansiedlern im ersten Jahr kostenlos und später auf Kredit gegeben. Während die Baumwollsamen jedes Jahr erneuert werden müssen, um eine gleichbleibende Qualität zu garantieren, können die verbesserten Varietäten von Sorghum, Hirse, Mais und Bohnen drei Jahre angebaut werden, bevor sich daran spezifische Eigenschaften deutlich verändern. Die Bauern in Kaibo-Sud (wie in allen anderen AVV-Dörfern) machen sehr wenig Gebrauch von Saatgut für Getreide, vor allem weil dies nicht kostenlos abgegeben wird. 1982 wurden in Kaibo-Sud 98,6 % aller Samen für den Baumwollanbau verwendet (vgl. Anhang B, Tab. 25).

Der Einsatz von <u>Kunstdünger</u> ist im Anbauplan für Baumwolle, Weißes Sorghum und Mais vorgeschrieben, und zwar 150 kg pro Hektar. Diese Menge wird weder in Kaibo-Sud noch im gesamten AVV-Gebiet eingesetzt. 1981 brachten die Bauern in Kaibo-Sud nur auf 76 % der Baumwollanbaufläche Dünger aus. Für Weißes Sorghum lag der Prozentsatz bei nur 27 % und für Mais bei 68 %. Die Dosis betrug nur 89 kg/ha bei Sorghum und 129 kg/ha bei Baumwolle (vgl. Anhang B, Tab. 26). Die Düngemittel werden also vor allem für den Baumwollanbau eingesetzt.

Die Anwendung von <u>Insektiziden</u> ist für Baumwolle und Bohnen vorgesehen. Den Bauern ist das viermalige Versprühen einer Endrine-DTT-Emulsion[18] in einer Dosis von 3 l/ha mit einem "Ultra Low Volume"-Sprayer (ULV) vorgeschrieben (AVV 1978:10). Das Insektizid wird aber praktisch nur für Baumwolle verwendet, da die Frauen die Blätter der Bohnenpflanzen auch als Nahrungsmittel den Saucen beigeben. Die Vorschriften werden jedoch selbst in den Baumwollfeldern nur teilweise eingehalten (vgl. Anhang B, Tab. 27). Insgesamt gilt wohl für die selektive Anwendung von Inputs für den cash-crop-Anbau, was Murphy/Sprey (1981:41) in ihrem Evaluationsbericht feststellten: "In den Augen der Bauern ist es nicht der Mühe wert, in Anbaukulturen zu investieren, die kein Bargeld einbringen."

Schließlich ist noch der Einsatz von Ochsenpflügen zu erwähnen, mit denen die Migranten im zweiten Jahr ihrer Ansiedlung auf der Basis eines Kredits mittlerer Laufzeit (sieben Jahre) ausgerüstet werden. In Kaibo-Sud waren 1982 97 % der Siedler mit Pflügen ausgestattet (AVV 1983:12). Nach Angaben von Murphy/Sprey (1981:50) hatten 69 % aller AVV-Bauern vor ihrer Umsiedlung noch keine Erfahrung mit dem Pflügen. Der Pflug wird jedoch nur für einen Teil der landwirtschaftlichen Arbeiten verwendet und je nach Anbauprodukt in unterschiedlicher Intensität (vgl. Anhang B, Tab. 28). Dies liegt z. T. daran, daß die Bauern erst mit dem Jäten beginnen, wenn die Aussaat aller Produkte beendet ist. Dann ist das Pflanzenwachstum aber oft schon so weit fortgeschritten, daß der Pflug nicht mehr eingesetzt werden kann, ohne Schäden zu verursachen.

Mit dem Pflug ist es zwar möglich, die Anbaufläche pro Arbeitskraft zu erhöhen, aber der Arbeitsaufwand kann sich dennoch erhöhen, da z. B. die Wurzeln der Bäume erst vollständig entfernt werden müssen. Wenn die anderen Feldarbeiten, wie etwa das Jäten, nicht ebenfalls mechanisch durchgeführt werden, wird der Pflug nicht optimal genutzt. Eine Ertragssteigerung ist mit dem Pflugeinsatz praktisch nicht verbunden, wie Untersuchungen im AVV-Gebiet ergaben.[19] Außerdem erhöhen sich die laufenden Kosten und der Arbeitsaufwand der Bauern (für die Pflege der Ochsen, Wasserbedarf, Veterinäruntersuchungen, Impfungen etc.) im Vergleich zur Arbeit mit der Handhacke.[20] Da der Pflug nur in einem Anbausystem mit kurzer Brachezeit rentabel ist, müssen andererseits dem Boden wieder Düngemittel zugeführt werden, um die Bodenfruchtbarkeit zu erhalten.

2.4.2 Fruchtwechsel und Brache

Von der AVV war zunächst ein jährlicher Fruchtwechsel nach folgendem Schema vorgeschrieben: Baumwolle - Sorghum - Verschiedenes (Erdnüsse, Bohnen oder Mais) - Hirse - Brache - Brache (AVV 1976:10). 1977/78 führte man jedoch den wiederholten Baumwollanbau in der Fruchtfolge nach dem dritten Jahr ein, da festgestellt worden sei, daß einige Bauern bis zu diesem Zeitpunkt schon Getreidevorräte gebildet hätten (AVV 1978:4).

Nicht nur die Fruchtfolge ist vorgeschrieben, sondern auch welches Produkt in einem bestimmten Jahr auf welchen Feldern (die nach verschiedenen "Lagen" klassifiziert sind) angebaut werden soll. Wenn alle Bauern auf ihren Feldern in Lage A Baumwolle anbauen und in Lage B Sorghum, so kann der Eindruck einer Plantage entstehen. Dies ist auch so gewollt, um - wie der Lagerverwalter sagte - "eine bessere Kontrolle über die Einhaltung der Vorschriften durch die Bauern zu haben."

Der offizielle Anbauplan wird aber von den Siedlern nur teilweise eingehalten. So waren 1981 auf 24 % der Felder, die seit mehr als drei Jahren bestellt wurden, noch keine Leguminosenart gepflanzt worden. Auch die Brachezeit von zwei Jahren nach jeweils vier Jahren Anbau wird von vielen Bauern nicht beachtet (Murphy/Sprey 1981:42). 1982 lag der Anteil der Brache an der landwirtschaftlich genutzten Fläche in Kaibo-Sud nicht bei 35 %, wie dies bei vollständiger Einhaltung der Brachezeiten der Fall wäre, sondern nur bei 17 % (AVV 1983:8).

2.4.3 Landwirtschaftliche Beratung und Kreditvergabe

Um die Einhaltung des Anbauplans und aller anderen Vorschriften der AVV kontrollieren zu können, setzte man eine große Zahl von Landwirtschaftsberatern in den Siedlungen ein. Geplant waren ursprünglich ein Encadreur für 25 Siedlerfamilien und eine Animatrice für jeweils 50 Familien. 1981 hatte sich diese Relation im AVV-Gebiet auf 1 : 34 bei den Beratern und 1 : 73 bei den Animatrices reduziert. In Kaibo-Sud sank die Zahl der Encadreure von 13 (1975) auf drei (1983), obwohl noch einige Siedler hinzukamen. Dennoch ist das Beratungsnetz als relativ dicht zu bezeichnen, wenn man zum Vergleich die Zahlen für das Beratungsnetz des ORD Centre-Est heranzieht, wo ein Encadreur durchschnittlich fast 1.000 Bauern zu betreuen hat (vgl. Kapitel IV.1.2.2).

Das Verhältnis der Bauern zu den Landwirtschaftsberatern ist als distanziert zu bezeichnen, da die Encadreure als Kontrolleure empfunden werden. Ähnlich stellen Rochette/Sawadogo (1975:3) fest:

> "Die landwirtschaftliche Beratung an der Basis ... hat die Tendenz, den Bauern 'Anweisungen' zu erteilen, ohne sie mit den Erklärungen

und Ratschlägen zu verbinden, die er (der Landwirtschaftsberater, R. W.) von den höheren Kadern erhalten hat."

Nach Aussage der befragten Bauern richtet sich die Tätigkeit der Berater vor allem auf die Förderung des Baumwollanbaus, da für dieses Produkt auch die Geräte und Inputs vorrangig eingesetzt werden.

Auch die Vergabe von Krediten ist an die cash-crop-Produktion gebunden. Mit dem Kreditprogramm werden die Investitionskosten für den Intensivanbau weitgehend von den Bauern selbst getragen. Die jährliche Zinsrate wurde 1982 von 8 % auf 11 % erhöht. Ansonsten entspricht die Kreditvergabe weitgehend den Bestimmungen der ORD (vgl. Kapitel IV.1.2.1). Allerdings sind die Bauern individuell für die Rückzahlung des Geldes verantwortlich, was aufgrund der besseren Kontrolle im AVV-Projekt möglich ist (vgl. Anhang B, Tab. 29). Da die AVV sowohl die Kreditvergabe als auch die Bereitstellung von Saatgut, Dünger etc. und die Auszahlung der Guthaben der Bauern aus dem Baumwollverkauf in einer Hand vereinigt, sind die Siedler in beträchtlichem Maße von der AVV abhängig. Den verschuldeten Bauern kann z. B. der Pflug konfisziert oder der Kredit für die notwendigen Düngemittel gesperrt werden, wenn sie sich nicht an die Vorschriften der AVV halten.

2.5 Die Kombination von Baumwoll- und Nahrungsmittelproduktion

Ähnlich wie die von der Weltbank vertretene Kleinbauernstrategie geht auch das AVV-Konzept[21] von einem kombinierten Anbau von Nahrungsmitteln zur Selbstversorgung und cash-crops zum Verkauf aus (vgl. AVV 1976:2). Sorghum und Baumwolle erscheinen dazu besonders geeignet, da sich die Hauptarbeitszeiten für Aussaat, Jäten und Ernte bei beiden Produkten kaum überschneiden. Die ursprünglich vorgesehene Flächenrelation von 30 % Baumwolle zu 70 % Getreide und Leguminosen wurde später auf 40 : 60 verändert, indem man in der Fruchtfolge den wiederholten Baumwollanbau einführte. Die Bauern versuchen jedoch, dieses Flächenverhältnis nach ihren Bedürfnissen abzuändern, obwohl dies gegen die Vorschriften verstößt. So wurden 1981 im Block Kaibo-Sud nur 25 % der Anbaufläche mit Baumwolle bepflanzt, aber 72 % mit Getreide und 3 % mit anderen Produkten (vgl. Tab. 7).

Tab. 7: Tatsächliche Relation der Anbauflächen nach Produkten 1977 und 1981 in Kaibo-Sud und Gesamt-AVV

Anbauprodukt	Kaibo-Sud (1981)	Gesamt-AVV (1977)	(1981)
Baumwolle	25 %	39 %	37 %
Getreide	72 %	57 %	59 %
Sonstiges	3 %	4 %	4 %
Gesamt	100 %	100 %	100 %
Quelle: AVV (1978:6) und AVV (1982b:VIa)			

Zu ähnlichen Ergebnissen gelangte eine Untersuchung der AVV (1982a:17 f.) in Dörfern des Blocks Mogtedo, wo man 72 Bauern danach befragte, in welcher Relation sie die verschiedenen Produkte anbauen würden, wenn sie die freie Wahl hätten: Die Bauern würden demnach auf 65 % der Fläche Nahrungsmittel und auf 12 % Baumwolle anbauen, 23 % blieben brach. Die AVV-Richtlinien sehen dagegen ein Verhältnis von 42 : 23 : 35 vor. Insbesondere diejenigen, die schon mehrere Jahre im Dorf lebten, wollten den Anteil für die Nahrungsmittelproduktion deutlich anheben (auf 72 %). Wie auch aus den Interviews in Kaibo-Sud ersichtlich wurde, steht dabei für die Bauern das Ziel der Subsistenzsicherung im Vordergrund und nicht ein höheres Einkommen durch den Verkauf von Baumwolle oder gar Getreide.

Wo die Bauern ihre Prioritäten setzen, zeigt sich schließlich auf dem sogenannten "jardin de case", d. h. dem ein Hektar großen Feld direkt beim Gehöft, über das der Siedler völlig frei verfügen kann. Kein einziger Bauer baut dort Baumwolle an, sondern zum überwiegenden Teil Getreide, meist Rotes Sorghum, das im AVV-Plan gar nicht vorgesehen ist, aber bei geringem Arbeitseinsatz hohe Erträge erbringt. Der Pflug wird höchstens für das erste Pflügen verwendet, ansonsten wird Mischanbau von Getreide mit Bohnen betrieben, was ebenfalls auf den von der AVV kontrollierten Feldern nicht gestattet ist.

Betrachtet man die Produktionsergebnisse für die Anbauperiode 1981/82, so zeigt sich, daß in den AVV-Gebieten ein überdurchschnittlich hoher Hektarertrag für Baumwolle erzielt wurde: 1.153 kg/ha gegenüber 883 kg/ha im nationalen Durchschnitt (AVV 1982b:5). Obwohl die insgesamt 3.241 Tonnen nur 5,6 % der gesamten, von der SOFITEX in Burkina (1981) aufgekauften Menge an Baumwolle ausmachen, so spielen sie doch eine bedeutende Rolle, da der Anbau zuverlässig und an wenigen Punkten konzentriert erfolgt. Die Getreideproduktion erreichte insgesamt zwar fast die doppelte Menge, doch der Hektarertrag lag nur bei 985 kg. Damit war 1982 im Gegensatz zu 1978 und 1979 wenigstens die Selbstversorgung der Bauern mit Nahrungsmitteln gesichert. Trotz des ausreichenden Durchschnittswerts mußten aber einige Bauern Getreide hinzukaufen.

2.6 Arbeitsorganisation

In bezug auf die gesellschaftliche Arbeitsteilung und die Arbeitsorganisation lassen sich deutliche Unterschiede zwischen traditionellen Dörfern und AVV-Dörfern feststellen. So fällt auf, daß gemeinschaftliche Feldarbeiten mehrerer Familien (vgl. Kapitel II.4.2.4) in sehr viel geringerem Ausmaß anzutreffen sind. Im AVV-Anbauplan, der ja gerade von der individuellen Nutzung des Bodens ausgeht, sind solche Kollektivarbeiten auch gar nicht vorgesehen. Besonders bei der Auswahl der Siedlerfamilien zeigt sich, daß die AVV sich die in den Herkunftsdörfern bestehenden sozialen Spannungen zwischen den Ältesten und den von ihnen abhängigen Männern und die zu beobachtenden Individualisierungstendenzen zunutze macht. Gerade junge Bauern, die sich aus der Abhängigkeit von ihrem Vater oder des älteren Bruders lösen wollen, bilden die größte Gruppe von Siedlerkandidaten. Sie sind am ehesten für die von der AVV gewünschten individuellen Organisation der Produktion zu gewinnen.

Die unterschiedliche regionale und ethnische Herkunft der Siedler sowie die relativ kurze Zeit des Zusammenlebens ließen bisher auch nur geringe familienübergreifende soziale Bindungen entstehen (vgl. Kapitel IV.2.8.2). Viele Bauern haben sich noch nicht endgültig für den Verbleib im AVV-Projekt auch nach der Abzahlung des Kredits entschieden.

Es ist auch keine Unterteilung zwischen Familienfeldern und Parzellen zur individuellen Bearbeitung innerhalb eines Gehöfts mehr festzustellen. Besonders die Frauen sind davon betroffen, da für sie kein eigenes Stück Land vorgesehen ist, wie sie es im Heimatdorf gewohnt waren. So sind sie Arbeitskräfte des Mannes geworden, der nicht nur über die Nahrungsmittel, sondern auch über das gesamte monetäre Einkommen verfügt (vgl. Kapitel IV.2.8.3 zur Rolle der Frau).

Auch die Arbeitsteilung zwischen Fulbe-Hirten und Bauern ist berührt, da die AVV-Siedler ihre Ochsen selbst pflegen und versorgen. Dies bedeutet eine zusätzliche Arbeitsbelastung zu den ohnehin hohen Anforderungen an die Siedler (pro Arbeitskrafteinheit sind 1,2 ha zu bearbeiten). Insbesondere der Baumwollanbau ist sehr arbeitsintensiv. Um die Arbeitsbelastung beim Jäten und Ernten gering zu halten, ziehen die Siedler oft Verwandte aus ihren Heimatdörfern heran. Ein Arbeitsengpaß entsteht bereits durch die Forderung der AVV, das Saatgut für alle Produkte praktisch zur gleichen Zeit auszubringen, andererseits aber mit dem Jäten rechtzeitig zu beginnen. Die Bauern fangen jedoch prinzipiell erst mit dem Jäten an, wenn alle Felder gesät sind. Dann ist aber das Unkraut schon so stark gewachsen (nicht zuletzt wegen des Düngers), daß das Jäten nicht mehr so intensiv durchgeführt werden kann. Für die Ernte der Baumwolle schließlich beschäftigen die Bauern vor allem Frauen aus den umliegenden Dörfern (außerhalb des AVV-Gebiets).[22] Diese erhalten etwa ein Zehntel der Baumwollmenge, die sie ernten. Die Arbeitskraft der Familienmitglieder reicht nämlich meist nicht aus, um die Ernte zum festgelegten Zeitpunkt einzubringen. Dies wird von den AVV-Funktionären nicht gern gesehen. Die Kritik richtet sich aber vor allem dagegen, daß die Bezahlung in Form von Baumwolle erfolgt. Ein Bauer im Dorf V2 in Kaibo-Sud sagte dazu: "Die SOFITEX will die ganze Baumwolle haben, wir sollen den Frauen lieber Hirse, Erdnüsse oder Geld geben." Die Vermutung, daß die Produktion in den AVV-Dörfern (insbesondere die Baumwollproduktion) nur mit Hilfe von Verwandten oder Lohnarbeitern aus anderen Dörfern aufrechterhalten werden kann, die immer noch zu einem großen Teil subsistenzökonomisch produzieren, ist also nicht von der Hand zu weisen.

Insgesamt ist der Arbeitsaufwand für die von der AVV vorgeschriebene Produktion wesentlich höher als in den Heimatdörfern der Siedler. Dies ist insbesondere durch den Baumwollanbau und den Pflugeinsatz bedingt (vgl. Kapitel IV.2.4.1). Die Siedler versuchen diese Anforderungen auszugleichen, indem sie auf Hilfskräfte zurückgreifen und/oder die Anbaufläche größer und den Arbeitsaufwand gering halten, d. h. weniger intensiv als extensiv anbauen, was dem Konzept der AVV völlig zuwiderläuft (vgl. Murphy/Sprey 1981:50 und AVV 1982a:18). Es wird also weniger Zeit für Düngung, Erosionsschutz und Brachezeit aufgewendet. Langfristig muß dies zu einer Abnahme der Bodenfruchtbarkeit führen. Es fällt auf, daß besonders kleine Familien eine größere Fläche pro Arbeitskrafteinheit bebauen als große, wobei sie eine geringere Menge der vorgeschriebenen Inputs einsetzen (vgl. Schaubild 8).

Schaubild 8: Durchschnittliche Anbaufläche pro Arbeitskrafteinheit nach Familientypen in Kaibo-Sud

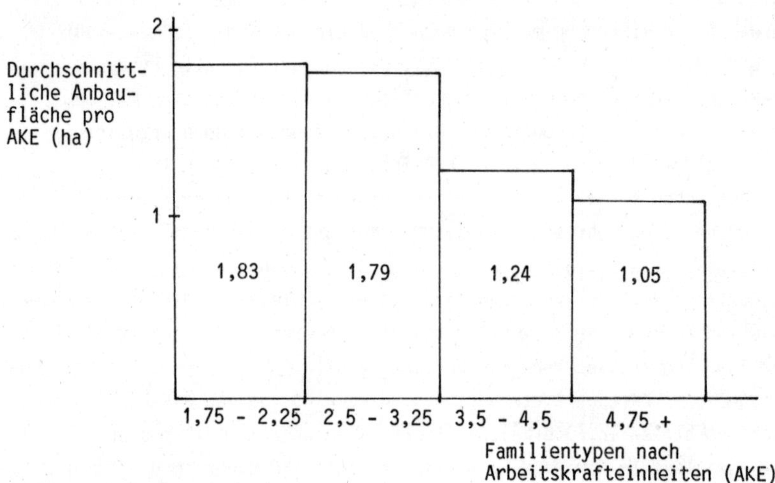

Quelle: Murphy/Sprey (1981:61)

Eines der Ziele der AVV, die langfristige Erhaltung der Bodenfruchtbarkeit, wird durch diese Tendenzen in Frage gestellt:

> "Der Bauer kümmert sich praktisch nur um die Baumwolle und das Sorghum in einer angemessenen Weise. Die anderen Anbaukulturen werden nur gepflügt und gejätet, wenn ihm ein wenig freie Zeit übrigbleibt... Wegen der großen verfügbaren Fläche (im Vergleich zu den lokalen Normen) zieht der Bauer eine extensivere Anbaukultur vor, die ihm eine größere Sicherheitsmarge verschafft. Er gibt auch den sozialen Verpflichtungen und den nicht-landwirtschaftlichen Tätigkeiten die Priorität" (Murphy/Sprey 1981:49).

Wie wichtig auch die sozialen Aktivitäten für die Bauern sind, verdeutlicht eine Studie des Service d'Expérimentation der AVV (1980c), in der eine "Musterfarm", auf der die Vorschriften der AVV vollständig eingehalten wurden, mit den Ergebnissen von neun Bauerngehöften in Kaibo-Sud (V1) verglichen wurden (vgl. Schaubilder 9 und 10). Gerade die Aufrechterhaltung des Kontakts mit dem Heimatdorf ist aber eine wichtige Voraussetzung für die notwendige Hilfe bei Arbeitsengpässen.

Schaubild 9: Histogramm der aufgewendeten Arbeitszeiten für verschiedene Aktivitäten im Durchschnitt von neun Bauernhöfen 1980

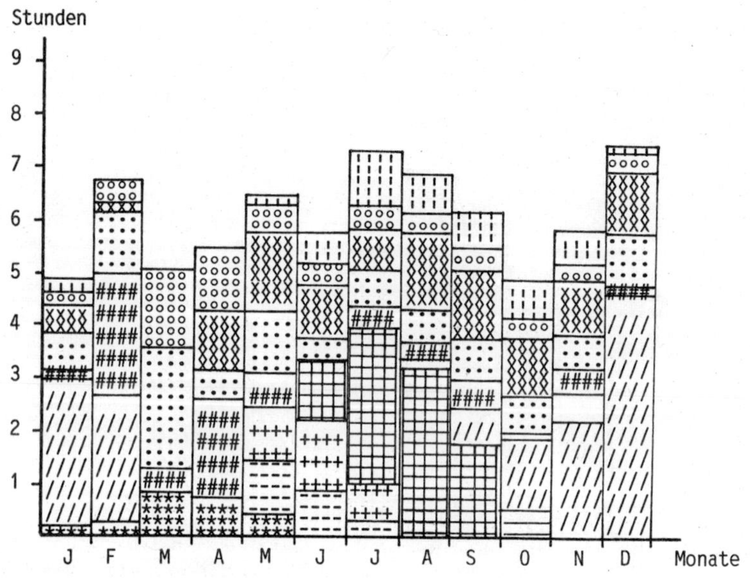

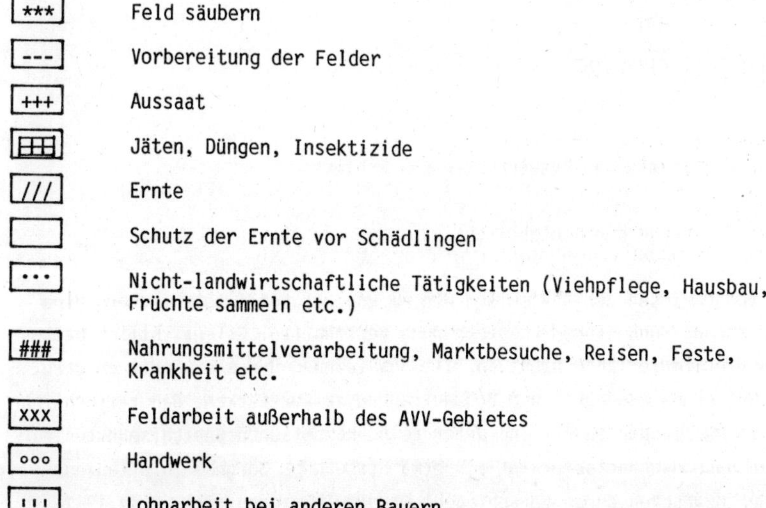

Schaubild 10: Histogramm der aufgewendeten Arbeitszeiten für verschiedene Aktivitäten auf einer Musterfarm 1980 in Kaibo-Sud

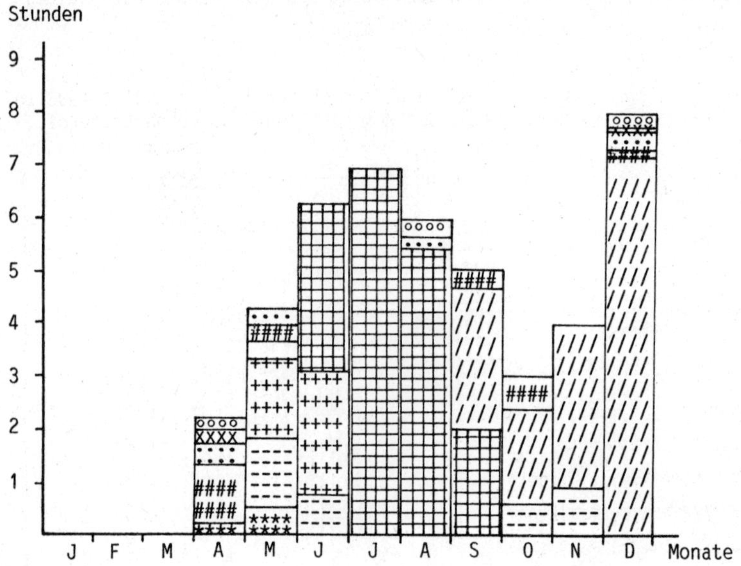

Zeichenerklärung: siehe Schaubild 9

Quelle: AVV (1980c:83) für beide Schaubilder

2.7 Die ökonomischen Auswirkungen des Projekts

2.7.1 Zur Frage der Rentabilität

Die Vorschriften der AVV sollen den am Projekt beteiligten Bauern eine Produktions- und Einkommenssteigerung verschaffen. Offensichtlich halten sich die Siedler aber nicht an alle Anweisungen und sie tendieren dazu, den Getreide- gegenüber dem Baumwollanbau zu verstärken. Daß tatsächlich der Baumwollanbau in Burkina unter rein ökonomischen Gesichtspunkten für einen Bauern unrentabler ist als etwa Hirse oder Sorghum zu pflanzen, wurde inzwischen durch verschiedene Studien bewiesen (vgl. Orth 1981;

Maas 1983 und die Tab. 8 und 9). Entscheidend ist dabei, daß der Erlös für die produzierte Baumwollmenge in einem ungünstigeren Verhältnis zum Arbeitseinsatz und zu den Inputkosten steht als beim Hirseanbau (beides etwa viermal so hoch als beim Getreideanbau).

Tab. 8: Verhältnis von Input-Kosten und Erlös für 1 ha Baumwolle 1983 in Kaibo-Sud (unter Annahme der Beschäftigung von Lohnarbeitern)

Input-Kosten/ha:	
- Erstes Pflügen (Pflugmiete)	7.500 FCFA
- Säen	1.500 "
- Jäten	5.000 "
- Zweites Pflügen	2.500 "
- Insektizide	14.400 "
- Dünger	11.250 "
- Sprühgerätmiete	750 "
- Batterien für Sprühgerät	2.800 "
- Petroleum zum Reinigen	750 "
- Dünger ausbringen	1.000 "
- Sprühen der Insektizide	500 "
- Erntehilfen	7.500 "
- Erträge wiegen	1.000 "
- Entfernen der Pflanzenreste	4.000 "
Gesamt-Kosten	60.450 FCFA

Quelle: Eigene Erhebungen aus Diskussionen mit Bauern und Informationen des AVV-Chef-du-Bloc Kaibo-Sud

Für eine gute Ernte von 1.000 kg/ha Baumwolle konnte man 1983 einen Erlös von 62.000 FCFA (für 1. Qualität) erhalten. Der Preis für die Baumwolle wiegt also gerade die zusätzlichen Kosten für Inputs und Arbeitszeit auf. Nur wenn die Bauern (unbezahlte) Familienarbeitskräfte beschäftigen, können sie überhaupt einen bescheidenen Überschuß beim Baumwollanbau erwirtschaften.

Selbst den AVV-Funktionären ist die Problematik durchaus klar. Aber der Baumwollanbau wird ja gerade deshalb mit der Nahrungsmittelproduktion gekoppelt: Denn nur weil die Bauern durch ihre Subsistenzproduktion das für die Reproduktion der Arbeitskraft notwendige Produkt selbst erzeugen, kann der Erlös aus dem Baumwollanbau relativ gering bleiben. Den zusätzlichen Arbeitskräften aus den Herkunftsfamilien der Siedler werden nur Nahrung und Unterkunft gestellt und kleine Geschenke gegeben; den Tagelöhnern aus den umliegenden Dörfern muß auch kein Lohn gezahlt werden, der ihre Reproduktionskosten voll deckt, da sie noch eigene Felder für die Nahrungsmittelproduktion besitzen bzw. durch die Großfamilie abgesichert sind. Die cash-crop-Produktion im AVV-Dorf wird also sowohl durch die Subsistenzproduktion der Siedler als auch durch die der Familien temporärer Arbeitshilfen subventioniert. Alte und kranke Mitglieder der Siedlerfamilien kehren wieder ins Heimatdorf zurück und werden dort mitversorgt.

Tab. 9: Vergleich der Erträge einer Musterfarm und dem Durchschnitt von neun Bauernhöfen in Kaibo-Sud 1980

	Durchschnitt von neun Bauernhöfen		Musterfarm[1]	
Produkt	Baumwolle	Sorghum	Baumwolle	Sorghum
Anbaufläche (ha)	1,26	1,53	1,46	2,73
Ertrag (kg/ha)	673	685	1.630	956
Bruttoverdienst (FCFA/ha)[2]	36.342	41.100	88.020	57.600
Inputkosten (FCFA/ha)	8.908	3.090	18.430	10.650
Nettoverdienst (FCFA/ha)	27.434	38.010	69.590	46.950
Arbeitsstunden/ha	1.523	526	1.609	607
Arbeitsverdienst (FCFA/Std.)	18	72	43	77

1) Ein Bauer mit seiner Frau und zwei Kindern von 14 und 16 Jahren, die genau die Vorschriften der AVV einhalten.

2) Nach Preisen von 1980 für 1 kg Baumwolle (54 FCFA) und 1 kg Sorghum (60 FCFA), umgerechnet auf eine standardisierte Arbeitskrafteinheit.

Quelle: Eigene Berechnung nach den Ergebnissen einer Studie des Service d'Expérimentation der AVV (1980c:93 ff.)

Nur durch diese (doppelte) Verflechtung von Subsistenzproduktion und Warenproduktion (vgl. Elwert/Wong 1979) kann der Preis für die Baumwolle, den die Erzeuger erhalten, auf einem sehr niedrigen Niveau gehalten werden. Das Ziel ist, daß die Bauern für den Markt produzieren und zumindest die Produktionsmittel über den Markt wieder beziehen. Prinzipiell wäre das auch mit Getreide statt Baumwolle zu erreichen (vgl. Conti 1979:80). Dazu wäre aber eine ähnlich effiziente Vermarktungsorganisation wie bei Baumwolle erforderlich, wo der Preis im voraus garantiert ist und die Aufkäufer direkt ins Dorf kommen.

Murphy/Sprey (1981) versuchten in einer Feldstudie 1979 in verschiedenen AVV-Siedlungen den Netto-Überschuß zu errechnen, den die Bauern erzielen würden, wenn sie ihre gesamte Produktion auf dem Markt verkaufen würden. Sie berechneten dazu den Wert der gesamten lanswirtschaftlichen Produktion (incl. Getreide) zu Marktpreisen, zogen die Kosten für Inputs ab und kamen schließlich zu dem Ergebnis, daß nur ein relativ geringfügiger Überschuß zustande käme, wenn die Bauern ihren gesamten Nahrungsmittelbedarf auf dem Markt kaufen müßten. Der Wert für Kaibo-Sud decke dabei allenfalls gerade die Reproduktionskosten. Dem (fiktiven) Einkommen von 38.100 FCFA pro Arbeitskrafteinheit stünde ein Bedarf von 37.950 FCFA für die von einer AKE zu versorgenden Personen gegenüber. Ein Gewinn von 150 FCFA! Allerdings gab es 1979 nur eine schlechte Getreideernte. Im Departement Centre-Est lag 1981 der Produktionswert eines Gehöfts bei ca. 136.915 FCFA bei durchschnittlich 4 AKE, also bei 34.228 FCFA/AKE in traditioneller Anbauweise ohne Projekt-"hilfe" (FAO 1983:77, vgl. auch Tab. 10).

Diese fiktive Rechnung ist jedoch nur mit Vorsicht zu interpretieren, da mit offiziellen Getreidepreisen gerechnet wurde. Die Preise auf dem Markt schwanken aber tatsächlich so stark, daß bei einem Verkauf kurz nach der Ernte der Erlös sehr viel niedriger liegt, während er später wieder sehr stark ansteigt, wenn die Bauern ihren Bedarf decken wollen. Das heißt bei vollständiger Produktion und Reproduktion über den Markt wäre es durchaus fraglich, ob überhaupt ein Überschuß entstehen würde. Dies gilt zumindest für arme Bauern, die nicht über genügend Reserven bzw. Lagermöglichkeiten verfügen, um den günstigsten Zeitpunkt für den Verkauf ihrer Ernte abzuwarten. Für reiche Bauern gilt dagegen ein anderes Kalkül.

Tab. 10: Nettoeinkommen pro Arbeitskrafteinheit langjähriger Siedler in AVV-Blocks 1979

Block	Nettoeinkommen aus landwirtschaftlicher Produktion abzügl. Inputkosten (FCFA)	Einkommen aus Handwerk/ Handel (FCFA)
Linoghin	57.300	6.627
Bomboré	65.800	9.715
Bané	72.100	11.343
Kaibo-Nord	64.800	3.993
Kaibo-Sud	38.100	4.028

Der Nahrungsbedarf für eine Person betrug 1979:
240 kg Getreide (62 FCFA/kg) und 40 kg Bohnen (79 FCFA/kg)
= 17.250 FCFA/Person

Eine Arbeitskrafteinheit muß durchschnittlich 2,2 Personen ernähren, d. h. sie muß mindestens 37.950 FCFA verdienen. Aus obiger Tabelle ergibt sich, daß in Kaibo-Sud dieser Mindestbedarf nur knapp erreicht wurde.

Quelle: Murphy/Sprey (1981:69, 73)

Viele Bauern im AVV-Projekt erklären zwar, daß sie mehr Geld als früher verdienen. Aber dies liegt häufig nur daran, daß sie im AVV-Dorf praktisch allein über alle Einnahmen verfügen können, wogegen zu Hause der größte Teil dem Oberhaupt der Großfamilie zukam (vgl. Murphy/Sprey 1981:84). Andererseits müssen sie auch bei gelegentlichen Besuchen im Heimatdorf Geschenke mitbringen, wenn sie auf die Hilfe ihrer Verwandten und Freunde bei Arbeitsengpässen, Krankheit etc. nicht verzichten wollen. Schließlich ist auch ein im Durchschnitt höheres Einkommen noch kein Beweis für den Erfolg der AVV-Strategie. Erstens sind hier soziale Differenzierungsprozesse zu berücksichtigen (vgl. Kapitel IV.2.7.2). Zweitens sagen ja selbst die Bauern, die mehr verdienten, daß es ihnen dennoch schlechter geht (s. Titel). Offensichtlich spielen für sie die sozialen Veränderungen, die sich mit ihrer Umsiedlung ergeben haben (vgl. Kapitel IV.2.8), eine ebenso wichtige Rolle für die Beurteilung ihrer Situation wie etwa ein höheres Einkommen.

Wenn nun die Produktion in den AVV-Dörfern für die Bauern nicht besonders rentabel ist, welches Interesse haben dann die Regierung und die ausländischen Geldgeber an der Fortführung des Projektes?[23] Die Regierung profitiert insofern davon, als man Steuern und Abgaben nur von Menschen erheben kann, die in den Markt integriert sind und Geld verdienen. Außerdem bringt der Export von Baumwolle Devisen ein, die wiederum für die Bezahlung von Importgütern notwendig sind, etwa für die Industrialisierung oder für Luxusgüter der städtischen Elite. Auch Arbeitsplätze in der Staatsbürokratie werden durch solche Projekte geschaffen oder abgesichert. Die ausländischen Konzerne haben ein Interesse daran, Düngemittel und Insektizide zu liefern und kaufen die Baumwolle weit unter Weltmarktpreis ein.[24] Die Regierungen der Industriestaaten, die Finanzierungskredite direkt oder über Organisationen wie die Weltbank zur Verfügung stellen, dürften sich damit eine langfristige Absicherung von politischen Einflußsphären sowie von Rohstoffquellen und Absatzmärkten erhoffen.

2.7.2 Einkommensverteilung

Um zu untersuchen, welchen Einfluß das AVV-Programm auf die soziale Differenzierung innerhalb der Bauernschaft hat, spielt die Einkommensverteilung eine zentrale Rolle. Ein Vergleich zwischen der ökonomischen Situation der Bauernfamilien in ihrem Heimatdorf und nach einigen Jahren im AVV-Projekt wäre dabei von besonderem Interesse, um den von der AVV angestrebten positiven Effekt auf die Höhe des Einkommens zu überprüfen. Aber für die Zeit vor der Umsiedlung liegen dafür praktisch keine Daten vor, was u. a. damit zusammenhängt, daß viele Bauern vor dem Umzug keiner selbständigen Produktionsgemeinschaft vorstanden und/oder keine Verkaufsprodukte anbauten.[25] So läßt sich nur für die Zeit während des AVV-Aufenthalts die Entwicklung des Einkommensniveaus und der -verteilung untersuchen.

Zu diesem Zweck habe ich aus Unterlagen der AVV[26] 35 Bauern des Dorfes V1 in Kaibo-Sud ausgewählt und z. T. selbst befragt. 33 von ihnen sind seit 1974 im Dorf, je einer erst seit 1975 und 1976. Es wurden nur Siedler mit langjährigem Aufenthalt in die Analyse einbezogen, um Verzerrungen durch das bei den Siedlern in den ersten Jahren generell geringere Einkommen zu vermeiden. Es wurde auch nur das Einkommen aus dem Baumwollanbau berücksichtigt. Dies erscheint gerechtfertigt, da das AVV-Konzept Baumwolle als einziges Verkaufsprodukt vorsieht, das das monetäre Einkommen sichern soll. Nebenerwerbstätigkeiten sind weder geplant noch läßt die hohe Arbeitsbelastung den Siedlern dafür großen Spielraum, so daß sie in diesem Fall vernachlässigt werden können (vgl. Murphy/Sprey 1981:73). Andererseits werden die landwirtschaftlichen Inputs und der Ochsenpflug fast nur für die Baumwollfelder eingesetzt (vgl. Kapitel IV.2.4.1), so daß die Kosten dafür vom Bruttoeinkommen abgezogen werden müssen.

Die Analyse der Daten, die in Anhang B, Tab. 30 dokumentiert sind, ergibt folgendes Bild: In der Anbauperiode 1977/78 variierte das Nettoeinkommen (nach Abzug der Kredit- und Inputkosten) pro Gehöft zwischen 1.055 FCFA und 59.357 FCFA mit einem Mittelwert von 18.197,54 FCFA. Die Streuungsbreite ist also erheblich (die Standardabweichung beträgt 16.693,92 FCFA). Dies bedeutet eine recht inhomogene Einkommensverteilung, wobei 25 Bauern (71 %) weniger als den Durchschnittsbetrag verdienten. Die im Schaubild 11 abgebildete Lorenzkurve dieser Verteilung verdeutlicht die Abweichung von einer vollkommenen Gleichverteilung der Einkommen, die durch die Diagonale gegeben wäre (vgl. auch Tab. 11).

Schaubild 11: Einkommensverteilung im Dorf V1-Kaibo-Sud 1977/78 und 1982/83 (nur Geldeinkommen aus Baumwolle)

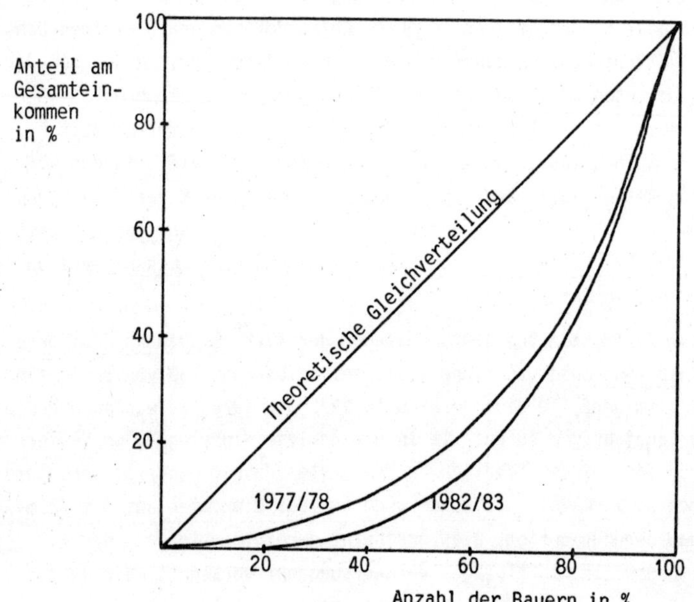

Um diese Werte von 1977/78 mit der Einkommensverteilung der Bauern von 1982/83 vergleichen zu können, ist die Berechnung des standardisierten Variationskoeffizienten (SVK)[27] sinnvoll. Er beträgt für die Verteilung von 1977/78 SVK = 0,457. Bei einem Wert von 0 wäre eine völlige Gleichverteilung, bei einem Wert von 1 eine völlige Ungleichheit gegeben.

Fünf Jahre später ist zwar das Durchschnittseinkommen auf 58.406,54 FCFA gestiegen, aber gleichzeitig sind die Geldbeträge noch breiter gestreut. Nach Abzug der in dieser Anbauperiode fälligen Schulden bleibt allein neun Bauern (26 %) überhaupt kein Gewinn mehr übrig, während das höchste Einkommen auf 237.746 FCFA angestiegen ist. Der SVK erhöht sich auf 0,529 (vgl. Schaubild 11 und Tab. 12).

Tab. 11: Einkommensverteilung im Dorf V1-Kaibo-Sud 1977/78

%-Anteil der Bauern	Einkommen	%-Anteil am Einkommen	kumuliertes Einkommen	kumulierte %
20	21.529	3,38	21.529	3,38
40	46.468	7,30	67.997	10,68
60	86.468	13,63	154.805	24,31
80	151.879	23,85	306.684	48,16
100	330.230	51,85	636.914	100,00

Quelle: Eigene Berechnung nach AVV-UP Manga/UD Kaibo-Sud (1978)

Tab. 12: Einkommensverteilung im Dorf V1-Kaibo-Sud 1982/83

%-Anteil der Bauern	Einkommen	%-Anteil am Einkommen	kumuliertes Einkommen	kumulierte %
20	0	0	0	0
40	67.374	3,30	67.374	3,30
60	267.443	13,08	334.817	16,38
80	586.683	28,70	921.500	45,08
100	1.122.729	54,92	2.044.229	100,00

Quelle: Eigene Berechnung nach AVV-UP Manga/UD Kaibo-Sud (1983)

Der Unterschied ist allerdings statistisch nicht signifikant. Berücksichtigt man aber zusätzlich, daß inzwischen einige Bauern erheblich verschuldet sind und mit dem Einkommen aus dem Baumwollanbau nur einen Teil der dafür aufgenommenen Kredite abzahlen konnten, so ergibt sich eine deutlich stärkere Ungleichverteilung. Nimmt man nämlich die Restschuld in die Analyse als "negatives Einkommen" auf, so liegt das Durchschnittseinkommen nur noch bei 47.432,14 FCFA und der SVK von 0,721 weist auf eine extreme Ungleichheit hin (auf dem 5 % Niveau signifikant).

Es stellt sich nun die Frage, ob auf der individuellen Ebene ein Zusammenhang besteht zwischen dem monetären Einkommen 1977/78 und dem von 1982/83. Sind also die Rangpositionen der einzelnen Bauern in der Einkommensskala ähnlich verteilt? Eine Korrelation von r = 0,426 (bzw. 0,361, wenn man die Restschuld als negatives Einkommen miteinbezieht) scheint diese Vermutung zu stützen.[28] Doch auch wenn die Ergebnisse statistisch signifikant sind, ist die Korrelation noch relativ gering und macht den Einfluß weiterer Variablen wahrscheinlich. Der Determinationskoeffizient beträgt nur $r^2 = 0,18$, d. h. die Einkommenslage einer Bauernfamilie im Jahr 1977 "determiniert" bzw. erklärt nur zu ca. 18 % ihre ökonomische Situation im Jahr 1983. Ein signifikanter Zusammenhang zwischen der Zahl von Aktiven pro Familie und der Einkommens- bzw. Verschuldungshöhe konnte dagegen überhaupt nicht nachgewiesen werden.[29]

Trotz des relativ kurzen Untersuchungszeitraums von fünf Jahren legen die Ergebnisse den Schluß nahe, daß zwar das durchschnittliche monetäre Einkommen aus dem Baumwollanbau gestiegen ist, daß aber gleichzeitig die Verteilung der Einkommen ungleicher geworden ist. Der Einkommenszuwachs ist nicht allen Bauern gleichermaßen zugute gekommen. Die Abstände zwischen armen und reichen Bauern haben sich eher vergrößert, einige haben sich sogar stark verschuldet. Mit einiger Sicherheit läßt sich sagen, daß sich die Positionen der Bauern in der Einkommensskala 1977/78 auch 1982/83 in vielen Fällen reproduzieren, d. h. daß sich Einkommensschichten herauszubilden beginnen. Von einer allgemeinen Steigerung des Nettoeinkommens der Bauern kann keine Rede sein, wenn 1983 allein 37 % der Siedler ein geringeres Einkommensniveau als 1977/78 aufweisen.

2.8 Soziale Probleme

2.8.1 Bodenrecht und "spontane" Migration

Ein großes Problem für die AVV-Siedler ist die Frage des Bodenrechts. Da 1973 auf der Grundlage von Luftaufnahmen entschieden wurde, daß alle zu diesem Zeitpunkt unbesiedelten Gebiete in den Volta-Tälern Staatsbesitz seien, ergaben sich später Auseinandersetzungen, als man bemerkte, daß sehr wohl Menschen dort lebten. Neben den Fulbe-Hirten, die dort ihre Herden weiden ließen, hatten z. T. auch Bauern Nutzungsrechte über Felder in diesen Gebieten, ohne daß sie zu dieser Zeit Gebrauch davon machten. Deshalb mußte in vielen Einzelverhandlungen zwischen der AVV und den Bauern der betroffenen Dörfer die Grenzziehung neu abgestimmt werden (z. B. 1980 zwischen dem traditionellen Dorf Kaibo und dem AVV-Dorf V5-Kaibo-Sud).

Da einerseits der Boden Staatseigentum ist und die Bauern nur das Nutzungsrecht haben (solange sie die Vorschriften der AVV einhalten), andererseits aber auch traditionelle Autoritäten wie die Dorfchefs und Tengsobas ("Erdbeschützer") angrenzender Dörfer Ansprüche auf die Verfügungsgewalt erheben, fühlen sich die Bauern in einer sehr unsicheren Situation. Um sich nicht einer Verletzung des traditionellen Systems schuldig zu machen, indem sie Land ohne die Erlaubnis traditioneller Autoritäten bebauen, bitten viele Siedler erst den Chef des nächstgelegenen Dorfes um seine Zustimmung, obwohl sie bereits die Erlaubnis der AVV haben (vgl. Murphy/Sprey 1981:82). In den neuen Dörfern selbst gibt es nämlich keinen Dorfchef oder Tengsoba, womit eine wichtige Herrschaftsinstanz, aber auch eine Integrationskraft, weggefallen ist. Analog zu den groupement villageois in den ORD-Gebieten wurden zwar auch in den AVV-Dörfern sogenannte comités villageois gegründet, aber die Vorstände dieser Komitees haben nicht die Autorität eines Dorfchefs, um z. B. Streitigkeiten schlichten zu können oder die Bauern wirksam gegenüber der AVV vertreten zu können.

Ein ernstes Problem sowohl für die Siedler als auch für das AVV-Projekt selbst stellen die sogenannten "spontanen" Migranten dar, die ohne Vertrag mit der Behörde in die Talgebiete eindringen und außerhalb der AVV-Dörfer Buschland schwenden und Felder anlegen. Ihre Zahl ist nach einer Untersuchung von 1979 bereits etwa doppelt so hoch, wie die der offiziell

Angesiedelten (Murphy/Sprey 1981:83). Nach Angaben des AVV-Leiters der Siedlungseinheit Kaibo-Sud lebten dort neben den 187 Familien in den sechs AVV-Dörfern etwa 175 spontane Migranten in der weiteren Umgebung des Projektgebiets. Die AVV-Siedler fühlen sich durch diese "illegalen" Zuwanderer bedroht. Anläßlich einer Befragung des Service de Formation der AVV (1982a:19) bei 72 Bauern des Blocks Mogtedo, gaben 60 % der Siedler an, daß sie befürchteten, vertrieben zu werden, 11 % dachten an Schäden auf ihren Feldern (etwa durch herumstreunendes Vieh) und 10 % sprachen von Streitereien. Den AVV-Funktionären sind die spontanen Siedler ebenfalls ein Dorn im Auge, weil sie das Land nicht intensiv mit Pflug und Dünger nutzen, sondern Schwendbau betreiben und nach einiger Zeit weiterziehen. Die AVV befürchtet deshalb eine zu starke Beanspruchung der Bodenreserven und versucht nun neuerdings, mit einer Informationskampagne die Zuwanderer zu überzeugen, daß sie sich in das Projekt eingliedern sollten. Man hofft darauf, daß sich der größte Teil von ihnen den AVV-Vorschriften unterwirft und auch Baumwolle anbaut.

2.8.2 Soziale Beziehungen

In AVV-Dörfern, in denen Bauern unterschiedlicher regionaler und ethnischer Herkunft zusammenleben, müssen sich soziale Beziehungen erst entwickeln. Dennoch ist z. B. in Kaibo-Sud, wo die Siedler z. T. schon fast ein Jahrzehnt wohnen, ein bemerkenswerter Mangel in dieser Hinsicht festzustellen.

Das Gefühl, eine neue Heimat gefunden zu haben, ist unter den Bauern in Kaibo-Sud nicht weit verbreitet. Das liegt z. T. in den äußerst schlechten Wohnverhältnissen begründet, die vor allem den Bissa mit ihrer ausgeprägten Wohnkultur schwer zu schaffen machen. Die soziale Kommunikation ist durch die drastisch reduzierte Mitgliederzahl der Gehöfte eingeschränkt, und die häufigen Besuche von Nachbarn und Freunden, wie ich sie in Lengha beobachten konnte, finden in Kaibo-Sud kaum statt. Die Erde ist in Kaibo-Sud als Baumaterial für die Hütten wenig geeignet, so daß sie fast jedes Jahr neu gebaut werden müssen. Die große Außenmauer als Umfriedung, sowie kleinere Mauern zur Unterteilung der Innenhöfe fallen weg und der Boden kann nicht richtig festgestampft werden. Dies alles verringert den Schutz vor Schlangen und wilden Tieren und erschwert das Sauberhalten des Gehöfts. Obwohl bereits 1977 in einer Studie von Guissou

(1977:43) auf diese Mißstände aufmerksam gemacht wurde, ist den Bauern bis heute keine Hilfe zuteil geworden.

Die unterschiedliche ethnische Zusammensetzung der Siedler führt zu Spannungen zwischen Mossi und Bissa und läßt z. B. Heiratsverbindungen nur in geringem Maße zu. Außerdem sind die noch jungen Familien sehr stark auf ihre Heimatdörfer orientiert. Sie brauchen die Hilfe von "zu Hause" nicht nur bei der Feldarbeit, sondern die Großfamilie bleibt auch Zufluchtsort für kranke oder alte Mitglieder der Siedlerfamilie. Schließlich spielen sich dort fast alle sozialen Aktivitäten ab, wie Feste, Zeremonien, Heirat, Geburt, Begräbnisse usw., so daß ein großer Teil der Bauern in der Trockenzeit nach Hause zurückkehrt. Murphy/Sprey (1981:84) stellten fest, daß 1978 80 % der Siedler ihre Herkunftsdörfer mindestens ein Mal besuchten und Geschenke mitbrachten: vor allem Geld (87 %), aber auch Getreide (34 %), Baumwolle (27 %) oder Vieh (18 %).

Abb. 7: Das Gehöft eines Bissa-Siedlers in Kaibo-Sud. Die schlechten Wohnverhältnisse bewegen viele zur Rückkehr ins Heimatdorf (vgl. auch Abb. 2)

Viele Bauern betrachten ihren Aufenthalt im AVV-Projekt (insbesondere wegen der restriktiven Vorschriften) als vorübergehend und entwickeln deshalb keine Ambitionen zu engen sozialen Kontakten zu anderen Siedlern. Andere wären durchaus gewillt zu bleiben, aber sie vermissen die soziale Geborgenheit und wollen deshalb trotz eines eventuell höheren Einkommens wieder zurück ins Heimatdorf.

2.8.3 Die veränderte Rolle der Frau

Die Auswirkungen der vom AVV-Projekt geschaffenen sozio-ökonomischen Strukturen auf die Situation der Frauen sind gravierend. In der Planung wurde ihre Leistung für die Reproduktion der Arbeitskraft überhaupt nicht und für die Produktion nur zum Teil anerkannt (ihre Arbeitsleistung wurde mit 75 % der des Mannes veranschlagt). Die Information über das Projekt, die Anwerbung, der Vertrag und schließlich die Kreditvergabe im Dorf wurden ausschließlich zwischen den AVV-Beamten und den Männern besprochen (Guissou 1977:6). Da die Siedlerfamilien meist monogam sind, muß die Frau die ganze Hausarbeit allein verrichten, ohne auf die Hilfe von anderen Frauen des Ehemannes oder von Mitbewohnerinnen im großen Familienverband, wie zu Hause, rechnen zu können. Außerdem wird ihre Arbeitskraft auch viel stärker als zuvor für die Feldarbeit gefordert, da die von der AVV vorgegebenen Arbeitsanforderungen an die Siedler recht hoch sind (1,2 ha pro Arbeitskrafteinheit). Der Frau verbleibt dadurch weniger Zeit für eigene wirtschaftliche Aktivitäten.

Die größte Beschränkung ergibt sich aber dadurch, daß bei der Feldzuteilung an die Siedlerfamilien keine individuellen Parzellen für die Frauen vorgesehen sind. Bei fast allen Ethnien in Burkina ist es aber üblich, daß die Frauen ein eigenes Feld bestellen, wo sie Getreide, Erdnüsse, Erderbsen, Bohnen, Okra etc. anpflanzen. Sie tragen damit ihren Teil zu den Familienmahlzeiten bei und verkaufen den Rest auf dem Markt. Die Frauen in Kaibo-Sud versuchten zwar, von ihrem Ehemann ein Stück des den Siedlern zur freien Verfügung überlassenen Feldes direkt beim Gehöft zu erhalten, aber dies gelang nicht immer. Es kam zu Protesten der Frauen gegen diese einschneidenden Verschlechterungen ihrer sozialen und ökonomischen Stellung:

> "Der hauptsächliche Grund für ihre Verärgerung war der Verlust der wirtschaftlichen Unabhängigkeit und der Wegfall ihrer Freizeit infolge ihrer erheblich angewachsenen Arbeitslast" (Conti 1979:87).

Nach den sich häufenden Protesten gab die AVV schließlich eine Studie in Auftrag, die zum Ergebnis kam, daß die Frauen etwa 50 % ihrer individuellen Wirtschaftskraft nach der Umsiedlung einbüßten (vgl. Guissou 1977:31). Denn nicht nur die individuelle Feldarbeit, sondern auch Kleinviehzucht, Handwerk und Handel (z. B. mit verarbeiteten Nahrungsmitteln) mußten verringert werden, weil die Frauen weniger Zeit haben (vgl. Tab. 13). Außerdem gibt es bisher kaum Märkte in den neuen Dörfern. Auch Getreidemühlen wurden erst in jüngster Zeit in einigen AVV-Siedlungen eingerichtet, die allerdings von Männern betrieben werden.

Tab. 13: Individuelle wirtschaftliche Tätigkeit von Frauen im Heimatdorf und im AVV-Projekt

Tätigkeit / Ort	im Heimatdorf[1] (N = 100)	im AVV-Dorf[1] (N = 86)
eigenes Feld bestellen	90 %	51 %
Viehzucht	50 %	40 %
Handel	71 %	45 %
Handwerk (z. B. Spinnen)	70 %	39 %

1) Anteil der Frauen, die eine der genannten Tätigkeiten ausüben in %

Quelle: Berechnet nach Guissou (1977:31 f.)

Durch die geringeren Möglichkeiten der Frauen, wirtschaftlich aktiv zu werden, sinkt nicht nur ihr persönliches monetäres Einkommen, sondern auch ihr Beitrag zur Versorgung der Familie. Denn für die Zubereitung der Mahlzeiten erhält sie vom Ehemann nur das Getreide; alle anderen Zutaten muß sie selbst im Hausgarten anbauen oder auf dem Markt kaufen. Auch Kleider für sich selbst und für die Kinder kauft sie normalerweise von ihrem eigenen Geld. Die Frauen werden zunehmend abhängiger von ihrem Mann, und ihre Möglichkeiten, die sozialen Beziehungen zu ihrer Herkunftsfamilie aufrechtzuerhalten, verschlechtern sich, da sie nicht mehr die erwarteten Geschenke mitbringen kann (vgl. Guissou 1977:32).

2.9 Der Beitrag der AVV zur Verminderung des Bevölkerungsdrucks und der Auslandsmigration

Mit dem Projekt zur Bekämpfung der Onchozerkose und der Besiedlung der Volta-Täler hatte man ursprünglich die Hoffnung verbunden, Burkina mit seiner hohen Bevölkerungsdichte und der Überbeanspruchung der Böden, insbesondere auf dem Mossi-Plateau, eine "Atempause" zu verschaffen (vgl. WHO-JCC 1978:IV). Mit der Umsiedlung von Familien in die von der Flußblindheit befreiten Täler wollte man Zeit gewinnen für eine umfassende Lösung der Probleme in den Herkunftsgebieten (etwa durch bodenerhaltende Maßnahmen, Förderung der landwirtschaftlichen Produktion etc.). Gleichzeitig hoffte man, die Zahl der Wanderarbeiter bzw. Emigranten zu reduzieren, die ihre Heimatdörfer verlassen.

Tatsächlich konnten in den Jahren von 1973 bis 1979 statt der geplanten 9.700 - 13.700 Familien nur 1.826 umgesiedelt werden (vgl. Anhang B, Tab. 31). Vergleicht man die Umsiedlung dieser insgesamt 14.000 Personen mit dem Bevölkerungszuwachs in Burkina im gleichen Zeitraum von etwa 635.000 Menschen, so wird deutlich, daß damit keine effektive Entlastung der dichtbesiedelten Regionen verbunden war. Von 1974 bis 1979 stieg zudem die Zahl der ins Ausland Migrierten um 135.000 Personen! (vgl. Murphy/Sprey 1981:76). In Anbetracht der soziologischen Zusammensetzung der Siedlerfamilien stellt sich sogar die Frage, ob mit dem AVV-Projekt überhaupt potentielle Auslandsmigranten (junge Männer) angesprochen werden, denn diese ziehen in der Regel die Möglichkeit, sofort Geld zu verdienen einem langwierigen Engagement als Siedler vor. Wenn dagegen junge Kernfamilien aus Gebieten mit geringer Bevölkerungsdichte auf Dauer umgesiedelt werden, beeinträchtigt dies die landwirtschaftliche Produktion im großen Familienverband erheblich und kann dadurch die Abwanderungstendenzen der jungen ledigen Männer sogar noch zusätzlich verstärken.

Tab. 14: Herkunft von AVV-Siedlern (1973 - 1979) nach Bevölkerungsdichte der Heimat-Subpräfektur

Bevölkerungsdichte der Heimat-Subpräfektur E/qkm	Anzahl der Siedler	%
60 - 69	264	14,5
50 - 59	109	6,0
40 - 49	445	24,5
30 - 39	461	25,3
20 - 29	346	19,0
10 - 19	156	8,6
0 - 9	37	2,0
Gesamt	1.818	99,9

Quelle: Eigene Berechnung nach INSED (1980:60)

Im Gegensatz zu den offiziellen Erklärungen wurden von der Rekrutierung für die AVV-Siedlungen tatsächlich weder die Regionen mit der höchsten Abwanderungsrate[30] noch die mit der größten Bevölkerungsdichte bevorzugt erfaßt. So stammten 55 % der Siedler aus weniger dicht besiedelten Gebieten (vgl. Tab. 14). Auch die Maßgabe, daß die Siedler möglichst nicht aus der Umgebung der neuen Dörfer stammen sollten, wurde nur zum Teil erfüllt: Fast die Hälfte aller AVV-Siedler lebten bereits zuvor in der Subpräfektur, in der sie ihre "neue" Heimat fanden (vgl. Tab. 15).

<u>Tab. 15:</u> Übereinstimmung zwischen Herkunfts- und Siedlungs-Subpräfektur von Siedlern (1973 - 1981)

AVV-Block	%-Satz der Übereinstimmung
Linoghin	61,1
Mogtedo	18,0
Bomboré	18,7
Rapadama	23,4
Kaibo-Sud	28,4
Kaibo-Nord	38,7
Manga-Est	66,1
Tiebele	66,3
Djipologo	77,8
Bané	81,5
Durchschnitt	48,0
<u>Quelle:</u> AVV (1981:19 f.)	

Vor allem war aber die Besiedlung der Volta-Täler in keiner Weise mit einer Förderung der landwirtschaftlichen Entwicklung in den Herkunftsgebieten verknüpft, sondern alle Mittel wurden in die wirtschaftliche Erschließung der neuen Gebiete investiert. Die dort vorherrschenden schweren Böden, deren Bearbeitung besondere Kenntnisse und Inputs erfordert, sind für die übrigen Regionen Burkinas vollkommen untypisch, so daß die dabei gewonnenen Erfahrungen noch nicht einmal nutzbringend verallgemeinert werden können.[31]

Das AVV-Projekt erhielt nicht nur viel massivere Unterstützung als etwa die ORD-Behörden[32], sondern es entzog den Herkunftsdörfern auch die besten Arbeitskräfte für seine Zwecke (Frélastre 1980:68). Indessen wurde die "Atempause", die die Umsiedlung bringen sollte, nicht genutzt, um über neue Möglichkeiten nachzudenken, wie der Masse der Bevölkerung in den sogenannten überbevölkerten Gebieten bei der Steigerung ihrer landwirtschaftlichen Produktion und bei der Erhaltung bzw. Wiederherstellung der Bodenfruchtbarkeit geholfen werden könnte.[33]

2.10 AVV - der Kapitalismus im neuen Gewand?

Das AVV-Projekt ist ein besonders interessantes Beispiel für eine Verflechtung von Produktionsweisen. Ohne die im Kapitel II beschriebene Funktionalisierung der "traditionellen" Subsistenzökonomie für die Interessen der Kapitalverwertung und die damit einhergehende Verflechtung mit der kapitalistischen Produktionsweise mittels Migration von Lohnarbeitern und Warenproduktion wäre das AVV-Projekt nicht möglich. Nur die entstandenen Zwänge zur Aufnahme einer monetär orientierten Produktion und der gleichzeitig notwendigen Aufrechterhaltung der subsistenzökonomischen Produktionsweise in den Herkunftsgebieten machte eine Ansiedlung von Bauernfamilien möglich. Diese wiederum arbeiten scheinbar frei (kein Kapital-Lohnarbeits-Verhältnis) auch für die Warenproduktion. Doch die Kontrolle der Produktion durch die AVV manifestiert sich in den detaillierten Vorschriften, dem Kreditsystem und der landwirtschaftlichen Beratung. Die grundlegendsten Infrastrukturen wurden geschaffen, aber auch hier ist die Eigenbeteiligung der Siedler recht hoch. Durch eine Kombination von Nahrungsmittel- und cash-crop-Produktion in einem System der Vertragslandwirtschaft ist es möglich, die vergleichsweise unrentable Produktion von Baumwolle aufrechtzuerhalten, da die Bauern die Mittel für ihre Reproduktion selbst produzieren. Die Bauern sind von einem einzigen Aufkäufer der Baumwolle abhängig (die AVV arbeitet dabei eng mit der SOFITEX zusammen), der ihnen auch den Zugang zu Produktionsmitteln verschafft (Nutzungsrecht für den Boden, Pflug, Dünger etc.) und durch die Kreditvermittlung erheblichen Einfluß auf das den Bauern verbleibende monetäre Einkommen ausübt. Die Siedler tragen das Produktionsrisiko, ohne daß sie auf die Vermarktung ihres Produkts Einfluß haben. Die Arbeitskosten die beim arbeitsintensiven Baumwollanbau bei vollständiger kapitalistischer Warenproduktion sehr hoch wären, gehen bei dem System der Vertragslandwirtschaft praktisch nicht in die Kostenberechnung mit ein. Der Preis für die Baumwolle muß nicht die Reproduktionskosten der Bauern bzw. der mithelfenden Familienangehörigen decken. Der Spielraum für die Bauern, etwa die Baumwollproduktion zu vermindern und mehr Nahrungsmittel anzubauen, ist aufgrund ihrer vertraglichen Gebundenheit geringer als in anderen Gebieten Burkinas, wo die Bauern notfalls auf den cash-crop-Anbau ganz verzichten können (vgl. Maas 1983:125). Die Verflechtung von Produktionsweisen ermöglicht eine Überausbeutung der Arbeitskräfte (vgl. Meillassoux 1982:17) und erlaubt der Staatsbürokratie und den beteiligten Konzernen die Abschöpfung eines größeren Gewinns, als es bei einer reinen kapitalistischen Warenproduktion auf der Basis von Lohnarbeit möglich wäre. Während so die Marktintegration der Bauern erreicht und durch die ständig notwendigen Investitionen in den Kauf von Produktionsmitteln gesichert wird, soll die Reproduktion außerhalb dieses Produktionssystems bleiben. Ein positiver Effekt für die Verbesserung der Lebenssituation der Masse der Bauern ist damit nicht verbunden.

V. Schlußbemerkungen

Ausgehend von einigen konkreten Problemen von Kleinbauern im Südosten Burkinas, wie zunehmende Nahrungsmitteldefizite, Bodendegradierung und Abwanderung junger Männer, wurde in der vorliegenden Arbeit versucht, den historischen und gesellschaftlichen Kontext dieser Phänomene der "Unterentwicklung" aufzuzeigen. Dabei zeigte sich, daß in einzelnen historischen Phasen verschiedene Produktionsweisen miteinander verflochten waren, wobei sich jeweils hauptsächlich zwei soziale Klassen gegenüberstanden: Älteste und Abhängige, Adlige und Bauern, Herren und Sklaven.

Die Zwangsmaßnahmen in der Kolonialzeit und die Ausweitung der Warenproduktion und der Wanderarbeit führten zu einer spezifischen Verflechtung der subsistenzökonomischen mit der kapitalistischen Produktionsweise: Die Arbeitskraft der Bauern (als Warenproduzenten bzw. Lohnarbeiter) kann dabei unterhalb ihrer Reproduktionskosten entlohnt werden, da die Subsistenzproduktion die Existenzsicherung ermöglicht. Aber die Ausweitung der Warenökonomie hat andererseits dazu geführt, daß die sozialen Beziehungen zunehmend einen Warencharakter annehmen, die Individualisierung voranschreitet und die Produktion im traditionellen Großfamilienverband durch Auflösungstendenzen gekennzeichnet ist. Die Abwesenheit der besten Arbeitskräfte und die Überbeanspruchung der Böden (etwa durch den Baumwollanbau in Monokulturen) haben die in den letzten Jahren auftretenden Krisen in der Nahrungsmittelversorgung mitverursacht.

Der verstärkte Anbau von Baumwolle für den Export und die Arbeit der ca. 1 Mio. Gastarbeiter aus Burkina in den Kaffee- und Kakaoplantagen der Küstenstaaten haben zumindest der Masse der Bevölkerung bis heute keine entscheidende Verbesserung ihrer Lebenssituation gebracht. Man kann hier sogar von einer doppelten Ausbeutungsbeziehung sprechen: Die Bauern Burkinas werden durch die niedrige Entlohnung ihrer Arbeitskraft vom Staat und den Konzernen ausgebeutet, die beide vom Baumwollanbau profitieren. Auf internationaler Ebene bestimmen die Industrieländer mit ihrer weitaus größeren ökonomischen Macht die Spielregeln des Welthandels und der Weltwirtschaft. Im Verhältnis zu industriell gefertigten Produkten ist der Preis für landwirtschaftliche Rohstoffe, wie sie Burkina fast ausschließlich exportiert, nicht nur viel geringer, sondern er steigt auch wesentlich langsamer und schwankt beträchtlich.

Die von den Regierungen der Entwicklungsländer (bzw. von den dort herrschenden Eliten) geforderte Neue Weltwirtschaftsordnung kann ein erster Schritt sein, die Abhängigkeiten von den Industrieländern zu vermindern. Eine Abkopplung vom Weltmarkt und lediglich selektive Zusammenarbeit wäre der radikalere Schritt (vgl. Senghaas 1977).

Aber beide Strategien bringen nicht automatisch der Masse der Armen (vorwiegend in den ländlichen Räumen der Entwicklungsländer) eine Verbesserung. Man muß hier vielmehr zwischen verschiedenen Klassen differenzieren. Auch die nationalen und internationalen Entwicklungsagenturen, die heute eine Steigerung der (Waren-)Produktion und die Marktintegration der Bauern als Ausweg aus der Armut propagieren, lassen dabei die bestehenden sozialen Bedingungen außer acht, unter denen produziert wird. Gerade diese Ausbeutungsbeziehungen sind es aber (und nicht die Produktion für den Markt bzw. für den Export), die eine Entwicklung, d. h. eine Erfüllung der Grundbedürfnisse der Bevölkerung, verhindern. Wie auch die Beispiele in dieser Arbeit zeigen, profitiert nur ein kleiner Teil der Bauern wirklich von den Entwicklungsprojekten, und selbst diese stellen fest, daß sie zwar auf der einen Seite mehr Geld verdienen, aber durch teure Inputs und Schulden wieder viel davon abgeben müssen und darüberhinaus stärker von Preisschwankungen abhängig werden. Schließlich können sie sich zwar z. T. von alten sozialen Verpflichtungen befreien, aber sie verlieren damit auch eine gewisse Absicherung im Fall von Krankheit oder Mißernten. Für bestimmte Gruppen, wie die der Frauen, kann die einseitige Förderung der ökonomischen Aktivitäten der Männer zu sozialem Abstieg führen. Auch wenn die Entwicklungsmaßnahmen einige Verbesserungen erbringen, die allen zugute kommen, wie z. B. Straßen, Schulen, Krankenstationen etc., so können sie andererseits gravierende soziale Konsequenzen haben; wenn sie etwa soziale Differenzierungsprozesse noch verstärken, indem vor allem solche Bauern gefördert werden, die bereits bessergestellt sind.

Unter diesen Bedingungen lassen sich nicht generell Maßnahmen bestimmen, die geeignet sind, tatsächlich die Verwirklichung der Grundbedürfnisstrategie voranzutreiben. Denn es hängt jeweils davon ab, ob die Struktur der Ausbeutungsbeziehungen verändert werden soll, oder ob sie, wie z. B. im Falle des AVV-Projekts, durch die Kombination von Subsistenz- und Warenproduktion geradezu institutionalisiert wird. Tendenziell scheinen mir aber Projekte am geeignetsten, die, ohne großen bürokratischen Aufwand und hohe finanzielle Ausgaben für ausländische Experten und Importwaren, lokale Initiativen unterstützen sowie möglichst im Land vorhandene Rohstoffe und Materialien nutzen (z. B. Phosphat aus Burkina statt Kunstdünger zu importieren). Die politische Mobilisierung und Organisation gerade der ärmsten Bauern sowie der Frauen ist eine weitere wichtige Voraussetzung, damit sie ihre Interessen wirksamer durchsetzen können. Durch sorgfältige sozio-ökonomische Feldstudien müssen vor dem Beginn von Maßnahmen die Interessen und Wünsche einzelner Gruppen analysiert und gemeinsam mit den Betroffenen Lösungsvorschläge ausgearbeitet werden. Eine Ausweitung der Marktwirtschaft könnte durchaus eine sinnvolle Strategie sein, um den Entwicklungsstand der Produktionskräfte anzuheben, aber sie muß unter Bedingungen erfolgen, die eine Ausbeutung der Bauern zugunsten der städtischen Elite oder dem Wohlstand der Industrieländer verhindert (etwa durch eine drastische Erhöhung der Erzeugerpreise). Die politischen Voraussetzungen dafür können nur von den Ausgebeuteten selbst erkämpft werden, wobei die Solidaritätsbewegung in den Industrieländern ihren Teil zur Veränderung der internationalen Abhängigkeitsbeziehungen leisten kann.

Anmerkungen

zu Kapitel I (Seite 2 - 12)

1) Die Begriffe "Entwicklungsländer" und "Dritte Welt" werden im folgenden nur ihrer Gebräuchlichkeit wegen verwendet, was nichts über ihren (zweifelhaften) Wert als analytische Kategorie aussagt (vgl. Nohlen/Nuscheler 1982:11 ff.).

2) Das BSP pro Kopf ist als Maß für den wirtschaftlichen Wohlstand der Bevölkerung eines Landes unter anderem deshalb ungeeignet, weil es zu hoch aggregiert ist, um noch eine evtl. höchst ungleiche Verteilung des Einkommens innerhalb eines Landes erkennen zu lassen.

3) Wie die Bauern aufgrund ihrer "Weltsicht" die Modernisierungsvorschläge und Kooperationserwartungen der Planer völlig anders interpretieren, wird z. B. von Bailey (1971:303 ff.) ausführlich beschrieben. Einer Person, die außerhalb der auf gemeinsamen moralischen Grundvorstellungen beruhenden Gemeinschaft steht, muß prinzipiell mit Mißtrauen begegnet werden. Für die Bauern ist es geradezu eine Zumutung, mit jemandem zu kooperieren, der sich nicht in die vielfältigen Rollenbeziehungen der Gemeinschaft integrieren lassen will.

4) Es bleibt fraglich, inwieweit es in der relativ kurzen Zeit der Feldforschung gelingen konnte, den "wahren" Problemen der Bauern auf die Spur zu kommen. Mir erscheint diese Vorgehensweise aber eine bessere Annäherung an die Realität zu sein als die Annahmen der sog. Experten.

5) Diese Einsicht, die in der agrarsoziologischen Forschung schon lange bekannt ist (vgl. z. B. Elwert/Wong 1979), findet langsam auch Eingang in die Entwicklungsplanung (vgl. Krings 1978:125).

6) Leider wurde die jährliche Regenmenge in Koupéla erst ab 1971 systematisch erfaßt, so daß für die Zeit davor keine zuverlässige Aussage über Veränderungen gemacht werden kann.

7) In der Literatur über Migration in Westafrika gibt es unterschiedliche Meinungen darüber, ob die Migranten nun netto Ressourcen in ihre Heimat transferieren oder im Gegenteil solche abziehen (vgl. die Aufsätze zur Migrationsproblematik in Elwert/Fett1982 sowie Kaufmann 1981). Bei den von mir befragten Bauern waren die Geldbeträge und Geschenke, die sie von migrierten Verwandten erhielten, durchweg gering. Die meisten hatten überhaupt nichts bekommen.

8) Es gibt den dependencia-Ansatz ebensowenig wie die Modernisierungstheorie. Die vielfältigen theoretischen Ansätze werden hier jedoch vereinfachend zusammengefaßt und auf die wesentlichsten und für die Arbeit relevantesten Argumentationsmuster reduziert. Für eine eingehendere Diskussion und Kritik möchte ich auch hier auf die entsprechende Literatur verweisen (vgl. etwa Evers/Wogau 1973, Hurtienne 1974).

9) Vgl. zu diesem Konzept etwa Córdova (1973).

10) Zum Konzept der Marginalisierung vgl. Quijano (1974) und kritisch dazu Bennholdt-Thomsen (1979).

11) Vgl. etwa für Brasilien: Hurtienne (1981), für Nigeria: Kohnert (1982). Zur Frage nach einer möglichen Entwicklung eines eigenstän-

digen nationalen Kapitalismus vgl. die von Warren (1973) ausgelöste Debatte in der Zeitschrift Review of African Political Economy.

12) In methodologischer Hinsicht ist der angestrebte radikale Bruch mit der Modernisierungstheorie jedenfalls fraglich. So werden z. B. die an der Modernisierungstheorie so vehement kritisierten Typologien (Traditionalität vs. Modernität etc.) durch neue Dichotomien ersetzt (Zentrum - Peripherie, strukturelle Heterogenität - Homogenität usw.), deren Erklärungswert ebenso zweifelhaft ist (vgl. Hurtienne 1981:112).

13) Hurtienne (1981:107) betont beispielsweise die zentrale Rolle gerade des Luxuskonsums und der Exportproduktion für die kapitalistische Entwicklung in England; vgl. auch Freyhold (1981:51 ff.) und Simonis (1981:39 f.).

14) Vgl. den Überblick in Ahlers (1973) und die dort angegebene Literatur.

15) Grundlegend dazu Rey (1971, 1973), Meillassoux (1972), Terray (1974a). Gegen die uneingeschränkte Übertragbarkeit der Kategorien des historischen Materialismus auf nicht-kapitalistische Gesellschaften wurden allerdings auch Einwände erhoben (vgl. etwa Schiel 1982, 1983 und Kößler 1983). Die Frage, inwieweit wirtschaftliches Handeln von Bauern in Entwicklungsländern mit Begriffen der politischen Ökonomie analysiert werden kann, spielt auch eine wichtige Rolle in der Debatte zwischen "Substantivisten" und "Formalisten" (vgl. etwa Scott 1976 vs. Popkin 1979).

16) Das Ökonomische muß aber nicht immer dominieren, sondern es determiniert "in letzter Instanz", welche gesellschaftliche Instanz dominiert (Thieme 1972:428).

17) Vgl. aber Rey (1977:121), der diese Unterscheidung von ökonomischem und außerökonomischem Zwang nicht für sinnvoll hält, da in jedem Fall eine Ausbeutungsbeziehung nur dann ein Produktionsverhältnis darstellt, wenn sie sich "der Produktion bemächtigt hat".

18) Die Charakterisierung von Frauen als ein "Mittel zur Reproduktion" erscheint als eine sexistische, menschenverachtende Ausdrucksweise. Allerdings weist Meillassoux (1983:94) darauf hin, daß den Frauen in den nicht-kapitalistischen Gesellschaftsformationen tatsächlich der Status von Produzentinnen verweigert wird und sie vollständig der Herrschaft des Mannes unterworfen sind. Ob dies allerdings auch heißt, daß ihnen der Status des Menschseins abgesprochen wird und sie nur noch als Objekt betrachtet werden, sei dahingestellt.

19) Auf diese Kontroverse über die Klassenbildung werde ich in Kapitel II.2.2 am konkreten Fall der Mossi und Bissa eingehen.

20) Reproduktion bedeutet eben nicht nur die individuelle Wiederherstellung der Arbeitskraft, sondern auch die "Systemreproduktion", d. h. die Reproduktion der gesamten Produktionsverhältnisse, allerdings unter Beachtung der Reproduktion der ihr unterworfenen Individuen (vgl. Evers/Schiel 1979:287).

21) Vgl. den Artikel in der "Frankfurter Allgemeinen Zeitung" vom 27.3.1982: "Von Entwicklungshilfe fast erdrückt".

22) Vgl. den zeitlichen Ablauf der Forschungsaufenthalte im Anhang A

zu Kapitel I (Seite 18 - 24)

23) Vgl. Kapitel II.1 zur näheren Beschreibung des Dorfes

24) In Bané sind die Bissa jedoch schon sehr stark von den Mossi beeinflußt, weshalb man von ihnen als "Bissa Mossisé" spricht. Ich beschränkte meine Untersuchung daher auf Kaibo-Sud.

25) Vgl. Kapitel II.1 zur Beschreibung der Dörfer

26) Bereits in unserem Kulturkreis sind zahlreiche Fehlerquellen zu beachten, die nur z. T. ausgeschaltet bzw. konrolliert werden können. In einem fremden Kulturkreis ist dies um so schwieriger (vgl. Hippel 1980:203 ff. sowie Lipton/Moore 1972).

27) Ich beschränkte mich auf Gespräche mit wenigen Frauen und sah davon ab, auch eine größere Zahl von Frauen in die systematischen Interviews einzubeziehen, da dies nicht nur mehr Zeit als vorhanden war erfordert hätte, um den Widerstand der Männer zu überwinden (vgl. Pausewang 1973:60). Als männlichem Forscher waren mir für die Informationsgewinnung von Frauen ohnehin Grenzen gesetzt.

28) Vgl. zu diesem Verfahren (quasi-random-sampling) Peil (1982:35).

<u>zu Kapitel II</u> (Seite 26 - 34)

1) L'Amélioration des Méthodes d'Investigation en Milieu Rural Africain: Eine Gruppe französischer Sozialwissenschaftler, die es sich zur Aufgabe gemacht haben, auf der Grundlage des Konzepts der "articulation des modes de production" einen gemeinsamen methodischen Forschungsansatz zu erarbeiten, um eine bessere Vergleichbarkeit der Ergebnisse empirischer Untersuchungen zu ermöglichen.

2) D. h. Begriffe, die eine spezifische Bedeutung innerhalb eines Kulturkreises bzw. einer Ethnie haben und darum auch nicht ohne weiteres in europäische Begriffe übersetzbar sind (Elwert 1980:349).

3) Zu den folgenden Zahlenangaben vgl. Anhang B, Tab. 3 - 5.

4) Bei einer traditionellen Anbauweise mit fünf Jahren Anbau und 15 Jahren Brache ergibt sich ein Nutzungsgrad von jährlich 20 % der Fläche.

5) Bei der letzten Volkszählung von 1975 wurden für Nakaba 2.860 und für Sampango 522 Bewohner registriert.

6) Einer der drei größten Märkte Burkinas.

7) Vgl. dazu Ki-Zerbo (1981:260 f.), dessen Darstellung der von mir in den Dörfern aufgenommenen oralen Tradition entspricht.

8) Die Namensgebung beruht auf den <u>Kug-pèela</u>, den weißen Steinen, die in Koupéla gefunden wurden und als heilig verehrt werden.

9) Für die Kennzeichnung der Ethnie wird hier der Name "Bissa", für die Sprache die Bezeichnung "Bisa" verwendet. In der älteren Literatur finden sich noch andere Schreibweisen, die von dem Namen für die Bissa in der Moré-Sprache (der Mossi) abgeleitet sind: Busâga (sg.) und Busâsé (pl.) (vgl. Prost 1950:7).

10) In den westlichen und südlichen Kantonen des Bissa-Landes wird <u>lébir</u>, in den östlichen <u>barka</u> gesprochen (vgl. Anhang B, Karte 2).

11) Bei meiner Feldforschung stellte ich z. B. fest, daß zwar im Dorf

zu Kapitel II (Seite 34 - 48)

Lengha der lébir-Dialekt gesprochen wird, aber im nur 11 km entfernten Dierma, das ebenfalls im lébir-Sprachraum liegt, traf ich auf den östlichen Dialekt.

12) Naba Zoungrana war der Sohn des Naba Ouedraogo, des "Urvaters" der Mossi.

13) da = Mutter, bré = weibliches Geschlecht.

14) Vgl. Anhang B, Schaubild 1 zur Genealogie des Dorfhäuptlings.

15) Elwert (1980:345) weist auf die doppelte Bedeutung des französischen Begriffs der "articulation" als Verschränkung und Hervortreten einer Produktionsweise hin.

16) Grundlegend für dieses Konzept sind die Arbeiten von Terray (1974a), Rey (1973) und Meillassoux (1983).

17) "In allen Gesellschaftsformen ist es eine bestimmte Produktion, die allen übrigen, und deren Verhältnisse daher auch allen übrigen, Rang und Einfluß anweist" (Marx 1953:27).

18) "Die historischen Gesellschaften sind vielmehr 'Formationen', die Produktionsweisen kombinieren und zugleich über den Fernhandel Beziehungen zu anderen Gesellschaften organisieren" (Amin 1975).

19) Zur Unterscheidung von akephalen und zentral gesteuerten Gesellschaften vgl. Sigrist (1967).

20) Vgl. dazu auch Marx (1953:376 ff.) über den Stamm als soziale Voraussetzung der Existenz des Individuums und dessen materieller Produktion.

21) Zur Fragwürdigkeit der Übertragung europäischer Kategorien auf afrikanische Verhältnisse vgl. Goody (1969).

22) Dies gilt aber nur für die Mossi-Bauern. Angehörige anderer Ethnien wurden häufig bei Razzien völlig ausgeplündert.

23) Vgl. die Thesen von Engels in Marx (1962:165 ff. 171 f.) über die Entstehung des Staates aufgrund der Spaltung der Gesellschaft in zwei antagonistische Klassen.

24) "Kriege oder Raubzüge der Mossi beschränkten sich gewöhnlich auf die Trockenzeit und hörten zu Beginn der Anbauperiode auf" (Skinner 1964:105).

25) Beim Schwenden werden Bäume und Sträucher abgehackt und das Feld anschließend abgebrannt. Im Gegensatz zum Roden läßt man die Wurzeln im Boden, so daß er besser festgehalten wird und Erosionsschäden vermindert werden.

26) Vgl. Boserup (1965:41), deren demographische Entwicklungsthesen aber auf Kritik stießen; vgl. dazu Benería/Sen (1981).

27) Zur Frage der Dominanz der Produktionsverhältnisse über die Produktivkräfte vgl. Bettelheim (1972:57) und Taylor (1979:108).

28) Z. B. indem kollektive Arbeiten auf den Feldern des Dorfchefs gefordert wurden (vgl. Rey 1977:124).

29) Der Ausfall der Baumwollimporte Frankreichs aus den USA während des amerikanischen Bürgerkriegs sowie der Deutsch-Französische Krieg von

zu Kapitel II (Seite 48 - 66)

1870/71 hatten die Bedeutung gesicherter eigener Rohstoffquellen verdeutlicht. Rohstoffe aus überseeischen Besitzungen sparten außerdem erhebliche Devisen ein (vgl. Spittler 1981:132). Zum Verlauf der Eroberung Französisch-Westafrikas vgl. Mayer (1977) und speziell zu Burkina Skinner (1964:148 ff.).

30) "Mehrere Unternehmungen sind notwendig, um das Bissa-Land zu unterwerfen. Ouarégou, Lergo, Lenga, Tangaré und Léré ... sind die hauptsächlichen Zentren des Widerstands der Bissa" (Lahuec 1979:41).

31) Diese Kolonie umfaßte das Staatsgebiet des heutigen Mali, sie ist also nicht identisch mit dem heutigen Staat Sudan.

32) Neben dem Einsatz von Zwangsmitteln spielten in diesem Prozeß aber auch noch andere Mechanismen eine Rolle (vgl. Spittler 1981, Olivier de Sardan 1982).

33) Nach den Zahlenangaben bei Spittler (1981:163) stieg die Steuersumme von 1925 bis 1930 um 183 %. Da die Verwaltung wohl kaum in der Lage gewesen sein dürfte, die Zahl der Steuerzahler in nur fünf Jahren so drastisch zu erhöhen, läßt sich eine deutliche Erhöhung der Steuerschuld pro Kopf vermuten.

34) Ein Beispiel dafür ist der Bau der Eisenbahnlinie von der Elfenbeinküste nach Burkina und die Linie Thiès - Kayes in Mali (Suret-Canale 1969:325).

35) Vgl. Suret-Canale (1969:324); zu den sozialen Folgen dieses Projekts vgl. Zahan (1963). Die Gründe für das Scheitern dieses Umsiedlungsprojekts ähneln denen, die auch heute in dem Siedlungsprogramm der AVV zu Problemen führen (vgl. Kapitel IV).

36) Lahuec (1979:46) berichtet, daß die Administration 700 Aufforderungen erteilen mußte, um schließlich 100 Arbeiter tatsächlich rekrutieren zu können.

37) 1926 zählte die Kolonialtruppe Französisch-Westafrikas 11.150 Mann, Burkina stellte davon das größte Kontingent, nämlich 2.500 Soldaten (Suret-Canale 1969:436).

38) In den 30er Jahren machen Textilien 1/4 aller Importe Französisch-Westafrikas aus (Spittler 1981:134).

39) Zwar gibt es verschiedene Essensgruppen (z. B. Männer und Frauen getrennt), aber das Getreide wird aus den Gemeinschaftsspeichern entnommen.

40) 100 Franc der westafrikanischen Währungsunion CFA entsprechen 2 französischen Franc oder ca. 0,70 DM.

41) Ergebnisse der Befragung junger Männer und Mädchen.

42) Die Migranten können aber aufgrund ihrer gesellschaftlich untergeordneten Stellung ihre Ersparnisse nicht produktiv einsetzen; sie konsumieren deshalb den größten Teil davon (vgl. Schulz 1979:93 f.).

43) Franz.: beurre de carité, aus den Früchten des Karité-Baumes gewonnenes Fett.

44) Die emischen Bezeichnungen für die einzelnen Anbauprodukte sind im Verzeichnis der Moré- und Bisa-Begriffe zu finden.

zu Kapitel II (Seite 66 - 73)

45) Die ritualisierten Pflanzen (wie z. B. Kolbenhirse) gelten bei den Mossi und Bissa als eigentlich unverkäuflich und werden nicht individuell angebaut. Maas (1983:102 f.) vermutet deshalb, daß Weißes Sorghum eher von den Bauern verkauft wird als andere Getreidearten.

46) Die Steuer von 480 FCFA pro Erwachsenem ist heute nicht mehr von so großer Bedeutung, dafür kostet die Schulausbildung eines Kindes allein schon 1.200 FCFA/Jahr, und für die höhere Schule müssen ca. 80.000 FCFA/Jahr gezahlt werden.

zu Kapitel III (Seite 79 - 84)

1) Vgl. Anhang B, Tab. 8 - 10; berücksichtigt man noch die Nahrungsmittelhilfe sowie die Entwicklungshilfe der Nicht-Regierungs-Organisationen, sind es sogar 193 %. Elwert/Kohnert (1983:17) geben für die Jahre 1975 - 1980 einen eher konservativ berechneten Durchschnittswert von 111 % an.

2) Trotz der Bedenken gegen die Verwendung der oft ungenauen und z. T. widersprüchlichen offiziellen Statistiken können die in diesem Kapitel verwendeten Zahlen zumindest die Proportionen der Wirtschaftsstruktur verdeutlichen helfen.

3) Nach Statistisches Bundesamt (1984:36, 54); vgl. Anhang B, Tab. 13.

4) Eigene Berechnung nach Statistisches Bundesamt (1982:16, 1984:37).

5) Der staatlich festgelegte Erzeugerpreis stieg bei der Basis von 100 für 1965 nur auf 103 im Jahre 1974, während sich der Weltmarktpreis im gleichen Zeitraum von 100 auf 218 erhöhte (vgl. FAO 1976:17). Preissteigerungen (die allerdings auch auf erhöhte Transportkosten zurückzuführen sein können) wurden also nicht an die Bauern weitergegeben.

6) Vgl. dazu die Zahlenangaben bei Maas (1983:96 f.): Danach standen 1980 den Einnahmen aus dem Export von 19,1 Mrd. FCFA (davon Baumwolle 8,4 Mrd. FCFA) Nahrungsmittelimporte in Höhe von 13,7 Mrd. FCFA und Ausgaben für landwirtschaftliche Inputs von 2,4 Mrd. FCFA gegenüber.

7) Zu den sozialen und wirtschaftlichen Faktoren, die die Bauern zum Baumwollanbau bzw. zur Migration veranlassen, siehe Maas (1983) bzw. Schulz (1979).

8) Im Zeitraum von 1969 - 1979 stieg die Nahrungsmittelproduktion jährlich um durchschnittlich 2 %, während die Produktion aller anderen landwirtschaftlichen Erzeugnisse (z. B. Baumwolle) um 7,2 % jährlich zunahm (World Bank 1982:167).

9) Die International Development Association (IDA) vergibt besonders günstige Kredite an die am wenigsten entwickelten Länder (LLDC). Sie erhebt nur eine Bearbeitungsgebühr von 0,75 % der Kreditsumme.

10) Williams (1981) beschreibt in seiner Analyse der Weltbankstrategie in bezug auf Afrika sehr anschaulich, wie die Entwicklungsplaner das angebliche Hauptproblem der Bauern definieren und dann ihre Lösungen anbieten.

11) Inzwischen scheint die Weltbank in ihren offiziellen Verlautbarungen ohnehin wieder den Vorrang produktivitätssteigernder Maßnahmen zu

zu Kapitel III (Seite 84)

betonen. Das Konzept der integrierten ländlichen Entwicklung habe sich als zu teuer und zu langwierig erwiesen (vgl. Brauer 1982:11).

zu Kapitel IV (Seite 87 - 102)

1) Vgl. Lobüscher et al. (1983:6), die auf die Einrichtung sog. Agricultural Development Projects seit 1975 in einigen Bundesstaaten Nigerias hinweisen.

2) Die seit dem Putsch vom 5. August 1983 amtierende Regierung arbeitet an einer Reform der Verwaltungsgliederung.

3) Das Vermarktungsmonopol, das seit der Kolonialzeit die französische Gesellschaft CFDT innehatte, wurde 1979 der SOFITEX (Société Voltaique des Fibres Textiles) übertragen, deren Kapital zu 55 % vom Staat kontrolliert wird; 44 % der Anteile gehören weiterhin der CFDT und jeweils 0,5 % den beiden kommerziellen Banken Burkinas. An der Grenze ist jedoch nach wie vor die CFDT alleiniger Aufkäufer für Baumwolle (IMF 1980:9). Die Gewinne der SOFITEX erhalten zu 70 % die Caisse de Stabilisation du Coton, zu 20 % die Gesellschaft selbst und zu 10 % die ORD (Frélastre 1980:67).

4) Die Arbeit des ORD speziell im Dorf Nakaba ist ausführlich in meinem Lehrforschungsbericht in Lobüscher et al. (1983:295 ff.) beschrieben. Ich konzentriere mich deshalb hier nur auf die wesentlichsten Aspekte und ergänze sie durch die Beobachtungen in den anderen Untersuchungsdörfern.

5) Diese parasitäre Erkrankung wird durch einen Fadenwurm hervorgerufen, der - von blutsaugenden Mücken übertragen - im menschlichen Körper verschiedene Organe befällt, zu einem allgemeinen Kräfteverfall und im Endstadium zur Blindheit führt.

6) Nach Berechnungen der FAO werden 1990 bereits 25 % des landwirtschaftlich nutzbaren Bodens auf dem Mossi-Plateau unfruchtbar sein, wenn die gegenwärtige Nutzungsintensität beibehalten wird (WHO-JCC 1978:11, auch die Landnutzungskarte 1 in Anhang B). Die von der WHO (1973:72 ff.) geschätzten wirtschaftlichen Schäden durch die Onchozerkose sind in Anhang B, Tab. 14 und Schaubild 2 dokumentiert.

7) Dies ergibt sich aus dem in epidemiologischen Untersuchungen festgestellten erhöhten Gesundheitsrisiko ab einer Übertragungsrate (PAT = potentiel annuel de transmission) von mehr als 100 Parasitenlarven/Mensch/Jahr. Da nur 5 % aller Mücken mit Larven infiziert sind, kann also erst ab einer Zahl von über 2.000 Stichen von einer erhöhten Gesundheitsgefahr gesprochen werden (Hervouet 1979a:183 ff.).

8) Hervouet (1978:17) gibt an, daß in den südlichen Kantonen zwischen Rotem und Weißem Volta von 1928 bis 1947 150.000 Menschen emigrierten, d. h. fast die Hälfte der dort lebenden Bevölkerung.

9) Die extreme Ausweitung der Anbauflächen in Beguedo am Weißen Volta, dessen Bewohner sogar Felder in Niaogo bestellen, führte zu einem Anstieg der an Onchozerkose Erkrankten von unter 11 % (1969) auf 34 % (1972) der Einwohner (Lahuec 1979:76).

10) Auf die biologischen und ökologischen Folgen der Sprühaktion, wie z. B. Entwicklung insektizidresistenter Mückenarten und die Auswirkungen der Insektizide auf Fauna und Flora (seit 1974 wurden über 2 Mio. Liter/100 km Flußlauf versprüht) kann hier nicht näher einge-

zu Kapitel IV (Seite 102 - 112)

gangen werden (vgl. dazu Hunter 1981).

11) 1976 stellte man bei 1.182 Personen, die bei ihrer Ansiedlung absolut frei von Onchozerkose waren, in 4 % der Fälle eine solche Erkrankung fest (WHO-EAC 1981:5).

12) Die Analyse richtet sich hier vornehmlich auf die Gebiete am Weißen und Roten Volta. Über die Siedlungen am Schwarzen Volta und Sourou vgl. Bellot-Couderc/Bellot (1978).

13) Die Straßen wurden vor allem vom Europäischen Entwicklungsfonds (FED) finanziert. Über ihre Nutzung schreiben Murphy/Sprey (1981:81): "Im Augenblick kommt es häufig vor, daß eine von der AVV gebaute Straße ausschließlich durch die ausländischen Experten und die Angestellten der AVV benutzt wird, die in Ouagadougou stationiert sind und mit dem Auto reisen ... Die ortsansässigen Bauern, die AVV-Bauern und die Landwirtschaftsberater der AVV, die zu Fuß, mit dem Fahrrad oder Mofa unterwegs sind, benutzen die traditionellen Pfade, die nicht oder wenig ausgebessert (und) kürzer sind..."

14) Die standardisierten Arbeitskrafteinheiten (AKE) werden von der AVV folgendermaßen definiert: Männer von 12 - 14 Jahren = 0,5 AKE (Frauen = 0,25 AKE), 15 - 54 Jahre = 1,0 AKE (0,75 AKE), 55 - 64 Jahre = 0,5 AKE (0,25 AKE).

15) "Die zu geringe oder schlechte Information der Bauern bei der Abreise war quasi total, was die Fragen des Kredits und vor allem was die gegenseitigen Pflichten und Rechte der Bauern und der AVV betraf", wie es im Evaluationsbericht von Rochette/Sawadogo (1975:17) heißt.

16) Es gibt auch Gerüchte über die Anwendung von direktem Zwang bei der Umsiedlung (vgl. Colonising Volta Valleys 1980:476). Doch fand ich dafür keine Bestätigung. Allerdings weckten die AVV-Methoden nicht von ungefähr bei den älteren Mossi aus dem nördlichen Mossi-Plateau Erinnerungen an die Zwangsumsiedlungen in das "Office du Niger"-Projekt während der Kolonialzeit (vgl. Zahan 1963, Suret-Canale 1969:359 ff.).

17) "... der Eifer, mit dem die Behörden die Einwohner dieser Gegend ausgesucht haben, spiegelt eher politische Prioritäten auf dem Plateau wider als Sorge für die Entwicklung des beanspruchten Landes. Es gibt auch den Verdacht, daß die Behörden den Einfluß der Mossi ausdehnen wollen, indem sie eine Enklave der Mossi im Süden, nahe der Grenzen zu Ghana und Togo, schaffen" (Colonising Volta Valleys 1980:475).

18) In Kaibo-Sud wurde ab 1979 das Mittel Endrine (das z. B. in der Bundesrepublik verboten ist) durch das flüssige Nuvacron abgelöst, dessen Anwendung in den USA wegen Gesundheitsrisiken untersagt wurde (vgl. Feder 1980:115).

19) "Die Ergebnisse der drei Anbauperioden (1977 - 1979, R. W.) zeigen keinen erkennbaren Einfluß der Art der Bodenbearbeitung auf die Ernten" (Murphy/Sprey 1981:51).

20) Die Bauern gaben 1979 allerdings nur 2.000 FCFA/Jahr statt den von der AVV angesetzten 12.870 FCFA/Jahr für Unterhalt und Pflege der Ochsen und des Pflugs aus (Murphy/Sprey 1981:50).

21) Die AVV wird u. a. auch von der Weltbank finanziert (vgl. Anhang B, Tab. 17).

zu Kapitel IV (Seite 115 - 134)

22) Murphy/Sprey (1981:49) stellten diese oft verschwiegene Tatsache ebenfalls fest: "Für die Baumwolle, deren Ernte viel mehr Zeit erfordert als die des Sorghums, bedient er (der Bauer, R. W.) sich oft der Dienste von Arbeitern aus den umliegenden Dörfern. Die Baumwollernte findet nach der des Sorghums statt und die traditionellen Dörfer bauen keine Baumwolle an."

23) Immerhin rechnet man für die Umsiedlung einer Familie mindestens 10.000 $ an Kosten.

24) Der Erzeugerpreis für Baumwolle lag 1981 bei 60 FCFA/kg, der Weltmarktpreis dagegen bei 107 FCFA/kg. Zum Vergleich: Der Erzeugerpreis für Hirse betrug 50 FCFA/kg, der Weltmarktpreis 84 FCFA/kg (FAO 1983:76). Selbst nach Abzug der Exportsteuer dürfte damit bei Baumwolle ein relativ großer Gewinn übrig bleiben.

25) Einen groben Vergleichsmaßstab kann höchstens das Durchschnittseinkommen pro Gehöft im Departement Centre-Est von 136.915 FCFA (1981) bieten (FAO 1983:77).

26) AVV-UP Manga/UD Kaibo-Sud (1978, 1983). Die Zahlenangaben in diesen sog. "Cahiers de Suivi" sind in diesem Fall recht zuverlässig, da die AVV-Beamten nicht nur die Baumwollmengen registrieren, sondern auch das Geld dafür nach Abzug der Kredite an die Bauern auszahlen.

27) Berechnungsformel: $(S_X/\bar{x})^2/(S_X/\bar{x})^2+1$. Der SVK wird dem häufig verwendeten Gini-Index als Verteilungsmaß vorgezogen, da ersterer insbesondere auf Differenzierungen im oberen Einkommensbereich anspricht, was bei einer vermuteten Entwicklung zu kapitalistischer Akkumulation von besonderem Interesse ist (vgl. Champernowne 1974:803 ff.).

28) Signifikanztest: $F = (r^2/1 - r^2) \times (N - 2)$
Für beide Korrelationskoeffizienten liegt der F-Wert über dem kritischen Wert, d. h. daß die berechneten Korrelationen mit 95 %iger Wahrscheinlichkeit kein Zufallsergebnis sind. Da die t-Verteilung für kleine Stichproben als Spezialfall der F-Verteilung betrachtet werden kann (vgl. Blalock 1979:348), erhält man mit dem t-Test das gleiche Ergebnis, wobei $t = \sqrt{F}$.

29) Die Zahl der standardisierten Arbeitskrafteinheiten beträgt im Durchschnitt 4,2 pro Familie. Sie korreliert mit der Einkommens-/Verschuldungsskala nur mit r = 0,230. Diese Korrelation ist statistisch nicht signifikant.

30) "Die Rekrutierungen der AVV finden vor allem in den drei Departements Centre, Centre-Nord und Centre-Est statt, während sich die am dichtesten besiedelten und am meisten von der Emigration betroffenen Subpräfekturen im Norden von Centre-Ouest und im Süden des Departements Nord befinden" (INSED 1980:59).

31) "Die Erfahrung der AVV mit der Bearbeitung dieser Böden läßt sich nicht auf den Großteil der Landwirtschaft übertragen" (WHO-JCC 1978:23).

32) Vgl. Kapitel IV.1.1. Den Siedlern wurden u. a. Dünger und Kredite zu günstigeren Bedingungen als den ORD zur Verfügung gestellt, das Netz der landwirtschaftlichen Beratung ist ebenfalls dichter.

33) Dieser Aspekt wird immer wieder von internationalen Geberorganisationen hervorgehoben (vgl. WHO-JCC 1978:24).

Literaturverzeichnis

Adams, A. (1977), "The Senegal River Valley: What Kind of Change?" in: Review of African Political Economy, Vol. 10, S. 33 - 42

Ahlers, I. et al. (1973), Die vorkapitalistischen Produktionsweisen. Erlangen

Amin, S. (1970), L'accumulation à l'échelle mondiale: critique de la théorie du sous-développement. Paris

- (1971), L'Afrique de l'Ouest Bloquée: L'économie de la colonisation 1880 - 1970. Paris

- (1974), Zur Theorie von Akkumulation und Entwicklung in der gegenwärtigen Weltgesellschaft; in: Senghaas, D. (Hg.), Peripherer Kapitalismus - Analysen über Abhängigkeit und Unterentwicklung. Frankfurt/M.

- (1975), Die ungleiche Entwicklung: Essay über die Gesellschaftsformen des peripheren Kapitalismus. Hamburg

Ancey, G. (1975), Milieux Ruraux Mossi - Aspects Economiques. Bd. 1: La monnaie Mossi - Un pouvoir non libératoire de règlement; Bd. 2: Facteurs et système de production dans la société Mossi d'aujourd'hui. ORSTOM, Paris

Ay, P. (1980), Agrarpolitik in Nigeria. Produktionssysteme der Bauern und die Hilflosigkeit von Entwicklungsexperten. Hamburg

AVV (Autorité des Aménagements des Vallées des Volta) (1976), Philosophie de l'intervention de l'Autorité des Aménagements des Vallées des Volta. Ouagadougou

- (1977), La mise en valeur des zones onchocerquiennes en Haute-Volta. Ouagadougou

- (1978), Bilan Campagne Agricole 1977/78. Ouagadougou

- (1980a), Note sur l'occupation humaine du bloc de Niaogo. Ouagadougou

- (1980b), Recensement 1980. Ouagadougou

- (1980c), Expérimentation Agronomique d'Accompagnement - Résultats 1980. Ouagadougou

- (1981), Rapport Technique Migration - Campagne 1980/81. Ouagadougou

- (1982a), Rapport d'Activité du Service de la Formation (Dec. 1981 - Juillet 1982). Ouagadougou

- (1982b), Bilan de la Campagne Agricole 1981/82 dans les Secteurs AVV. Ouagadougou

- (1983), Unité de Planification de Manga - Rapport Mensuel d'Activité, Avril 1983. Ouagadougou

AVV-UP Manga/UD Kaibo-Sud (1978), Cahiers de Suivi. Kaibo-Sud

- (1982), Evaluation Kaibo-Sud. Kaibo-Sud

- (1983), Cahiers de Suivi. Kaibo-Sud

Bailey, F. G. (1971), The Peasant View of the Bad Life; in: Shanin, Th. (Hg.), Peasants and Peasant Societies. Harmondsworth, S. 299 - 321

Balibar, E. (1972), Über die Begriffe des historischen Materialismus; in: Althusser, L./Balibar, E., Das Kapital lesen. Hamburg

Bellot-Couderc, B./Bellot, J.-M. (1978), Pour un aménagement du cours moyen de la Volta Noire et de la vallée du Sourou; in: Les Cahiers d'Outre-Mer, Jg. 31, Nr. 123, S. 271 - 286

Benería, B./Sen, G. (1981), Accumulation, Reproduction and Women's Role in Economic Development: Boserup Revisited; in: Signs, Vol. 7, Nr. 2, S. 279 - 298

Bennholdt-Thomsen, V. (1977), Kritische Analyse der Entwicklungsstrategie der Weltbank. Zur Rede des Weltbankpräsidenten McNamara auf der Jahrestagung der IBRD 1977 in Manila. Universität Bielefeld

- (1979), Marginalität in Lateinamerika - Eine Theoriekritik; in: Lateinamerika. Analysen und Berichte, Nr. 3, Berlin, S. 45 - 85

Berger, H. (1974), Untersuchungsmethode und soziale Wirklichkeit. Frankfurt/M

Bernstein, H. (1979), Sociology of Underdevelopment vs. Sociology of Development?; in: Lehmann, D. (Hg.), Development Theory - Four Critical Studies. London, S. 77 - 106

Bettelheim, Ch. (1972), Ökonomischer Kalkül und Eigentumsformen - Zur Theorie der Übergangsgesellschaft. Berlin

Billaz, R./Diawara, Y. (1981), Enquêtes en milieu rural Sahelien. Paris

Binger, le Capitaine (1892), Du Niger au Golfe de Guinée. Paris

Blalock, H. M. (1979), Social Statistics. Tokio

Boeckh, A. (1982), Abhängigkeit, Unterentwicklung und Entwicklung: Zum Erklärungswert der dependencia-Ansätze; in: Nohlen, D./Nuscheler, F. (Hg.), Handbuch der Dritten Welt, Bd. 1. Hamburg, S. 133 - 151

Boserup, E. (1965), The Conditions of Agricultural Groth. The Economics of Agrarian Change under Population Pressure. London

Bourges, H./Wauthier, Cl. (1979), Les 50 Afriques. Tome 1. Paris

Boutillier, J. L. (1964), Les structures foncières en Haute-Volta; in: Etudes Voltaiques, Nr. 5, S. 5 - 181

Brauer, D. (1982), Die Weltbank auf neuem Kurs; in: Entwicklung und Zusammenarbeit, Nr. 6, S. 10 - 11

Brot für die Welt (1981), Hunger durch Überfluß? Arbeitsheft zum Jahresthema 1981/82. Stuttgart

Busacker, D./Obbelode, M. (1983), Imaginäre Befreiung - Untersuchungen zu Selbsthilfegruppen im Kontext der sozio-ökonomischen und ideologischen Reproduktion der Mossigesellschaft (Obervolta). Diplomarbeit. Bielefeld

Champernowne, B. D. (1974), A Comparison of Measures of Inequality of Income Distribution; in: The Economic Journal, Vol. 84, S. 787 - 816

CIS (Comité d'Information Sahel) (1975), Qui se nourrit de la famine en Afrique: Le dossier de la faim au Sahel. Paris

Collins, J./Lappé, F. M. (1978), Vom Mythos des Hungers. Frankfurt/M.

Colonising Volta Valleys (1980), in: West Africa, Nr. 3269, 17.3.80, S. 475 - 476

Conti, A. (1979), Capitalist organization of production through non-capitalist relations: women's role in a pilot resettlement in Upper-Volta; in: Review of African Political Economy, Nr. 15/16, S. 75 - 92

Coquery-Vidrovitch, C. (1969), Recherches sur un Mode de Production Africain; in: La Pensée, Nr. 144, Paris, S. 61 - 78

Córdova, A. (1973), Strukturelle Heterogenität und wirtschaftliches Wachstum. Frankfurt/M.

Departement Centre-Est - ORD-CE (1982), Schéma Directeur du Développement Régional - Chapitre IV 1: L'Agriculture Vol. 1. Tenkodogo

Elwert, G. (1980), Überleben in Krisen, kapitalistische Entwicklung und traditionelle Solidarität. Zur Ökonomie und Sozialstruktur eines westafrikanischen Bauerndorfes; in: Zeitschrift für Soziologie, Jg. 9, Nr. 4, S. 343 - 365

Elwert, G./Fett, R. (Hg.) (1982), Afrika zwischen Subsistenzökonomie und Imperialismus. Frankfurt/M.

Elwert, G./Kohnert, D. (1983), Hypothesen über sozio-strukturelle Auswirkungen der Entwicklungshilfe im ländlichen Raum Westafrikas. Universität Bielefeld - Fakultät für Soziologie, Working paper Nr. 35

Elwert, G./Wong, D. (1979), Thesen zum Verhältnis von Subsistenzproduktion und Warenproduktion in der Dritten Welt; in: Arbeitsgruppe Bielefelder Entwicklungssoziologen (Hg.), Subsistenzproduktion und Akkumulation. Saarbrücken

Evers, H.-D./Schiel, T. (1979), Expropriation der unmittelbaren Produzenten oder Ausdehnung der Subsistenzwirtschaft - Thesen zur bäuerlichen und städtischen Subsistenzreproduktion; in: Arbeitsgruppe Bielefelder Entwicklungssoziologen (Hg.), Subsistenzproduktion und Akkumulation. Saarbrücken

Evers, T./Wogau, P. v. (1973), "Dependencia": Lateinamerikanische Beiträge zur Theorie der Unterentwicklung; in: Das Argument, Nr. 79, S. 404 - 452

FAO (Food and Agriculture Organization) (1976), Etude prospective pour le développement agricole des pays de la zone sahelienne 1975 - 1990. Rom

- (1982), Programme Engrais de la FAO en Haute-Volta. Rapport Annuel Saison Culturale 1981 (Dokument Nr. GCPF/UPV/18/BEL). Ouagadougou

- (1983), Programme de Soutien à l'Investissement. Rapport de la Mission d'Identification, Programme de Coopération FAO/BAD, o. O.

Feder, E. (1980), Erdbeer-Imperialismus. Studien zur Agrarstruktur Lateinamerikas. Frankfurt/M.

Fett, R./Heller, E. (1978), Zwei Frauen sind zuviel - Soziale Konsequenzen technischer Innovationen im Übergang von der Subsistenz- zur Warenökonomie: Die Boko in Nordbenin (Westafrika). Saarbrücken

Francis-Boeuf, Cl. (1937), L'industrie autochtone du fer en Afrique occidentale; in: Bulletin du comité d'études historiques et scientifiques de l'AOF, Jan./Feb. 1937, S. 403 - 464

Frank, A. G. (1969a), Die Entwicklung der Unterentwicklung; in: Frank, A. et al., Kritik des bürgerlichen Anti-Imperialismus. Berlin, S. 30-44

Frank, A. G. (1969b), Sociology of Development and Underdevelopment of Sociology; in: Frank, A. G., Latin America: Underdevelopment or Revolution. New York, S. 21 - 94

Frélastre, G. (1980), La politique agricole de la Haute-Volta est-elle à un tournant?; in: Le Mois en Afrique, Vol. 15, Nr. 178 - 179. Paris, S. 66 - 73

Freyhold, M. v. (1981), Dependenztheorie/Dissoziationstheorie - oder Theorie der Produktionsweisen/Theorie der sozialen Kämpfe; in: Peripherie, Nr. 5/6, S. 49 - 63

Galtung, J. (1972), Eine strukturelle Theorie des Imperialismus; in: Senghaas, D. (Hg.), Imperialismus und strukturelle Gewalt. Analysen über abhängige Reproduktion. Frankfurt/M., S. 29 - 104

Gantzel, K. J. (1972), Zu herrschaftssoziologischen Problembereichen von Abhängigkeitsbeziehungen in der gegenwärtigen Weltgesellschaft; in: Senghaas, D. (Hg.), Imperialismus und strukturelle Gewalt. Analysen über abhängige Reproduktion. Frankfurt/M., S. 105 - 120

Garms, R. (1981), Ökologie, Wirtschaftliche Bedeutung und Bekämpfung der Onchozerkose; in: Schuhmacher, H./Ortlieb, H.-D. (Hg.), Sozio-ökonomische Aspekte von Tropenkrankheiten in Afrika. Hamburg, S. 75 - 87

Goody, J. R. (1969), Economy and Feudalism in Africa; in: The Economic History Review, Ser. 2, Vol. 22, S. 393 - 405

Goody, J. (1980), Rice burning and the green Revolution in Northern Ghana; in: Journal of Development Studies, Vol. 16, S. 136 - 155

Gosselin, G. (1970), Travail, Tradition et Développement en pays Bissa; in: Cahiers ORSTOM, Série Sciences Humaines, Vol. VII, Nr. 1, Paris, S. 29 - 46

Guissou, J. (1977), Etude sur les besoins des femmes dans les villages de l'AVV et proposition d'un programme d'intervention. Ouagadougou

Habermeier, K. (1977), Bäuerliche Gemeinschaften, kapitalistische Exportwirtschaft und Wanderarbeit in Westafrika. Das Beispiel der Arbeitermigrationen zwischen Volta-Niger-Raum und Südghana, 1900 - 1970. Karlsruhe (Dissertation Heidelberg 1976)

Hauck, G. (1975), Das Elend der bürgerlichen Entwicklungstheorien; in: Tibi, B./Brandes, V. (Hg.), Handbuch 2, Unterentwicklung. Frankfurt/M. S. 36 - 63

Hervouet, J. P. (1977), Peuplement et Mouvements de Populations dans les Vallées des Volta Blanche et Rouge. ORSTOM, Centre de Ouagadougou

- (1978), La mise en valeur des vallées des Volta blanche et rouge. Un accident historique; in: Cahiers ORSTOM, Série Sciences Humaines, Nr. 15, S. 81 - 97

- /Prost, A. (1979a), Organisation de l'espace et epidémiologie de l'onchocercose; in: Mémoires ORSTOM, Nr. 89, Paris, S. 179 - 189

- et al. (1979b), Les niveaux d'endémicité dans l'onchocercose; in: Bulletin de l'Organisation Mondiale de la Santé, Vol. 54, Nr. 4, S. 655 - 662

- (1980), Du Faidherbia à la brousse - Modification culturales et dégradation sanitaire. ORSTOM, Centre de Ouagadougou

Hill, P. (1968), The Myth of the Amorphous Peasantry: A Northern Nigerian Case Study; in: Nigerian Journal of Economic and Social Studies, Vol. 10, Nr. 2, S. 239 - 261

Hippel, G. (1980), Untersuchungsmethoden zur Projektvorbereitung in ländlichen Gebieten Afrikas; in: Die Dritte Welt, Nr. 8, S. 203 - 206

Hoffmann, R. (o. J. a.), Obervolta. Auswertung von LANDSAT-Bildern. Verteilung von Feldern und abgebrannten Flächen. Karte 4, o. O.

Hopkins, A. G. (1973), An Economic History of West Africa. London

Hunter, J. M. (1981), Progress and concerns in the WHO Onchocerciasis control program in West Africa; in: Social Science Medecine, Vol. 15, S. 261 - 275

Hurtienne, Th. (1974), Zur Ideologiekritik der lateinamerikanischen Theorien der Unterentwicklung und Abhängigkeit; in: Probleme des Klassenkampfs, Nr. 14/15, S. 213 - 283

- (1981), Peripherer Kapitalismus und autozentrierte Entwicklung: Zur Kritik des Erklärungsansatzes von Dieter Senghaas; in: Prokla, Nr. 44, S. 105 - 136

INSED (Institut National de la Statistique et de la Demographie) (1980), Direction de la Recherche Demographique: Seminaire de sensibilisation aux problèmes de migrations en Haute-Volta, 3.3. - 8.3.1980. Bobo-Dioulasso

Institut Géographique de Haute-Volta (1978), Carte Touristique et Routière. Ouagadougou

IMF (International Monetary Fund) (1980), Upper Volta - Recent Economic Developments (Doc. No. SM/80/255) o. O.

Kaufmann, P. (1981), Die Arbeitsmigration der Mossi in die Küstenstaaten. Diplomarbeit, Berlin

Ki-Zerbo, J. (1981), Die Geschichte Schwarzafrikas. Frankfurt/M.

Kohnert, D. (1982), Klassenbildung im ländlichen Nigeria. Das Beispiel der Savannenbauern im Nupeland. Hamburg

Konaté, K. (1983a), L'industrie: la grande illusion; in: Regards, Nr. 7/8, Ouagadougou, S. 7 - 9

- (1983b), L'agriculture: les ORD en question; in: Regards, Nr. 7/8, Ouagadougou, S. 2 - 5

Kößler, R. (1983), Asiatische Volksbewegungen, russische Populisten und "Das Kapital". Über Marx'sche Zugänge zu nicht kapitalistischen Gesellschaften; in: Peripherie, Nr. 14, S. 4 - 23

Krings, Th. (1978), Strategien der Integrierten Ländlichen Entwicklung in den Sahelländern Westafrikas; in: Afrika Spektrum, Nr. 19, S. 117 - 138

Lahuec, J.-P. (1979), Le peuplement et l'abandon de la vallée de la Volta blanche en pays Bissa (Sous-Préfecture de Garango); in: Lahuec, J.-P./Marchal, J. Y. (Hg.), Mobilité du peuplement Bissa et Mossi. ORSTOM, Travaux et Documents, Nr. 103, Paris, S. 7 - 90

Les atlas jeune afrique (1975), Atlas de la Haute-Volta. Paris

Lipton, M. A./Moore, M. (1972), The Methodology of Village Studies in Less Developed Countries. IDS Discussion paper, Nr. 10, Brighton

Lobüscher, M. et al. (1983), Sozio-ökonomische Auswirkungen von Entwicklungsprojekten im ländlichen Raum Westafrikas - Abschlußbericht zur Lehrforschung, Universität Bielefeld

Maas, G.-H. (1983), Baumwolle statt Hirse - Soziale und wirtschaftliche Determinanten der Agrarproduktion bei den Bobo in Obervolta. Eine Fallstudie. Diplomarbeit. Universität Bielefeld

Mangin, R. P. (1921), Les Mossi. Essai sur les us et coutumes du peuple Mossi au Soudan occidental. Paris

Marx, K. (1953), Grundrisse der Kritik der Politischen Ökonomie. Wien

- (1961), Marx/Engels Werke, Bd. 13. Berlin-Ost

- (1962), Marx/Engels Werke, Bd. 21. Berlin-Ost

- (1977), Marx/Engels Werke, Bd. 23, Berlin-Ost

Mayer, W. (1977), Penetration und Transformation in Französisch-Westafrika. Frankfurt/M.

Meillassoux, Cl. (1964), Anthropologie Economique des Gouro de Côte d'Ivoire. Paris

- (1972), From reproduction to production. A Marxist approach to economic anthropology; in: Economy and Society, Vol. 1, Nr. 1, London, S. 93 - 105

- (1982), Historische Bedingungen der Ausbeutung und Überausbeutung von Arbeitskraft; in: Elwert, G./Fett, R. (Hg.), Afrika zwischen Subsistenzökonomie und Imperialismus. Frankfurt/M., S. 17 - 28

- (1983), Die wilden Früchte der Frau. Über häusliche Produktion und kapitalistische Wirtschaft. Frankfurt/M. (1. dt. Ausgabe 1976)

Ministère de Développement Rural (1981), Rapport Annuel 1981. Ouagadougou

Munzinger-Archiv (1981), Internationales Handbuch. Obervolta 50/81, o. O.

Murphy, J./Sprey, L.-H. (1981), Evaluation socio-économique d'un projet de colonisation en Haute-Volta. Ouagadougou

N. N. (1982), "Von Entwicklungshilfe fast erdrückt"; in: Frankfurter Allgemeine Zeitung vom 27.3.82

- (1983), "Obervolta lehnt westliche Hilfe ab"; in: Bonner Rundschau vom 28.11.83

Nohlen, D./Nuscheler, F. (1982), Was heißt Dritte Welt?; in: Nohlen, D./ Nuscheler, F. (Hg.), Handbuch der Dritten Welt, Bd. 1. Hamburg, S. 11 -24

Olivier de Sardan, J.-P. (1982), Despotische Ausbeutung und Klassenkämpfe in Songhay/Djerma-Land (Niger); in: Elwert, G./Fett, R. (Hg.), Afrika zwischen Subsistenzökonomie und Imperialismus. Frankfurt/M., S. 204 - 234

ORD-CE (1980), Rapport Annuel 1979/80. Koupéla

- /Departement Centre-Est (1982), Schéma Directeur du Développement Régional - Chapitre IV 1: L'Agriculture, Vol. 1. Tenkodogo

- (1983), Rapport Technique Campagne 1982/83. Koupéla

Orth, M. (1981), Form, Auswirkung und Bedeutung des Baumwollanbaus in Obervolta - Eine Fallstudie im Secteur Houndé und ihr nationaler und internationaler Kontext. Diplomarbeit, Berlin

Pausewang, S. (1973), Methods and Concepts of Social Research in a Rural Developing Society. München

Pégard, O. (Soeur Jean Bernard) (1965), Structures et relations sociales en pays Bisa (Haute-Volta); in: Cahier d'Etudes Africaines, Nr. 18, Paris, S. 161 - 247

Peil, M. (1982), Social Science Research Methods - An African Handbook. London

Popkin, S. L. (1979), The Rational Peasant - The Political Economy of Rural Society in Vietnam. Berkeley/Los Angeles

Prost, A. (1945), Notes sur les Boussancé; in: Bulletin de l'IFAN, Vol. VII, Nr. 1 - 4, S. 47 - 53

- (1950), La langue Bisa - Grammaire et dictionnaire. Etudes Voltaiques, Mémoire Nr. 1. Ouagadougou

- (1981), Les Mandé-Sud en Afrique occidentale; in: Société Française d'histoire d'outre-mer (Hg.), Le sol, la parole et l'écrit. Mélanges en hommage à Raymond Manny. 2000 ans d'histoire africaine, Tome I, Paris, S. 353 - 359

Quijano, A. (1974), Marginaler Pol der Wirtschaft und marginalisierte Arbeitskraft; in: Senghaas, D. (Hg.), Peripherer Kapitalismus - Analysen über Abhängigkeit und Unterentwicklung. Frankfurt/M., S. 298 - 341

République de Haute-Volta (1980), Carte Nr. NC-30-XXIV (Tenkodogo). Ouagadougou

- /Ministère de l'Economie et du Plan (1981), Comptes Nationaux et Indicateurs Economiques de la Haute-Volta de 1970 à 1979. Ouagadougou

Reuke, L. (1982), Obervolta; in: Nohlen, D./Nuscheler, F. (Hg.), Handbuch der Dritten Welt, Bd. 4. Hamburg, S. 318 - 331

Rey, P. P. (1971), Colonialisme, néo-colonialisme et transition au capitalisme. Paris

- (1973), Les alliances de classes - "sur l'articulation des modes de production" suivi de "matérialisme historique et luttes de classe". Paris

- (Hg.) (1976), Capitalisme Négrier - la marche des paysans vers le prolétariat. Paris

- (1977), Contradictions de classes dans les sociétés lignagères; in: Dialéctiques, Nr. 21, Paris, S. 116 - 133

Rochette, R./Sawadogo, P. (1975), AVV - Etudes sociologiques (Rapport de Mission du Consultant Sociologue (18/8-10/10/1975). Ouagadougou

Sankouna-Sow (1984), Upper Volta: Chiefs' power challenged; in: West Africa, Nr. 3472 vom 5.3.84, S. 530

Sanwidi, K. L. (1978), Histoire du Royaume de Koupeela. Koupéla

Saul, M. (1983), Work parties, wages and accumulation in a Voltaic village; in: American ethnologist, Vol. 10, Nr. 1

Schiel, T. (1982), Die Struktur der postkolonialen Produktionsweise im Umriß - eine vorläufige Skizze; in: Elwert, G./Fett, R. (Hg.), Afrika zwischen Subsistenzökonomie und Imperialismus. Frankfurt/M., S. 29 - 43

Schiel, T. (1983), Marx und die Analyse der Transformation von Gesellschaften. Ein theoretischer Ansatz für die politische Praxis; in: Peripherie, Nr. 14, S. 24 - 48

Schmidt, A. (1979), Internationale Arbeitsteilung oder ungleicher Tausch. Kontroversen über den Handel zwischen Industrie- und Entwicklungsländern. Frankfurt/M.

Schmidt-Wulffen, W. (1985), Dürre- und Hungerkatastrophen im Sahel: Gesellschaft und Natur. Kassel

Schmoch, U. (1983), Handwerker, Bauern, Staats-"Diener". Die sozioökonomische Dynamik des technischen "Fortschritts" im vorkolonialen und gegenwärtigen Mali. Saarbrücken

Schulz, M. (1979), Arbeitskräftereservoir und Pflanzungsökonomie am Beispiel der Verflechtung von Obervolta und der Elfenbeinküste; in: Hanisch, R./Tetzlaff, R. (Hg.), Die Überwindung der ländlichen Armut in der Dritten Welt. Frankfurt/M., S. 83 - 113

Schweers, R. (1980), Kapitalistische Entwicklung und Unterentwicklung. Frankfurt/M.

Scott, J. C. (1976), The Moral Economy of the Peasant - Rebellion and Subsistence in Southeast Asia. New Haven/London

Senghaas, D. (Hg.) (1974), Peripherer Kapitalismus - Analysen über Abhängigkeit und Unterentwicklung. Frankfurt/M., Vorwort: Elemente einer Theorie des peripheren Kapitalismus, S. 7 - 36

- (1977), Weltwirtschaftsordnung und Entwicklungspolitik - Plädoyer für Dissoziation. Frankfurt/M.

- (1982), Von Europa lernen - Entwicklungsgeschichtliche Betrachtungen. Frankfurt/M.

Sigrist, Ch. (1967), Regulierte Anarchie. Untersuchungen zum Fehlen und zur Entstehung politischer Herrschaft in segmentären Gesellschaften Afrikas. Olten

Simonis, G. (1981), Autozentrierte Entwicklung und kapitalistisches Weltsystem - Zur Kritik der Theorie der abhängigen Reproduktion; in: Peripherie, Nr. 5/6, S. 32 - 48

Skinner, E. P. (1960), Labour Migration and its Relationship to Sociocultural Change in Mossi Society; in: Africa, Vol. 30, Nr. 4. London

- (1964), The Mossi of the Upper Volta - The Political Development of a Sudanese People. Stanford

Spittler, G. (1981), Verwaltung in einem afrikanischen Bauernstaat. Das koloniale Französisch-Westafrika 1919 - 1939. Freiburg

Statistisches Bundesamt Wiesbaden (Hg.) (1982), Länderkurzbericht Obervolta 1982. Wiesbaden

- (1984), Länderbericht Obervolta 1984. Wiesbaden

Steiner, K. G. (1982), Intercropping in Tropical Smallholder Agriculture with Special Reference to West Africa. Schriftenreihe der GTZ, Nr. 137 Eschborn

Suret-Canale, J. (1964), Les sociétés traditionelles en Afrique tropicale et le concept de mode de production asiatique; in: La Pensée, Nr. 117, Paris

Suret-Canale, J. (1969), Schwarzafrika. Geschichte West- und Zentralafrikas 1900 - 1945, Bd. 2. Berlin

Tauxier, L. (1912), Le noir du Soudan. Pays Mossi et Gourounsi. Paris

- (1924), Nouvelles Notes sur les Mossi et les Gourounsi. Paris

Taylor, J. G. (1979), From Modernization to Modes of Production - A Critique of the Sociologies of Development and Underdevelopment. London

Terray, E. (1974a), Zur politischen Ökonomie der primitiven Gesellschaften. Frankfurt/M.

- (1974b), Long-distance Exchange and the Formation of the State: The Case of the Abron Kingdom of Gyaman; in: Economy and Society, Vol. 3, S. 315 - 345

- (1977), De l'exploitation, éléments d'un bilan autocritique; in: Dialectiques, Nr. 21, Paris

Tetzlaff, R. (1980), Die Weltbank: Machtinstrument der USA oder Hilfe für die Entwicklungsländer? - Zur Geschichte und Struktur der modernen Weltgesellschaft. München

Thieme, K. D. (1972), Zur sogenannten strukturalistischen Marx-Interpretation; in: Althusser, L./Balibar, E. (Hg.), Das Kapital lesen, Bd. 2, Hamburg

UNO-PNUD (Programme des Nations Unies pour le Développement) (1982), Rapport Annuel sur l'assistance extérieure du Développement de la Haute-Volta, 12/82. Ouagadougou

VWD (Vereinigte Wirtschaftsdienste) (1978), Mitteilung Nr. 33. vom 15.2.1978. Eschborn

Wallace, T. (1981), The Kano river Project, Nigeria: The Impact of an Irrigation Scheme on Productivity and Welfare; in: Heyer, J. et al. (Hg.), Rural Development in Tropical Africa. London, S. 281 - 305

Wallerstein, I. (1974), The Modern World System: Capitalist Agriculture and the Origins of the European World Economy in the Sixteenth Century. New York

- (1979), Aufstieg und künftiger Niedergang des kapitalistischen Weltsystems. Zur Grundlegung vergleichender Analyse; in: Senghaas, D. (Hg.), Kapitalistische Weltökonomie. Kontroversen über ihren Ursprung und ihre Entwicklungsdynamik. Frankfurt/M., S. 31 - 67

Warren, B. W. (1973), Imperialist and Capitalist Industrialisation; in: New Left Review, Vol. 81, S. 3 - 44

Weischet, W. (1979), Die Grüne Revolution. Erfolg, Möglichkeiten und Grenzen in ökologischer Sicht. Fragenkreise Nr. 23519, Paderborn

Weltbank (1980), Weltentwicklungsbericht 1980. Washington D. C.

WHO (World Health Organization)/UNDP/FAO/IBRD (1973), Onchocerciasis Control in the Volta River Basin Area - Report of the Preparatory Assistance Mission to the Governments of Dahomey, Ghana, Ivory Coast, Mali, Niger, Togo, Upper Volta (OCP/73.1). Genf

- (1978), Evaluation Report. Part I (OCP/78.2). o. O.

- (1981), Progress Report, July - September 1981 (OCP/PR/81.3). o. O.

WHO-EAC (Expert Advisory Committee) (1981), Expert Advisory Committee Second Meeting, Genf 12. - 16.10.1981. Results of epidemiological evaluation six years after the start of vector control operation (1975 - 1981). Genf

WHO-JCC (Joint Coordinating Committee) (1978), Evaluation Report. Part II: Economic Aspects. Presented at the 5th Session Lomé 3. - 8.12.1978. Lomé

Williams, G. (1981), The World Bank and the Peasant Problem; in: Heyer, J. et al., Rural Development in Tropical Africa. London

World Bank (1982), Accelerated Development in Sub Saharan Africa - An Agenda for Action. Washington D. C.

Zahan, D. (1963), Problèmes sociaux posés par la transplantation des Mossi sur les terres irriguées de l'Office du Niger; in: Biebuyck, D. (Hg.), African Agrarian Systems. Oxford, S. 392 - 402

Anhang A

Verzeichnis wichtiger Moré- und Bisa-Begriffe

Moré

baninga	Weißes Sorghum
baogo	Senke
benga	Bohnen
beologo (pl. beolse)	Individuelles Feld
budu	patrilineare Verwandtschaftslinie
bud'kasma	Ältester der Verwandtschaftslinie
Dima (pl. Dimdamba)	Politischer Herrscher über ein Rimbi
dolo	(dioula-Ausdruck) Hirsebier
fado	Erbschaftssteuer
gabaga	Baumwollband
kamaana	Mais
kankato halɛma	Haus-/Dorffelder
kaziera	Rotes Sorghum
kazui	Kolbenhirse
Kombere (pl. Kombemba)	Kantonchef
koobo	Feldarbeit
kopuusom	Kollektivarbeit
kouri	Hacke
Kùrita	Repräsentant eines verstorbenen Naba
lamdo	Baumwolle
Mogho	Mossi-Reich
Mogho Naba	Herrscher über ein Mossi-Reich
Naba (pl. Nanamse)	Dorfchef
Nakombga (pl. Nakomse)	Adliger
nam	Herrschaft, Macht
nyonyoga (pl. nyonyonse)	Die ersten Siedler, die vor den Mossi das Land urbar gemacht hatten
paga	Frau
pogsioure	System des Frauentauschs
pukasinga	Familienfeld
Rimbi	Königreich
saka (pl. sakse)	Quartier, Dorfviertel

sarabo	Hirsebrei (oft wird auch der dioula-Ausdruck tô gebraucht)
sini	Sesam
soolem	Gebiet, dessen Bevölkerung jemand beherrscht
sosoaga	kollektiver Arbeitseinsatz
sumkam	Erdnüsse
sumoaga	Erderbsen
tenga	Erde, Dorf
Teng'bissi	Autochthone Bevölkerung
Tengsoba	Erdbeschützer
tô	dioula-Ausdruck: Hirsebrei
weogo puto	Felder im Busch
zaka (zak'se)	Gehöft
zak'soba	Vorstand eines Gehöfts
zom-kom	in Wasser gelöstes Hirsemehl mit Zucker

Bisa

balinga	Weißes Sorghum
barka	östlicher Dialekt des Bisa
bɛ	Hirsebier
borɛt	heilige Flußpferde
brɛt	Hexer
busu kum taré	Geldgeschenke, die ein Mädchen von Verehrern erhält
da	Mutter
grussipi	Wasser mit Hirsemehl und Zucker vermischt
halgan	Vorstand eines Gehöfts
her	Brautpreis
kampara	Mais
kɛ	Rundhütte
kierma násera	Felder in der Nähe des sukala
Kiri	Dorfchef
ko	Dorf
lamni	Baumwolle
lébir	westlicher Dialekt des Bisa
modendam	Arbeit auf den Feldern des Schwiegervaters
modindedam	Arbeit auf den Feldern der Schwiegermutter
moui	Reis

nam	Rotes Sorghum
naja	Senke
no balé domenen	die Zeit des Hungers
par	Gehöft
parza	Vater
poya	Felder im Busch
sukala	Gehöft
sulikama	geschiedene Frau
Tengsoba	Erdbeschützer (aus dem moré übernommen)
wou	Hirsebrei
yawolé	Kollektivarbeit auf Gemeinschaftsfeldern
yewolé	Kollektivarbeit auf individuellen Feldern
yillé ho	individuelles Feld
yîrya	Erderbsen
yirya	Kolbenhirse
zamsé	Acacia albida
zariya	Bohnen
zɛbôm	Begräbnisfest

Der zeitliche Ablauf der Forschung

Erste Feldforschung (1982)

Frühjahr 1982	Theoretische und methodische Vorbereitung des Lehrforschungsprojekts "Sozio-ökonomische Auswirkungen von Entwicklungsprojekten im ländlichen Raum Westafrikas" an der soziologischen Fakultät der Universität Bielefeld
Ende Juli 1982	Ausreise nach Burkina Faso
1. Woche	Aufenthalt in Ouagadougou. Akklimatisation und Kontaktaufnahme mit Behörden, Entwicklungsorganisationen und Botschaft
2. Woche	Aufenthalt in Koupéla/Departement Centre-Est. Information über Struktur und Arbeitsweise des ORD. Gespräche mit ORD-Beamten, Einsicht in Dokumente und Auswahl des Dorfes
3. Woche	Vorstellung im Dorf. Einleben in Dorfalltag. Organisation des Aufenthalts (Wohnung, Verpflegung, Dolmetscher). Besuch bei Nachbarn und Dorfpersönlichkeiten. Beobachtung des Alltags. Besuche bei Bauern, erste Informationssammlung
4. - 5. Woche	Erste Erhebungen mit standardisierten Interviews sowie informelle Gespräche über Dorfgeschichte u. ä.. Mithilfe bei Feldarbeiten
6. Woche	Reflektion der ersten Erhebungsphase bei Treffen mit zweitem Forschungsstudent in Burkina, Heiner Maas, in Ouagadougou
7. - 9. Woche	Fortführung der Befragungen mit verändertem Interviewstil. Tageweise Aufenthalte in Koupéla zwecks Einsicht in Statistiken und Befragung von ORD-Mitarbeitern
10. Woche	Vervollständigung der Daten. Prüfung und Verifizierung der Daten
11. - 12. Woche	Abschließende Einzelgespräche und Gruppendiskussionen mit Bauern über die ORD-Maßnahmen. Auswertung von Statistiken und Dokumenten in Koupéla und Ouagadougou
13. Woche	Informationsreise zu Entwicklungsprojekten in Bobo-Dioulasso und Banfora (Baumwoll- und Zuckerrohranbaugebiete)
November 1982	Rückkehr
Nov. 82 - März 83	Auswertungsseminar. Erstellung des Abschlußberichts

Zweite Feldforschung (1983)

Frühjahr 1983	Vorbereitung des Aufenthalts durch briefliche Kontaktaufnahme. Besuch im tropenmedizinischen Institut in Heidelberg: Informationen über das Onchozerkose-Bekämpfungsprojekt
Mitte Juli 1983	Ausreise nach Burkina Faso
1. Woche	Kontaktaufnahme mit Behörden und Institutionen in Ouagadougou (insbesondere mit der AVV-Behörde). Dokumentenanalyse. Informationen über verschiedene AVV-Siedlungsgebiete
2. Woche	ORD in Koupéla. Übergabe und Diskussion des ersten Feldforschungsberichts. Vorstellung in den ORD-Sektoren Tenkodogo und Garango. Informationsbesuch im AVV-Block Bané
3. - 4. Woche	Aufenthalt im AVV-Siedlungsgebiet Kaibo-Sud. Interviews mit den dort lebenden Bissa sowie dem Personal der AVV
5. Woche	Ankunft im Bissa-Dorf Lengha. Organisation des Aufenthalts. Teilnehmende Beobachtung. Interviews
6. - 10. Woche	Fortführung der Feldforschung im Dorf Dierma im Kanton Lengha. Weitere Interviews zu sozioökonomischen Fragen. Teilnahme an Feldarbeiten, Dorffesten, Märkten. Erhebung der Dorfgeschichte. Analyse vorhandener Einwohnerstatistiken in Garango. Gespräche mit ORD-Sektorchef und Subpräfekt
11. - 12. Woche	Vervollständigung der Daten in Dierma und Lengha. Befragung zurückgekehrter Siedler aus dem AVV-Block Kaibo-Sud in Lengha
13. Woche	Nochmaliger Aufenthalt in Kaibo-Sud. Interviews mit Bauern zur Problematik der Umsiedlung, zu den ökonomischen und sozialen Folgen
14. - 15. Woche	Abschließende Gespräche im ORD-Sektor und im ORD-Verwaltungssitz in Koupéla. Analyse von Fallstudien und AVV-Unterlagen in Ouagadougou
November 1983	Rückkehr
Dezember 1983	Auswertung der Feldforschungsergebnisse

Verzeichnis der Gespräche mit Funktionsträgern

1. Kontakte mit Forschungsinstitutionen:
   - ORSTOM: M. Grouzis (Direktor), M. Bambara
   - SAED: M. Traoré (Direktor), M. Baro
   - CEDA: Mme. Bognana
   - CNRST: M. Ouedraogo
   - IPD-AOS: M. Diop

2. Administration:
   - Präfekt des Departement Centre-Est
   - Unterpräfekten der Subpräfekturen Koupéla, Garango, Tenkodogo

3. Kirche:
   - Père Gampene, Abt von Garango

4. Traditionelle Autoritäten:
   - Sa Majesté le Naba Tigré, König von Tenkodogo

5. Entwicklungsexperten/-helfer:
   - M. de Vos (Niederlande), Topograph beim ORD-CE
   - M. Dessier (Niederlande), Agronom bei der AVV
   - US-Peace-Corps-Freiwillige in Koupéla, Garango, Kaibo-Sud
   - FAO-Delegation beim ORD-CE

6. ORD Centre-Est:
   - Direktor des ORD, M. Douamba
   - Stellv. Dir. und Chef du Bureau Production Végétale, M. Traoré
   - Chef du Bureau Crédit, M. Porgo
   - Chef du Bureau Développement Communautaire, M. Yoda
   - Section Formation de Femmes, Mme. Sadwidi
   - Chef du Bureau Analyse Economique et Planification, M. Kemptaoré
   - Chef du Secteur Tenkodogo, M. Kéré
   - Chef du Secteur Garango, M. Moyenga
   - Encadreur Nakaba, M. Ouedraogo
   - Encadreur Lengha, M. Simnoré
   - Enquêteur Niouguin, M. Ouedraogo

7. AVV-Projekt:
   - Kommissarischer Direktor, M. Sourou
   - Chef du Bureau Formation, M. Ouedraogo
   - Chef du Bureau Migration, M. Njankjema
   - Chef du Bureau Statistiques, M. Patabé
   - Services d'Etudes, Mme. Ouedraogo
   - Chef de Bloc Kaibo-Sud, M. Compaoré
   - Chef de Bloc Bané, M. Ouedraogo
   - Lagerverwalter Kaibo-Sud
   - Agronom Kaibo-Sud
   - Enquêteur Kaibo-Sud, M. Sawadogo
   - Encadreur Kaibo-Sud, M. Belem

8. In den Dörfern:

   - Nanamse von Nakaba, Lengha und Dierma
   - Katechisten von Nakaba und Lengha
   - Vorstände der groupements villageois von Nakaba, Birguin, Niouguin, Lengha und Dierma
   - Schuldirektoren und Lehrer von Nakaba, Lengha und Dierma
   - Verwalter der Getreidebank von Nakaba

Die Liste mit den Namen aller Interview- und Gesprächspartner unter den Bauern der Untersuchungsdörfer kann hier aus Platzgründen nicht wiedergegeben werden, obwohl ihr Beitrag ebenso wichtig war.

Fragebogen

Die Interviews enthielten Fragen zu fünf Themenkomplexen. Die folgende Aufstellung umfaßt nur die wichtigsten Items, die praktisch bei allen Befragungen gestellt wurden. Je nach Dorf bzw. Gesprächspartner wurden aber unterschiedliche Schwerpunkte gesetzt und z. T. zusätzliche Fragen aufgenommen.

1. Fragen zur Person

   - Alter, Geburtsort, Ethnische Zugehörigkeit, Religion
   - Schulbesuch, Lese-, Schreib- und Französischkenntnisse
   - Gesundheitszustand

2. Fragen zu Familie/Migration

   - Zahl, Alter und Geschlecht der Mitbewohner bzw. Familienmitglieder
   - Informationen über Migrierte, Aufenthaltsort, Arbeit, Geldzahlungen
   - Schulbesuch der Kinder
   - Nahrungsmittelreserven der Familie

3. Fragen zum Feldanbau

   - Anzahl und Größe der Felder
   - Anbauprodukte und Erträge
   - Bodenqualität
   - Einsatz von Saatgut, Dünger, Pflug usw.
   - Verkauf von Produkten

4. Fragen zur Arbeitsorganisation

   - Anzahl mitarbeitender Familienmitglieder
   - Mitarbeit bei Kollektivarbeiten
   - Organisation von Kollektivarbeiten auf eigenen Feldern
   - Arbeitsteilung zwischen Mann und Frau
   - Lohnarbeit bei anderen Bauern bzw. selbst Lohnarbeiter beschäftigt

5. Fragen zu Entwicklungsprojekten

   - Partizipation der Bauern bei Planung/Durchführung
   - Eigene Wünsche und Verbesserungsvorschläge
   - Positive und negative Aspekte der Maßnahmen
   - Wer profitierte am meisten vom Projekt
   - Verhalten der Entwicklungsexperten

Anhang B

Tab. 1: Rückgang der Niederschlagsmenge im ORD Centre-Est

Sektor	Mittlere Niederschlagsmenge in mm: 1971 - 1980	1981	1982
Koupéla	759,3	656,1	574,5
Garango	813,3	928,3	713,8
Tenkodogo	813,3	826,0	865,4
Ouargaye	820,0	662,9	830,4
Zabré	856,2	615,1	742,1
Bittou[1]	-	662,8	715,6
Gesamt ORD	812,4	728,3	740,3

1) Der Sektor Bittou wurde erst 1980 als eigenständiger Sektor geschaffen

Quelle: Eigene Berechnung nach ORD-CE (1983:3)

Tab. 2: Niederschläge im Sektor Koupéla

Sektor	Mittlere Niederschläge in mm: 1971 - 1980	1980	1981	1982
Koupéla	777,9	641,3	674,6	581,2

Die Abweichungen der Mittelwerte von denen in Tab. 1 ergeben sich aus der Bildung des Durchschnitts mehrerer Wetterstationen im Sektor, statt nur die Werte der Stadt Koupéla zu nehmen.
Das Konfidenzintervall für zufällige Abweichungen vom Mittelwert der Jahre 1971 - 1980 liegt mit 95 %iger Wahrscheinlichkeit zwischen 698,2 und 857,6 mm. Die Werte von 1980, 1981 und 1982 weichen davon also signifikant ab.

Quelle: Eigene Berechnung nach Auskünften des ORD-CE

Tab. 3: Landnutzung im Departement Centre-Est

Region	Regenmenge mm/Jahr	Durchschnittlicher Fertilitätskoeffizient des Bodens[1]	Anteile an der landwirtschaftlich nutzbaren Fläche in % und Nutzungsgrad in % in () I[2]	II	III	Bas-fonds	Anteil der bas-fonds an der landw. Produktion (%)	Verhältnis von Landreserve zu genutztem Land
Koupéla	800	0,75	67 (40)	24 (19)	1	7	25	0,06
Tenkodogo	900	0,75	53 (34)	43 (25)	2	4	7	0,82
Bittou	950	0,78	52 (29)	31 (25)	14	3	5	1,75
Ouargaye	900	0,72	29 (18)	52 (23)	11	8	28	1,09
Sanga	950	0,80	58 (11)	41 (25)	-	1	5	0,01
Garango	900	0,67	37 (70)	40 (29)	17	6	19	0,54
Zabré	1.000	0,81	43 (72)	46 (50)	8	3	7	1,26
Total	900	0,75	52 (43)	37 (27)	6	5	14	0,66

1) Bester landwirtschaftlich nutzbarer Boden hat den Koeffizient 1

2) I = in Nutzung seit vor 1955, II = in Nutzung seit 1955 - 1960, III = Nutzung seit 60er Jahren

Quelle: Departement Centre-Est (1982:IV 1-47 ff.)

Tab. 4: Bevölkerungszahlen und Ethnien im Departement Centre-Est

Region	Bevölkerung (1982)	Fläche (qkm)	Dominante Ethnie (in % d. Bevölk.	Bev.dichte (E/qkm)	%-Anteil der Bevölkerung 1970 in Zonen mit <50 E/qkm	50-75 E/qkm	>75 E/qkm
Koupéla	131.158	1.627	Mossi 90 %	80,6	55	36	9
Tenkodogo	82.479	2.017	Bissa 68 %	40,9	82	13	4
Bittou	38.544	2.203	Bissa 83 %	17,5	100	0	0
Ouargaye	29.443	1.769	Yanaa 100 %	64,3	71	24	5
Sanga	20.015		Yanaa 87 %		70	21	9
Garango	90.322	1.423	Bissa 98 %	63,5	14	21	66
Zabré	101.663	2.227	Bissa 83 %	45,7	80	14	6
Total	493.624	11.266	Bissa 54 %	43,8	67	17	16

Quelle: Departement Centre-Est (1982:IV 1-6 ff.)

Tab. 5: Demographische Daten

Region	Anzahl der Dörfer	%-Anteil der Bevölkerung 1975 in Dörfern mit < 612 E.	613-1.224 E.	> 1.224 E.	Viertel pro Dorf	Personen pro Wohn-einheit	PG[1] pro Wohn-einheit	Personen pro PG
Koupéla	174	65	25	10	1,81	6,90	1,46	6,01
Tenkodogo	104	75	10	15	3,15	7,88	1,39	6,04
Bittou	55					7,79	1,47	5,31
Ouargaye	69	70	20	10	1,89	-	-	-
Sanga						-	-	-
Garango	69	45	25	30	3,75	19,48	4,09	5,16
Zabré	108	62	22	16	2,21	12,31	2,28	5,76
Total	579	64	20	16	2,56	9,39	2,14	5,66

1) PG = Produktionsgemeinschaft

Quelle: Departement Centre-Est (1982:IV 1-16 ff.)

Tab. 6 Altersaufbau der Bevölkerung in Dierma

Alterskategorie	Anzahl der Personen	%-Anteil
0 - 11 Jahre	344	30,7
12 - 14 Jahre	64	5,7
15 - 54 Jahre	636	56,8
55 - 64 Jahre	46	4,1
65 -	30	2,7
Gesamt	1.120	100,0

Quelle: Nach Unterlagen der Subpräfektur Garango

Tab. 7: Wirtschaftsgemeinschaften

Bezugsgröße	Produktionsgemein-schaften/Wohneinheit	Personen/Pro-duktionsgem.	Personen/Wohneinheit
Sektor Koupéla	1,46	6,01	6,90
in Nakaba (N = 10)	1,1	-	8,9
Sektor Garango	4,09	5,16	19,48
in Lengha (N = 19)	2,1	-	15,7
Departement Centre-Est	1,75	5,89	9,39
Burkina Faso	2,2	6,1	11,6

Quelle: Eigene Erhebung und ORD-CE (1982:IV 1 - 16 ff.)

Tab. 8: Ländliche Entwicklungshilfe in Prozent an der bilateralen und multilateralen Gesamtentwicklungshilfe

	1972-76	1977	1978	1979	1980
ländliche Entwicklungshilfe	31,6	33,4	33,0	31,2	32,3

Quelle: République de Haute-Volta (1981)

Tab. 9: Entwicklung der bilateralen und multilateralen Entwicklungshilfe 1972 - 1980 (in Mio. FCFA)

	1972	1973	1974	1975	1976	1977	1978	1979	1980
mulit-laterale	6.250	6.491	9.411	11.555	17.568	11.942	14.399	19.339	22.490
bi-laterale	5.878	6.916	11.456	15.136	13.389	25.899	21.112	23.951	33.084
insge-samt	12.128	13.407	20.867	26.691	30.957	37.841	35.511	43.290	55.574

Quelle: République de Haute-Volta (1981)

Tab. 10: Entwicklungshilfe insgesamt 1980 und 1981 (in Mio. US-$)

	1981	1980
NGO[1]	35.000	20.000
Nahrungshilfe	50.000	50.000
Bilaterale	114.788	121.591
Multilaterale	113.394	86.668
insgesamt	313.182	278.259

1) NGO = Nicht-Regierungs-Organisationen

Quelle: UNO-PNUD (1982)

Tab. 11: Bilaterale Entwicklungshilfe 1960 - 1981 (in Mio. US-$)

Öffentliche NETTO-Leistungen der DAC-Länder insgesamt 1960 - 1981	956,14		
darunter:			
Frankreich		430,64	= 80,4 %
Vereinigte Staaten		172,76	
Bundesrepublik Deutschland		165,28	

Quelle: Statistisches Bundesamt (1984:60)

Tab. 12: Multilaterale Entwicklungshilfe 1960 - 1981 (in Mio. US-$)

NETTO-Leistungen multilateraler Organisationen insgesamt 1960 - 1981	491,29		
darunter:			
EG		226,52	= 77,5 %
International Development Association		83,45	
UN		70,93	

Quelle: Statistisches Bundesamt (1984:60)

Tab. 13: Außenhandelsentwicklung Burkina Fasos

Einfuhr/Ausfuhr	1977	1978	1979	1980	1981	1982[1]
	Mill. US-$					
Einfuhr	209,0	224,9	301,0	357,7	337,4	267,0
Ausfuhr	55,3	42,8	76,8	90,2	75,1	80,1
Einfuhrüberschuß	153,7	182,1	224,2	267,5	262,3	186,9
	Mill. FCFA					
Einfuhr	51.356,0	51.075,0	63.916,0	75.623,0	91.443,0	-
Ausfuhr	13.614,0	9.600,0	16.238,0	19.074,0	20.067,0	-
Einfuhrüberschuß	37.742,0	41.475,0	47.678,0	56.549,0	71.376,0	-

1) IMF-Daten

Quelle: Statistisches Bundesamt (1984:36)

Tab. 14: Wirtschaftliche Folgen der Flußblindheit für die betroffenen Regionen

Nature	Extension or number	Evaluation of the cost of onchocerciasis US$
1. Effects on population		
(a) Diminution in the productive capacity of onchocerciasis affected people (malady + malnutrition)	1 million individuals in all zones	Not measurable
(b) Under utilization of people in dense zones	RDO. Ouagadougou, Upper Volta	2 100 000
	Upper Region, (Ghana)	1 300 000
(c) Charge of blind people on the family	Upper Volta: 40 000	640 000
	Ghana: 8 000	160 000
	Ivory Coast: 1 000	80 000
	Mali: 2 000	48 000
	Dahomey: 1 600	40 000
	Niger: 200	8 000
	Togo: not known	-
(d) Relative aging of population due to emigration of young adults	Upper Volta: decrease of 0.16% per year	260 000
	Other countries	not known
(e) Costs of field treatment teams	Ivory Coast (1970)	160 000
	Upper Volta	60 000
	Other countries	380 000
2. Effects on production		
(a) Inability to farm valleys	Upper Volta	12 800 000
	Ivory Coast	4 800 000
	Ghana	4 800 000
	Mali	5 200 000
	Dahomey	1 400 000
	Togo and Niger	not known
(b) Soil degradation and subsequent yield reduction	RDO of Ouagadougou and Koudougou (Upper Volta)	800 000
	RDO of Yatenga (Upper Volta)	228 000
	Bawku and Navrongo districts (Ghana)	170 000
	Lama-Kara area (Togo)	50 000

Quelle: WHO (1973:72)

Tab. 15: Kosten des Onchozerkose-Bekämpfungsprogramms 1974 - 1985

	1974-1978	1979	1980	1981	1982-1985	Total 1974-1985
Vector control operations	26 084 473	9 090 400	12 405 600	13 090 500	65 452 800	126 123 773
Epidemiological evaluation	2 279 787	699 200	850 300	936 200	4 773 000	9 538 487
Economic development	343 148	369 900	413 000	458 000	2 386 800	3 970 848
Applied research and environmental protection and training	3 216 937	1 100 000	1 188 000	1 283 000	6 243 000	13 030 937
Programme Director and administrative support - Ouagadougou	6 399 631	2 106 400	2 420 300	2 641 800	13 634 100	27 202 231
Meetings	379 394	151 200	163 300	176 300	857 800	1 727 994
Administrative support/Geneva	2 233 676	188 200	208 700	231 500	1 208 500	4 070 576
Technical support/FAO/Rome	91 448	22 300	24 100	26 000	126 600	290 448
Technical support/Brazzaville	69 746	54 400	60 700	67 600	357 700	610 146
Independent Chairman and JCC	366 157	113 200	124 400	137 000	699 700	1 440 457
Total	41 464 397	13 895 200	17 858 400	19 047 900	95 740 000	188 005 897

Quelle: WHO-JCC (1978:80)

Tab. 16: Bisher eingerichtete Siedlungsgebiete der AVV

Landwirtschaftliche Zone	Sektor	Block
Zone Nord	Massili	Linoghin
	Bomboré	Rapadama Mogtedo Bomboré
Zone Centre	Nouaho	Bané Kaibo-Nord
	Koulipele	Kaibo-Sud Manga-Est
Zone Sud	Volta Rouge	Tiebele
	Po-Est	Djipologo

Quelle: AVV (1981)

Tab. 17: Finanzierung der AVV-Aktivitäten 1972 - 1977

Staat bzw. Institution	Zuschuß (Mio. FCFA)	%
FAC (franz.)	2.521	59,7
Niederlande	1.002	23,7
IBRD (Weltbank)	294	7,0
CCCE (franz.)	220	5,2
Burkina Faso	186	4,4
Gesamt	4.223	100,0

Quelle: AVV (1977:Annexe 7)

Tab. 18: Farmtypen nach Familienkategorien

Familien-typ	Aktivitäts-einheiten	Zugeteilte Anbaufläche (ha)	Jährliche Brache (ha)	Verteilung der Gesamtzahl der Siedler vorgesehen	tatsächlich
I	3	4	2	30 %	51 %
II	4	5	2,5	60 %	26 %
III	5	6	3	10 %	13 %
IV-VII seit 1977	ab 5	12	6	0 %	10 %

Quelle: AVV (1976:10), AVV (1978:1), AVV (1982b:Tab. IId)

Tab. 19: Verteilung der Familien nach Typen in Kaibo-Sud 1983

Familientyp	Anzahl der Familien	in %
Ia	8	17,0
Ib	17	36,2
II	12	25,5
III	2	4,3
IV	2	4,3
V	2	4,3
VI	4	8,5

Quelle: AVV-UP de Manga/UD Kaibo-Sud (1983)

Tab. 20: Anzahl polygamer Familien in Kaibo-Sud 1976

Von 49 Familienoberhäuptern hatten 1976:	
keine Frau	2
eine Frau	32
zwei Frauen	11
drei Frauen	3
vier Frauen	1
Gesamt	49

Quelle: AVV-UP de Manga/UD Kaibo-Sud (1978)

Tab. 21: Altersaufbau der Bevölkerung in Kaibo-Sud V1 (1982)

Alterskategorie	Männer	Frauen	Gesamt	%
0 - 11	93	66	159	38,3
12 - 14	30	15	45	10,8
15 - 54	104	89	193	46,5
55 - 64	7	6	13	3,1
65 +	2	3	5	1,2
Gesamt	236	179	415	99,9

Quelle: AVV-UP de Manga/UD Kaibo-Sud (1983)

Tab. 22: Alter von Neuansiedlern in der Umsiedlungskampagne 1980/81 in AVV-Siedlungsgebieten

Alterskategorie	Männer (%)	Frauen (%)
unter 30 Jahre	20,1	54,8
30 - 40 Jahre	32,8	27,3
40 - 50 Jahre	23,2	13,7
50 - 60 Jahre	18,5	3,5
über 60 Jahre	5,4	0,7
Gesamt	100,0	100,0

Tab. 23: Ethnische Zusammensetzung der AVV-Siedler 1980

Ethnie	Kaibo-Sud Anzahl	%	Gesamt-AVV Anzahl	%	Verteilung Burkina Faso (%)
Mossi	158	85,0	1.512	76,2	50
Dagari	-	-	164	8,3	7
Bissa	28	15,1	147	7,4	5
Gurunsi	-	-	116	5,8	5
Fulbe	-	-	20	1,0	10
Andere	-	-	26	1,3	23
Gesamt	186	100,1	1.985	100,0	100
Quelle: AVV (1980b)					

Tab. 24: Zugehörigkeit zu Religionsgemeinschaften in Kaibo-Sud, Gesamt-AVV und Burkina Faso

Religionsgemeinschaft	Kaibo-Sud Anzahl	%	Gesamt-AVV Anzahl	%	Burkina (%)
Moslem	98	52,7	859	43,3	25
Christen	50	26,9	575	29,0	5
Animisten	38	20,4	551	27,8	70
Gesamt	186	100,0	1.985	100,1	100
Quelle: AVV (1980b)					

Tab. 25: Verwendung von verbessertem Saatgut in Kaibo-Sud 1977 und 1982

Saatgut für:	1977 (kg)	%	1982 (kg)	%	Dosis 1977 (kg/ha)	1982	empf. Dosis
Weißes Sorghum	1.875	17,7	33	0,4	9,4	0,08	10
Mais	1.880	17,9	64	0,7	33,0	1,3	40
Bohnen	1.040	9,9	36	0,4	35,9	0,8	25
Baumwolle	5.710	54,5	9.300	98,6	35,5	48,7	50
Gesamt	10.505	100,0	9.433	100,1	-	-	-

Quelle: AVV-UP de Manga (1982:8, 13)

Tab. 26: Verwendung von Kunstdünger in Kaibo-Sud 1977 und 1981

Produkt	Gesäte Fläche 1977 (ha)	Gesäte Fläche 1981 (ha)	Gedüngte Fläche 1977 (ha)	Gedüngte Fläche 1981 (ha)	%-Anteil der ged. Fläche 1977	%-Anteil der ged. Fläche 1981	Dosis (kg/ha) 1977	Dosis (kg/ha) 1981
Baumwolle	161,0	205,5	115,7	157,0	72	76	87	129
Weißes Sorghum	198,0	353,7	20,7	93,7	10	27	83	89
Rotes Sorghum	15,7	147,3	15,5	1,5	98	1	-	-
Hirse	-	12,3	-	-	-	0	-	-
Mais	79,3	78,0	22,5	53,0	28	68	-	-
Erdnüsse/Bohnen	-	22,5	-	3,0	-	13	-	-
Gesamt	454,0	819,3	174,4	308,2	38	38	-	-

Quelle: AVV-UP de Manga (1982:13)

Tab. 27: Verwendung von Insektiziden in Kaibo-Sud und Gesamt-AVV 1981

Baumwolle in:	gesäte Fläche (ha)	Behandelte Fläche in% (bei 5 vorgesehenen Behandlungen) 1.	2.	3.	4.	5.	Dosis in % der Vorschrift
Kaibo-Sud	205,5	84	82	70	57	1	84
Gesamt-AVV	3.016,0	96	95	89	73	15	95

Quelle: AVV (1982b:Tab.10)

Tab. 28: Prozentsatz der mit dem Pflug bearbeiteten Flächen 1979 in Gesamt-AVV

Arbeitsvorgang	Baumwolle	Sorghum
Pflügen	100 %	93 %
1.Jäten	80 %	54 %
2.Jäten	37 %	17 %

Quelle: Murphy/Sprey (1981:50)

Tab. 29: Stand der Kreditrückzahlungen 1983 in den Dörfern Kaibo-Suds (Noch offene Beträge nach Rückzahlungen im Jahr 1983)

Dorf	Alte Schulden	Kurzzeitkredit	Mittelfr.Kredit	Gesamt
V1	120.134	244.114	202.313	566.561
V2	187.095	86.255	250.374	523.724
V3	258.475	109.615	219.516	587.606
V4	289.605	146.305	267.250	703.160
V5	2.060	12.500	118.883	133.443
V6	-	27.217	202.879	230.096
Gesamt	857.369	626.006	1.261.215	2.744.590
Rückzahlungsquote (%)	52	86	63	72

Quelle: AVV-UP de Manga (1983:24)

Tab. 30: Nettoeinkommen von 35 Bauern im Dorf V1 Kaibo-Sud aus dem Baumwollanbau 1977/78 und 1982/83

Listen-Nr. des Bauern	Rang 1977	Einkommen 1977/78	Stand. AKE 1982	Einkommen 1982/83	Schulden 1982/83	Rang 1982
145	1	59.357	6,25	136.050	-	6
123	2	57.806	3,0	34.338	-	19
113	3	56.570	3,25	79.642	-	12
147	4	47.262	4,25	237.746	-	1
107	5	38.005	2,75	44.422	-	17
144	6	36.615	8,0	110.284	-	8
143	7	34.615	9,25	0	91.976	35
125	8	30.876	8,0	186.311	-	2
106	9	30.275	2,5	155.482	-	3
149	10	22.416	3,5	150.225	-	4
126	11	17.270	3,5	0	72.190	34
133	12	17.225	5,0	80.245	-	11
152	13	17.182	1,75	0	18.300	28
118	14	16.635	4,0	0	62.455	33
102	15	16.235	2,75	1.860	-	26
150	16	15.765	3,5	23.515	-	23
153	17	12.767	3,5	92.697	-	10
132	18	11.341	8,5	70.117	-	13
138	19	10.720	3,75	27.130	-	22
114	20	10.230	2,0	0	48.714	32
122	21	9.750	3,0	47.246	-	15
124	22	9.617	5,5	6.616	-	25
128	23	8.675	4,25	8.253	-	24
148	24	6.605	3,0	28.213	-	21
141	25	5.841	3,75	146.553	-	5
146	26	5.825	2,25	0	6.209	27
137	27	5.080	2,5	53.220	-	14
104	28	4.825	3,5	110.362	-	7
139	29	4.373	10,0	100.478	-	9
127	30	4.330	3,0	38.550	-	18
110	31	3.730	2,75	0	26.194	29
105	32	3.650	2,75	0	28.466	30
151	33	2.660	7,0	45.136	-	16
135	34	1.731	2,5	0	29.600	31
115	35	1.055	2,25	29.538	-	20

Für die Einkommensverteilung von 1977/78 beträgt der Mittelwert $\bar{x}$ = 18.197,54, die Standardabweichung S_x = 16.693,92 und der Standardisierte Variationskoeffizient SVK = 0,457.

Für die Einkommensverteilung von 1982/83 beträgt der Mittelwert $\bar{x}$ = 58.406,54, die Standardabweichung S_x = 61.901,01 und der Standardisierte Variationskoeffizient SVK = 0,529.

Rechnet man die Schulden als "negatives Einkommen" so ergibt sich ein Mittelwert für 1982/83 von $\bar{x}$ = 47.432,14 und S_x = 75.110,30; Der SVK beträgt dann 0,715.

Der Korrelationskoeffizient für die Verteilungen von 1977/78 und 1982/83 beträgt r = 0,426(bzw. 0,361, wenn man mit negativen Einkommen rechnet.

Quelle: AVV-UP de Manga/UD Kaibo-Sud (1978) und (1983)

Tab. 31: Vergleich zwischen geplanter und tatsächlicher Zahl umgesiedelter Familien

Jahr	Zahl der Familien	Zuwachs real	Zuwachs geplant	Personen pro Familie	Arbeitskrafteinheiten pro Familie
1974	212	-	300	7,2	3,7
1975	437	225	500	6,5	3,5
1976	632	195	585	6,6	3,6
1977	905	273	370	6,7	3,4
1978	1.184	279	725	7,4	3,5
1979	1.697	513	1.000	7,7	3,6
1980	2.001	304	1.200	8,1	3,6
1981	2.192	191	1.400	8,2	3,8

Quelle: AVV (1978:4), AVV (1982b:IId), Guissou (1977:1)

Karte 1: Verteilung von Feldern und abgebrannten Flächen im Südosten Burkina Fasos

Fluß

Straße

Ortschaft

schwarze Färbung = Felder

graue Färbung = abgebrannte Flächen

Quelle: Auswertung von LANDSAT-Aufnahmen nach Hoffmann (o.J.a)
Maßstab: ca. 1 : 1.150.000

Karte 2: Dialekte im Bissa-Land

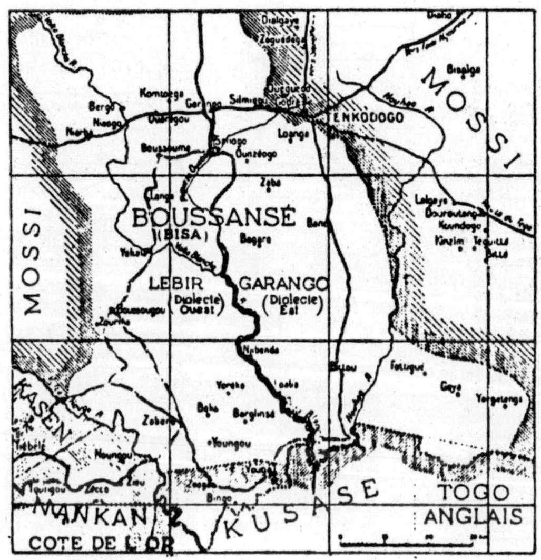

Quelle: Prost (1950:8)

Schaubild 1: Genealogie des Naba von Lengha[1]

Die ersten Namen sind nicht bekannt

Naba Poondre (Kröte)

Naba Yembdé (Flußpferd)

Naba Sanem (Gold)

Naba Padré (großer Fisch) 1900 - 1919

Naba Kini (Perlhuhn) 1919 - 1936

Naba Toogré (Wald) 1936 - 1978

Seit 1978 gibt es noch keinen Nachfolger, da der älteste Sohn z. Zt. Militärdienst leistet. In der Zwischenzeit vertritt ihn sein jüngerer Bruder.

1) Da die Dorfchefs von Lengha Mossi-Ursprung sind, bezeichnen sie sich selbst als Nanamse (sing. Naba und nicht Kiri wie in der Bisa-Sprache).

Quelle: Eigene Erhebung

Schaubild 2: Sozio-ökonomische Folgen der Onchozerkose-Krankheit

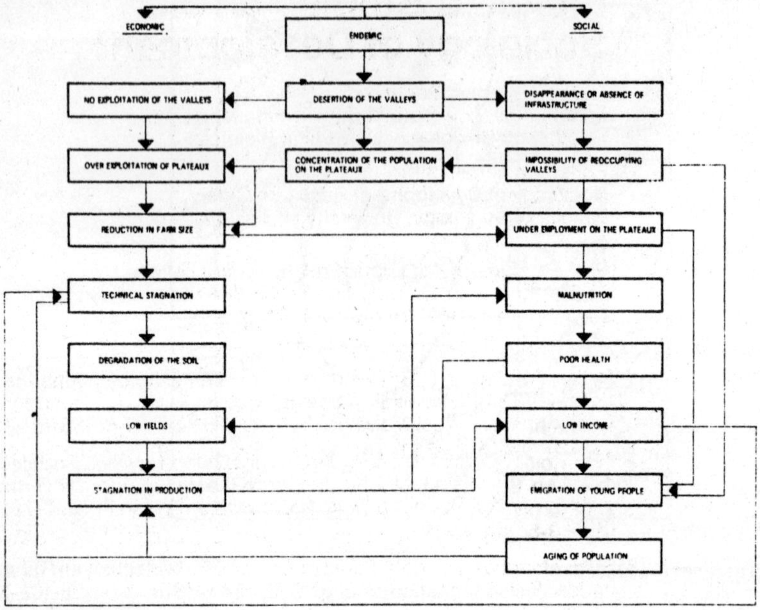

ECONOMIC
ENDEMIC
SOCIAL
NO EXPLOITATION OF THE VALLEYS
DESERTION OF THE VALLEYS
DISAPPEARANCE OR ABSENCE OF INFRASTRUCTURE
OVER EXPLOITATION OF PLATEAUX
CONCENTRATION OF THE POPULATION ON THE PLATEAUX
IMPOSSIBILITY OF REOCCUPYING VALLEYS
REDUCTION IN FARM SIZE
UNDER EMPLOYMENT ON THE PLATEAUX
TECHNICAL STAGNATION
MALNUTRITION
DEGRADATION OF THE SOIL
POOR HEALTH
LOW YIELDS
LOW INCOME
STAGNATION IN PRODUCTION
EMIGRATION OF YOUNG PEOPLE
AGING OF POPULATION

Quelle: WHO (1973:81)

Schaubild 3: Organigramm der AVV

Ministère du Développement Rural
Conseil d'Administration
Direction Générale
Secrétariat DG

Secrétariat général
- Personnel
- Documentation
- Gestion du Parc
- Approvisionnement

Cellule de Coordination des Aides

Unité de Planification (UP) Autonomes
- UP de Développement Régional Integré
- UP d'Actions spécifiques

Division des Infrastructures

Direction Financière
- Budget
- Comptabilité
- Finances

Direction des Etudes et Controles
- Conception Programmation
- Controle et suivi d'exécution des actions des UP

Direction des Appuis
- Vulgarisation
- Animation
- Formation
- Transfert/Installation
- Expérimentation/ Ferme semencière/ Protection végétaux

Bielefelder Studien zur Entwicklungssoziologie

Bielefeld Studies on the Sociology of Development

Herausgegeben für den
Forschungsschwerpunkt Entwicklungssoziologie,
Fakultät für Soziologie, Universität Bielefeld

Edited on behalf of the
Sociology of Development Research Centre,
Faculty of Sociology, University of Bielefeld

von / by
Prof. Dr. Hans-Dieter Evers, Prof. Dr. Georg Elwert,
Dr. Georg Stauth, Dr. Claudia von Werlhof,
Dr. Johannes Augel (Redaktion)

---

1 Betke, Friedhelm; Grunewald, Matthias; Weitekämper, Johannes: Partner, Pläne und Projekte – Die personelle Hilfe der Bundesrepublik Deutschland in West Malaysia. 1978. 433 S. ISBN 3-88156-101-3.

2 Fett, Roland; Heller, Elenor: »Zwei Frauen sind zuviel« – Soziale Konsequenzen technischer Innovationen im Übergang von der Subsistenz- zur Warenökonomie: Die Boko in Nordbénin (Westafrika). 1978. 250 S. ISBN 3-88156-102-1.

3 Schwefringhaus, Judith: Funktionen der Landwirtschaft im Rahmen der neuen Weltwirtschaftsordnung. 1978. 124 S. ISBN 3-88156-103-X.

4 Vesper, Michael: Misereor und die Dritte Welt. Zur entwicklungspolitischen Ideologie der katholischen Kirche. 1978. 203 S. ISBN 3-88156-106-4.

5 Arbeitsgruppe Bielefelder Entwicklungssoziologen (Hg.): Subsistenzproduktion und Akkumulation. 1979. 2. Aufl. 1981. 336 S. ISBN 3-88156-118-8.

6 Krogbäumker, Beate: Portugiesische Landfrauen zwischen Kirche und Kapital. Bewußtseinsbildung des Gral in Portugal. 1980. 136 S. ISBN 3-88156-143-9.

7 Unger, Klaus: Ausländerpolitik in der Bundesrepublik Deutschland. 1980. 195 + V S. ISBN 3-88156-146-3.

8 Benini, Aldo A.: Community Development in a Multi-Ethnic Society: The Upper River Division of the Gambia, West Africa. 1980. 366 + XVI p. 7 maps. ISBN 3-88156-147-1.

9 Stauth, Georg (ed.): Iran: Precapitalism, Capitalism and Revolution. Contributions by J. Cockcroft, G. Stauth, B. S. Turner, A. Vali. 1980. 162 p. ISBN 3-88156-150-1.

10 Jacobi, Carola; Nieß, Thomas: Hausfrauen, Bauern, Marginalisierte: Überlebensproduktion in »Dritter« und »Erster« Welt. 1980. VII, 274 S. ISBN 3-88156-158-7.

Verlag **breitenbach** Publishers
Memeler Straße 50, D-6600 Saarbrücken, Germany
P.O.B. 16243 Fort Lauderdale/Plantation, Fla 33318, USA

Bielefelder Studien zur Entwicklungssoziologie

Bielefeld Studies on the Sociology of Development

Herausgegeben für den
Forschungsschwerpunkt Entwicklungssoziologie,
Fakultät für Soziologie, Universität Bielefeld

Edited on behalf of the
Sociology of Development Research Centre,
Faculty of Sociology, University of Bielefeld

von / by
Prof. Dr. Hans-Dieter Evers,
Privatdozent Dr. Georg Elwert, Dr. Georg Stauth,
Dr. Claudia von Werlhof,

---

11 Bröckelmann, Martin: Arbeiterbildung und Dritte Welt. Bedingungen entwicklungspolitischer Öffentlichkeitsarbeit mit gewerkschaftlich organisierten Arbeitern. 1981. VII, 174 S. ISBN 3-88156-163-3.

12 Bergmann, Theodor; Hazard, Barbara P.; Senghaas, Dieter (Hg.): Wiedersehen mit China nach zwei Jahren. Protokolle und Texte der zweiten Studienreise der Forschungsgruppe »Chinesische Agrarentwicklung« im September 1980. 1981. 328 S. ISBN 3-88156-172-2.

13 Hartmann, Jörg: Subsistenzproduktion und Agrarentwicklung in Java/Indonesien. 1981. XVII, 116 S. ISBN 3-88156-175-7.

14 Hazard, Barbara P.: Peasant Organization and Peasant Individualism: Land Reform, Cooperation and the Chinese Communist Party. 1981. X, 426 p. ISBN 3-88156-181-1.

15 Clauss, Wolfgang: Economic and Social Change among the Simalungun Batak of North Sumatra. 1982. IV, 265 pp. ISBN 3-88156-230-3.

16 Choe, Jae-Hyeon: Die Dynamik der Klassenbildung im modernen Korea. Ein Studie über eine Übergangsgesellschaft. 1982. XIII. 347 S. ISBN 3-88156-235-4.

17 Unger, Klaus: Die Rückkehr der Arbeitsemigranten. Eine Studie zur Remigration nach Griechenland. 1983. II, 384 S. ISBN 3-88156-237-0.

18 Franke, Michael: »...und alles, weil wir arm sind.« Produktions- und Lebensverhältnisse in westafrikanischen Dörfern. Aspekte zur Ernährungssicherung, Wanderarbeit und landwirtschaftlichen Kooperation aus zwei Orten in Ghana und Benin. 1983. 146 S. 19 ganzs. Fotos. ISBN 3-88156-238-9.

19 Glagow, Manfred (Hg.): Deutsche Entwicklungspolitik: Aspekte und Probleme ihrer Entscheidungsstruktur. Beiträge in Zusammenhang mit dem Forschungsprojekt »Handlungsbedingungen und Handlungsspielräume für Entwicklungspolitik«. 1983. 317 S. ISBN 3-88156-244-3.

Verlag **breitenbach** Publishers
Memeler Straße 50, D-6600 Saarbrücken, Germany
P.O.B. 16243 Fort Lauderdale/Plantation, Fla 33318, USA

Bielefelder Studien zur Entwicklungssoziologie

Bielefeld Studies on the Sociology of Development

Herausgegeben für den
Forschungsschwerpunkt Entwicklungssoziologie,
Fakultät für Soziologie, Universität Bielefeld

Edited on behalf of the
Sociology of Development Research Centre,
Faculty of Sociology, University of Bielefeld

von / by
Prof. Dr. Hans-Dieter Evers, Prof. Dr. Georg Elwert,
Dr. Georg Stauth, Dr. Claudia von Werlhof,
Dr. Johannes Augel (Redaktion)

---

20 Husin Ali, Syed: Poverty and Landlessness in Kelantan, Malaysia. 1983. 128 pp. ISBN 3-88156-247-8.

21 Schmoch, Ulrich: Handwerker, Bauern, Staats-»Diener«. Die sozioökonomische Dynamik des technischen »Fortschritts« im vorkolonialen und gegenwärtigen Mali. Vorw. v. Georg Elwert. 1983. XXI, 386 S. Zahlr. Abb. ISBN 3-88156-251-6.

22 Even, Herbert / Yeşilyaprak, Kadir / Elwert, Georg / Stauth, Georg: Sozioökonomische Differenzierung und Arbeitsmigration in der ländlichen Türkei. 1984. 218 S. ISBN 3-88156-259-1.

23 Bierschenk, Thomas: Weltmarkt, Stammesgesellschaft und Staatsformation in Südostarabien (Sultanat Oman). 1984. XV, 400 S. ISBN 3-88156-260-5.

24 Hedder, Hellmar: Siedlungsgenossenschaften im Kolonisationsprozeß des peruanischen Urwaldes: eine Fallstudie. 1984. VI, 196 S. ISBN 3-88156-268-0.

25 Pollok, Christine: Der gebannte Dämon. Arabische Frauen zwischen Phantasie und Wirklichkeit. 1984. X, 196 S. ISBN 3-88156-278-8.

26 Law, Yu Fai: Chinese Foreign Aid: A Study of its Nature and Goals with Particular Reference to the Foreign Policy and World View of the People's Republic of China, 1950–1982. 1984. VII, 387 pp. ISBN 3-88156-294-X.

27 Glagow, Manfred / Hartmann, Roland / Pollvogt, Renate / Schimank, Uwe / unter Mitarb. v. Menne, Ulrike: Ausbildung – Dialog – Politikberatung. Zur Organisation und Tätigkeit der Deutschen Stiftung für internationale Entwicklung (DSE), der Carl-Duisberg-Gesellschaft (CDG) und des Deutschen Instituts für Entwicklungspolitik (DIE). 1985. 317 S. ISBN 3-88156-298-2.

Verlag **breitenbach** Publishers
Memeler Straße 50, D-6600 Saarbrücken, Germany
P.O.B. 16243 Fort Lauderdale/Plantation, Fla 33318, USA

Bielefelder Studien zur Entwicklungssoziologie
Bielefeld Studies on the Sociology of Development

Herausgegeben für den
Forschungsschwerpunkt Entwicklungssoziologie,
Fakultät für Soziologie, Universität Bielefeld

Edited on behalf of the
Sociology of Development Research Centre,
Faculty of Sociology, University of Bielefeld

von/by
Prof. Dr. Hans-Dieter Evers, Prof. Dr. Georg Elwert,
Dr. Georg Stauth, Dr. Claudia von Werlhof,
Dr. Johannes Augel (Redaktion)

---

28 Glagow, Manfred; Hartmann, Roland; Menne, Ulrike; Pollvogt, Renate; Schimank, Uwe: Die deutschen Entwicklungsbanken. Zur Organisation und Tätigkeit der Kreditanstalt für Wiederaufbau (KfW) und der Deutschen Finanzierungsgesellschaft für Beteiligungen in Entwicklungsländern (DEG). 1985. 273 S. ISBN 3-88156-311-3.

29 Elwert-Kretschmer: Haushalte zwischen Markt und Verwandtschaft. Entdörflichung und soziale Differenzierung in einem malayischen Dorf. 1985. VII, 124 S. ISBN 3-88156-310-5.

30 Schiel, Tilman: Despotism and Capitalism. A Historical Comparison of Europe and Indonesia. With an Introduction by Hans-Dieter Evers. 1985. XVI, 501 pp. ISBN 3-88156-323-7.

31 Korff, Rüdiger: Bangkok: Urban System and Everyday Life. 1986. XVIII, 386 pp. ISBN 3-88156-328-8.

32 Weiß, Roland: »Wir haben mehr Geld – aber es geht uns schlechter« – Über die Folgen der Entwicklungshilfe am Beispiel Burkina Faso. 1986, XI, 182 S. ISBN 3-88156-341-5.

Verlag **breitenbach** Publishers
Memeler Straße 50, D-6600 Saarbrücken, Germany
P.O.B. 16243 Fort Lauderdale/Plantation, Fla 33318, USA